도서출판 대장간은
쇠를 달구어 연장을 만들듯이
생각을 다듬어 기독교 가치관을
바르게 세우는 곳입니다.

대장간이란 이름에는
사라져가는 복음의 능력을 되살리고,
낡은 것을 새롭게 풀무질하며, 잘못된 것을
바로 세우겠다는 의지가 담겨져 있습니다.

www.daejanggan.org

Copyright © 2009 Frank Viola

Original published in English under the title ;
FINDING ORGANIC CHURCH,
  by FRANK VIOLA
Published by David C Cook, 4050 Lee Vance View
   Colorado Springs, CO 80918 U.S.A.
All rights reserved.

Uesd and translated by the permissions of David C Cook.
Korea Editions Copyright © 2010, Daejanggan Publisher. Daejeon, South Korea

유기적 교회 세우기

지은이	프랭크 바이올라
옮긴이	이남하
초판발행	2010년 4월 20일
초판3쇄	2024년 9월 2일
펴낸이	배용하
책임편집	한상미
등록	제364-2008-000013호
펴낸곳	도서출판 대장간
	www.daejanggan.org
등록한곳	충청남도 논산시 가야곡면 매죽헌로1176번길 8-54
편집부	(041) 742(1424 전송 (0303) 0959-1424
분류	교회개척	공동체	예수
ISBN	978-89-7071-177-5 03230

이 책의 저작권은 David C Cook과 독점 계약한 대장간에 있습니다.
기록된 형태의 허락 없이는 무단 전재와 복제를 금합니다.

 값 18,000원

유기적 교회 세우기
진정한 교회 공동체를 시작하고 지속하기 위한 포괄적 안내서

FINDING ORGANIC CHURCH

프랭크 바이올라 지음 • 이 남 하 옮김

Finding Organic Church

A COMPREHENSIVE GUIDE TO STARTING
AND SUSTAINING
AUTHENTIC CHRISTIAN COMMUNITIES

FRANK VIOLA

대가를 계산하고, 좁을 길을 걸어가며, 방향을 제시해준
이전의 모든 교회 개척자들에게…
그리고 하나님의 부르심을 받고
그들의 어깨 위에 올라서서
그들보다 더 멀리 내다볼
미래의 젊은 세대에게

CONTENTS

머리말 ………………………………………………… 13
서론: 되찾아야 할 성경의 이야기 …………………… 19

제1부 • 씨앗을 심다 −교회 개척을 위한 성경적 원리

1. 교회를 세우는 하나님의 방식 ……………………… 27
2. 부활시켜야 할 순회 사역자 ………………………… 50
3. 교회 개척의 마스터플랜. …………………………… 70
4. 사도적 군림 대 사도적 도움 ………………………… 91
5. 현대 가정교회 운동 ………………………………… 114
6. 회복인가, 혁명인가? ………………………………… 126

제2부 • 땅을 갈다− 질문에 대한 답변

7. 오늘날에도 신약성경의 모델이 적용될 수 있을까? ……… 131
8. 바울은 예외였는가? ………………………………… 136
9. 교회 개척이 엘리트들의 몫일까? …………………… 140
10. 누구든지 유기적 교회를 시작할 수 있지 않은가? ……… 148
11. 바울이 마지막 사도가 아니었는가? ………………… 157
12. 사도들은 표적과 기사를 행해야 하는가? ………… 161

제3부 • **토양을 개간하다** —교회의 시작을 위한 실제적 방법론

13. 유기적 교회의 발견 ·· 167
14. 부동의 원리 다섯 가지 ·· 176
15. 모임을 하는 방법 배우기 ··· 188
16. 공동체로 노래하기 ··· 214
17. 공동체 세우기 ·· 227
18. 열두 가지 필수요소 ·· 242

제4부 • **잡초를 제거하다** — 건강 상태와 성장

19. 유기적 교회의 성장 단계 ··· 251
20. 유기적 교회에 찾아오는 계절 ·································· 261
21. 유기적 교회의 질병 1 ··· 274
22. 유기적 교회의 질병 2 ··· 285
23. 사도적 일꾼은 교회를 어떻게 돌보는가? ················· 291
24. 남아있는 여정 ··· 295

감사의 말 ··· 306
후주 ·· 307

| 머리말 |

필자가 유기적인 교회 생활에 관해 집필하기 시작한 이래로 두 가지 질문을 끊임없이 받아왔다.

당신이 말하는 유형의 교회를 어디서 찾을 수 있는가?

유기적 교회를 어떻게 세울 수 있는가?

이 책은 위의 두 질문에 대해 포괄적인 답변을 주기 위한 시도이다.

여기서 제시하는 원리들은 검증되지 않은 이론이 아니다. 당신이 이 책에서 발견하게 될 것이 무슨 탁상공론에서 나온 철학이나 비인격적인 추상개념이 아니라는 말이다.

그 대신, 이 원리들은 긍정적인 면과 부정적인 면 둘 다 경험을 쌓아가는 중에 도출된 것이다. 그것들은 뜻밖에 얻게 된 성과일 뿐만 아니라 많은 실수를 통해서도 발견되었다. 그 중 상당한 부분은 나 자신의 경험이다. 또한, 그 원리들은 성경적으로 뒷받침될 수 있다.

나는 종종 자신을 관측 생물학자라고 자처해왔다. 지난 21년간, 유기적 교회가 어떻게 세워져서 활동하는지, 영양공급은 어떻게 받는지, 교회를 질식시키는 것은 무엇인지를 자세히 관찰하며 유기적인 교회 생활이 뿌리내리는 것을 지켜보아 왔다.

물론 나 자신이 모든 답을 다 갖고 있지 않음은 자명한 일이다. 아직도 배우는 중이고, 유기적인 교회 생활의 영광과 상처를 지켜보고 있다. 또한, 계속 실험 중이다. 나는 이것에 전문가가 있을 수 없으며 오직 실패와 성공의 목록만 있을 뿐이라 믿는다.

따라서 이 책은 유기적 교회를 개척하는 데 있어 신학적 바탕을 제공하려는 시도이고, 또한 이 여정을 떠나고자 하는 사람들을 위해 몇 가지 실제적인 도움을 주려는 노력에서 비롯된 결과이다.

나는 그리스도인이 된 이후 전통적인 교회나 그렇지 않은 교회나 상관없이 현대 교회에 만연된 문제들을 주의 깊게 살펴보았다. 이 경험을 통해 나는 다음과 같은 결론에 도달하게 되었다.

상당수의 가정 교회들과 형식 없는 교회들을 포함해서 대부분의 교회들이 그리스도의 몸인 교회로서의 경험에서 한참 동떨어져 있다. 그 주된 이유는 성경이 말하는 '교회 개척을 위한 하나님의 방식'에 우리가 너무나도 무지하기 때문이다.

전통적인 교회와 비전통적인 교회들에 뿌리박은 많은 문제는 우리가 교회 개척과 양육에 관한 성경적 증거로 되돌아간다면 해결될 수 있다.

위의 결론은 실질적인 관찰에 그 바탕을 두고 있을 뿐만 아니라, 또한 확고한 성경적 뒷받침을 받고 있다. 그리고 이 결론이 이 책을 집필하게끔 동기를 유발하였다.

나는 이 책을 펴내기 전에 혁신적인 교회 회복을 주제로 네 개의 책을 시리즈로 집필했다. 『알려지지 않은 신약 성경 교회 이야기』*The Untold Story of the New Testament Church*는 신약 성경의 교회 이야기를 연대순으로 열거한 이야기 식의 교회학이다. 『이교에 물든 기독교』*Pagan Christianity*, 조지 바나와 공저는 우리 현대 교회에서 시행되는 관습들의 유래를 추적한다.1 우리 전통적인 교회 관습들의 대부분이 성경적인 근거도 없고, 교회의 유기적인 본능과도 조화되지 않음을 증명한 것이다.

『다시 그려보는 교회』*Reimagining Church*는 21세기를 위한 신약 성경적 교회 생활을 총천연색 이미지로 제시한다.1 우리 시대를 위한 유기적 교회의 신학을 정립하기 위한 책이다. 『영원에서 지상으로』*From Eternity to Here*는 하나님의 영원한 목적에 관한 탐구이다. 우리의 영적 섬김과 교회 생활을 총괄하는 하나님의 원대한 계획이요, 하나님의 불타는 열정을 표현한 대서사시라 할 수 있다.

당신이 손에 든 이 책은 위의 책들 네 권이 끝난 지점에서 바로 이어진다. 주어진 특정한 장소에서 유기적으로 표현되는 교회가 어떻게 태동하고 또 어떻게 유지되는지를 이 책이 상세하게 알 수 있도록 해줄 것이다.

나는 당신이 가능하면 이 책과 함께 위에서 소개한 네 권의 책을 읽기를 강력히 추천하고 싶다. 왜냐하면, 유기적 교회에 관한 많은 질문이 그 책들에서 해결될 수 있기 때문이다. 이 책은 시리즈의 다섯 번째에 해당한다.

이 책 전체에서, 나는 다음과 같은 용어들을 번갈아 사용하게 될 것이다. 교회 개척자, 사도, 크리스천 사역자, 순회 사역자, 그리고 사도적 일꾼. 이것의 이유에 대해서는 나중에 설명하게 될 텐데, 또한 사도를 지칭하는 '그'라는 표현을 자주 쓰게 될 것이다. 이것은 내가 남자만이 사도적 일꾼이 될 수 있다고 믿기 때문이 아니고, 단지 '그 또는 그녀' he or she 보다는 '그'라고 하는 것이 더 간단하기 때문이다. 나는 여자가 사도적 일꾼으로 활동한다는 개념에 아무런 문제가 없다. 유니아가 로마서 16:7에 사도라고 되어 있고, 브리스길라와 뵈뵈는 바울의 사도적 사역에 소중한 자산이었다.2

나는 세 부류의 독자들을 위해 이 책을 집필했다.

첫째, 이 책은 유기적인 방식의 모임을 시작하기 원해서 실제적인 도움을 구하는 사람들을 위해 집필되었다.

둘째, 이 책은 missional churches, incarnational churches, relational churches, emerging churches, house churches, simple churches, organic churches를 위해 쓰였다.*

셋째, 이 책은 어떤 유형의 교회든지 관계없이 교회 개척을 위해 부르심을 받았다고 생각하는 모든 사람을 위한 것이다.

이 책은 네 부분으로 나뉘어 있다. 제1부에서는 신약성경에 나오는 교회 개척에 관한 영적 원리들을 집중적으로 탐구한다. 제2부는 제1부에서 다룬 주제들에 관해 사람들이 일반적으로 가진 거부반응에 대한 답변이다. 제3부는 유기적 교회를 시작하는 데 필요한 실제적인 안내서이다. 그리고 제4부에서는 유기적 교회들의 건강 상태와 성장에 관해 다루게 된다. 각주는 내가 어떻게 그런 결론에 도달하게 되었는지를, 또 어디서 인용했는지 그 출처에 대해 자세한 정보를 제공해줄 것이다. 이 책이 지향하는 사고 틀의 변화paradigm shift를 기존 전통교회의 사고를 하는 사람들은 받아들이기 어렵다는 사실을 나는 잘 알고 있다. 하지만, 나의 견해를 지지해줄 것을 성경과 경험과 신약성경 학자들에게 호소하는 바이다. 아울러, 나는 독자들이 나의 견해에 대해 진지하게 고려해주기를 바란다.

---

* [역주]' Missional churches'라는 말은 1998년에 미국에서 처음 사용된 것으로, 교회가 프로그램이 아닌 사람에게 초점을 맞추고 전통적인 방식을 탈피한 새로운 사역으로 나아가자는 운동임. 'Incarnational churches'는 글자 그대로 예수님이 성육신하셔서 인간 세상에 자신을 낮춰 오셨듯이 교회가 그런 자세로 섬기자는 운동임. 'Relational churches'는 교회가 형식과 제도에 얽매이지 않고 사람 사이의 관계성을 강조하자는 운동임. 'Emerging churches'는 20세기 후반에 등장한 것으로, 포스트모던 사회에서 서로 다른 배경의 교회들 사이에 대화를 통해 새로운 길을 모색하자는 운동임.' House churches(가정 교회)'는 가정집에서 모임을 하는 독립교회를 말함 ─ 기존 교회 안에서 목자를 중심으로 모이는 가정집 모임들을 지칭하는 것이 아님. 'Simple churches'는 복음주의 기독교에서 시작한 것으로, 교회가 형식과 전통을 탈피해서 영적인 측면에 집중하자는 운동임. 'Organic churches'는 T. 오스틴 스파스의 영향을 받아 이 책의 저자인 프랭크 바이올라가 15년 전 처음 사용하기 시작한 말로, 인간이 만든 제도에 의해 피라미드 구조로 운영되는 교회를 벗어나 교회의 모든 성도가 머리이신 예수 그리스도 아래 유기적으로 제 구실을 하는 교회를 말함.

이와 관련해서, 나는 그리스도인 대부분이 오늘날 종교계에 만연된 고질적인 사고의 틀에 갇혀 있음을 지적하고 싶다.3 역사적 실례를 들어 이를 증명해보겠다.

20세기 중반에, 스위스의 시계회사들은 세계 시계시장을 점령하다시피 했다. 그러나 그런 판도가 혁명적인 새로운 아이디어를 갖고 나온 자국의 업체들에 의해 바뀌게 되었다. 정밀 전자 시계가 바로 그것이다.

아이러니하게도, 이 정밀 전자시계의 아이디어가 스위스 생산업체들에 소개되었을 때 그들은 코웃음을 쳤다. 그리고 그것이 절대로 성공을 거둘 수 없다고 판단한 나머지 그 아이디어의 특허 출원을 거부하고 말았다. 이에 반해, 세이코 시계회사는 그 시계를 보자마자 단번에 행동을 취했고, 그다음 얘기는 두말할 필요도 없을 것이다

고질적인 사고의 틀이 얼마나 지독한지, 그것이 스위스 시계회사들의 눈을 가려서 신개념의 전자 정밀시계에 대해 이해할 수 없게 만들어버렸다. 그 시계에는 톱니바퀴도, 태엽도, 베어링도 없었기 때문에 거들떠보지도 않았던 것이다. 그들이 갖고 있던 사고의 틀이 새로운 혁신기술을 용납하지 않았다. 그 결과, 그들은 시계생산의 주도권을 상실하게 되었고, 수천 명의 직원을 해고해야만 했다. 그것은 정밀 전자시계가 그들의 고정관념에 들어맞지 않기 때문에 벌어진 일이었다. 그들이 갖고 있던 사고의 틀과 일치하지 않았던 것이다. 이전의 방식에 의해 눈이 가려졌으므로 새로운 방식의 가치를 인정할 수 없었다.

같은 관점에서, 그리스도의 몸이 하나님의 본래 의도대로 회복되려면 교회의 관습과 교회의 개척에서 전면적인 사고 틀의 변화가 필요하다고 나는 확신한다. 교회 관습과 교회 개척, 이 둘 다에서 회복이 필요하다는 사실을 주목하라. 그리고 이 두 가지 요소가 다 함께 보존되어야만 한다.

롤란드 알렌은 다음과 같이 말했다.

> 사람들은 사도 바울이 사용했던 방법의 부스러기들을 취해서 전혀 어울리지 않는 동떨어진 체계|system에 적용하여 억지로 갖다 맞추려고 했다. 그리고 결과적으로 실패하게 되자 그것을 사도 바울의 방법에 반대하는 논쟁거리로 사용해왔다.4

신약성경에 기초를 둔 교회를 탄생시키기 위해 신약 성경에서 말하는 교회 개척 원리의 회복이 절실하다. 달리 표현하자면, 유기적 교회를 세우려면 교회 개척을 위한 하나님의 모델이 부활하여야 한다. 결과적으로, 총체적으로 새로운 사고의 틀이 교회 관습과 교회 개척 둘 다에 수용되어야 한다. 다시 롤란드 알렌의 말에 귀를 기울여보자.

> 새로운 교회들을 세우는 데 있어 사도[바울]보다 더 나은 모델을 찾기는 어려울 것이다. 이것만큼은 확실히 말할 수 있다. 우리의 방법이 실패한 바로 그 자리에서 사도 바울의 방법은 성공을 거두었다고.5

교회 개척에 대한 성경적인 접근 방식의 재발견이야말로 전통적인 사고와 관습을 깨뜨리는 폭발적인 역동성을 갖고 있다 할 수 있다. 그래서, 나는 독자들이 새로운 방식에 눈을 뜰 수 있도록 마음을 활짝 열기를 기도한다. 이 방식이야말로 진정 하나님 자신이 손수 지으신 원래의 방식이기 때문이다.

플로리다주의 게인즈빌에서 프랭크 바이올라

| 서론 |

되찾아야 할 성경의 이야기

생명을 드러내려고 시작된 제도와 운동이 부패로 말미암아 종종 그 생명을 질식시켜버리는 것으로 끝나곤 한다. 그래서, 그 제도와 운동은 지속적인 평가와 아울러 본래의 목적과 정신으로 끊임없이 회귀함으로써 늘 재검토되어야 한다. 교회라고 예외일 수는 없다. 교회야말로 이것이 적용되어야 할 주요 대상이다.

―스탠리 존스

이 책의 목적은 매우 단순하다. 교회 개척을 위한 성경의 이야기를 소개해서 이 시대에 그 이야기를 되찾는 것이다.

시작이 운명을 결정한다

성경은 시작origin에 상당한 강조점을 둔다. 그 이유는 영적인 세계에서는 시작이 운명을 결정하기 때문이다. 그래서, 교회의 시작이 그 교회의 질뿐만 아니라 운명까지도 결정하게 될 것이다. 달리 표현하자면, 교회가 어떻게 시작되느냐가 그 교회의 특성과 효과와 미래에 결정적인 영향을 끼치게 된다. 사도 바울의 말에 주의를 기울여보라.

나는 심었고 아볼로는 물을 주었으되 오직 하나님께서 자라나게 하셨나니 그런즉 심는 이나 물 주는 이는 아무것도 아니로되 오직 자라게 하시는 이는 하나님뿐이니라 심는 이와 물 주는 이는 한가지이나 각각 자기가 일한 대로 자기의 상을 받으리라 우리는 하나님의 동역자들이요 너희는 하나님의 밭이요 하나님의 집이니라 내게 주신 하나님의 은혜를 따라 내가 지혜로운 건축자와 같이 터를 닦아 두매 다른 이가 그 위에 세우나 그러나 각각 어떻게 그 위에 세울까를 조심할지니라 이 닦아 둔 것 외에 능히 다른 터를 닦아 둘 자가 없으니 이 터는 곧 예수 그리스도라 만일 누구든지 금이나 은이나 보석이나 나무나 풀이나 짚으로 이 터 위에 세우면 각 사람의 공적이 나타날 터인데 그날이 공적을 밝히리니 이는 불로 나타내고 그 불이 각 사람의 공적이 어떠한 것을 시험할 것임이라 _고전 3:6~13

이 본문에서, 바울은 교회 개척의 사역을 설명하면서 밭을 경작하는 것과 집을 건축하는 것 두 가지 비유를 들고 있다. 바울에게는 교회 개척자들이 교회를 '심는' 농부이고, 교회를 '건축' 하는 건축자이다.

위의 본문 말씀에서 교회 개척자라는 말이 생겨났다. 교회 개척자는 씨를 심는 사람이다. 그 씨가 바로 예수 그리스도의 복음이고, 이것에서 교회가 탄생하는 것이다. 교회 개척자라는 말에 대해 찰스 브록은 다음과 같이 피력했다.

'교회 개척자' 라는 말이 많은 사람에게는 좀 낯선 말이다. 교회 개척자는 자국인 또는 외국인으로서, 신약 교회가 태동하고 자라나도록 복음의 씨를 심는 사람이다.[1]

바울은 교회를 밭으로 그리고 있다. 또 교회를 집으로도 그리고 있다.

그런데 그 집은 살아 있는 집이다. 바울이 밭이라고 할 때 그것은 몇 제곱 미터의 땅을 말하는 것이 아니다. 그것은 밀 농장과 같은 곡식을 수확할 토지를 뜻한다.2 따라서 이 두 비유는 다 교회의 유기적인 본질을 나타내고 있다. 교회는 살아 있는 유기체이다.

이 본문 말씀에서 바울은 건강한 교회의 개척을 위한 세 가지 요소를 언급하고 있다.

1. 교회를 개척하는 사람의 자격

내게 주신 하나님의 은혜를 따라 내가 지혜로운 건축자와 같이 터를 닦아 두매 _고전 3:10 상반절

2. 집을 짓는 데 사용되는 재료

만일 누구든지 금이나 은이나 보석이나 나무나 풀이나 짚으로 이 터 위에 세우면 각 사람의 공적이 나타날 터인데 그날이 공적을 밝히리니 이는 불로 나타내고 그 불이 각 사람의 공적이 어떠한 것을 시험할 것임이라 _고전 3:12~13

3. 교회가 세워지는 방식

그러나 각각 어떻게 그 위에 세울까를 조심할지니라. _고전 3:10

기계적이냐, 아니면 유기적이냐?

유감스럽게도, 오늘날 그리스도인 중 상당수는 교회를 시작하는 것이 마치 어린이 장난감인 레고 블럭을 조립하는 것과 같다는, 무지하기 짝이 없는 생각을 하고 있다. 아무나 무턱대고 성경을 펴서 초대 교회의 관습

들을 뽑아낸 다음 그것들을 모방해놓고는 "자 보란 말이야, 이게 바로 신약성경적 교회라는 거야"라고 한다. 나는 이런 기계적인 방법으로 교회가 세워지는 것을 성경에 있는 내용을 토대로 무엇이든 만들어 낼 수 있다는 사람들의 오해를 풍자하여 'biblical blueprintism' 이라 부른다.

Biblical blueprintism은 얄팍한 교회학에 그 근거를 두었다고 볼 수 있는데, 교회 생활의 유기적인 본질을 이해하지 못한 데서 비롯된 것이다. 따라서 그것은 치명적인 결함을 갖고 있다.

진정한 교회는 인간의 손에 의해 시작될 수 없다. 그것은 인간의 고안이나 모방에 의해 여자가 만들어질 수 없는 것과 마찬가지이다. 여자는 태어나야 한다. 그리고 태어나면 자생할 수 있을 때까지 양육을 받아야 한다.

좀 어리석은 예화 드는 것을 양해해 주기 바란다. 여자의 두 팔과 두 다리를 몸통에 함께 묶고 여자의 머리를 그 위에 얹는다고 여자가 생기는 것은 결코 아니다. 육안으로는 그런 조합물이 사람처럼 보일 수는 있겠지만, 그것엔 사람됨의 필수 요소, '생명' 이 빠져 있다. 생명은 출생의 결과이다. 이 원리는 우리가 교회 개척에 관해 논할 때에도 그대로 적용된다.

따라서 'biblical blueprint' 모델은 신약 성경이 새로운 레위기라는 사상에 그 뿌리를 두고 있다. 이것을 주장하는 사람들은 마치 공학자가 공학 관련 서적을 대하듯 성경을 대한다. 구조역학을 공부한 다음 그 원리를 적용하려고 한다.

그러나 교회 개척은 공학의 일종이 아니다. 그리고 신약 성경은 규정이나 규범을 쓴 책이 아니다. 그것은 교회의 DNA 활동을 기록한 책이다. T. 오스틴 스팍스의 말을 들어보라.

신약 성경의 교회들을 특정 짓는 특성들이 있긴 하지만, 그렇다고 해서 신약 성경이 교회를 설립하거나 형성하는 데에 완벽한 모델을 우리에게 제시해 주지는 않는다는 사실을 알아야 한다. 신약 성경에 교회를 위한 청사진 같은 것은 없다. 따라서 신약 성경적 교회를 세우려는 노력은 다른 시도들 못지않게 율법적이고 파당적이고 생명이 없는 또 하나의 제도를 만들어낼 뿐이다. 교회는 생명이 흐르는 유기체이다. 그리스도의 십자가에서 흘러나와 신자들의 중심에서 약동하는 그런 생명 말이다. 그러므로 신자들이 십자가에 못 박히지 않는다면 진정한 교회의 모습은 드러날 수 없다.3

사람인 우리에게는, 가족이 우리의 종species에 유전되어 있다. 예외 없이 아버지, 어머니, 그리고 자녀가 생기게 것이다. 이 고리는 끊어질 수 없고, 무너뜨릴 수 없는 창조 질서이다.

마찬가지로, 그리스도의 몸 안에서 경험되는 유기적인 교회 생활도 그리스도인으로서의 우리 종species에 본능적으로 내재하여 있다. 이 순수한 요소들이 자리를 잡기만 하면, 몸의 생명이 유기적이고 자연스럽게 신자들의 무리 속으로 주입되게 되어 있다.

우리의 당면한 과제는 몸의 생명이 자연스럽게 깨어나서 건강하게 유지되기 위해 모든 방해물을 제거하는 일이다. 이것은 교회 개척을 위한 성경적 원리들과 맞닥뜨려야 할 상황으로 우리를 몰아갈 것이다.

유기적 교회란 무엇인가

다른 데서도 언급했었지만, 내가 이 말을 처음 사용하기 시작한 것이 15년 전의 일이다. 이 말이 여러 다른 사람들에 의해 각기 다른 의미로 틀이 잡히고 형성되어 지금은 다소 굳어진 용어가 되었다.

내가 유기적 교회라고 할 때 그것은 영적 생명에 의해 태어난 것을 뜻한다. 즉, 그것은 인간의 제도로 조직되어 종교적 프로그램에 의해 유지되는 교회가 아니라는 말이다. 유기적인 교회 생활은 다음과 같은 특징들을 바탕으로 한 경험이다. 얼굴과 얼굴을 마주 대하며 교제하는 친밀한 공동체집단생활을 하는 무리가 아닌, 모든 지체가 다 제 기능을 발휘함, 목사 한 명이 주도하는 예배가 아닌 누구나 직접 참여하는 열린 모임, 서열이 없는 지도자층, 모임의 실제적 지도자요 머리이신 예수 그리스도의 중심성과 우월성이 드러난다.

이와 대조적으로, 죄로 얼룩진 인간인 우리가 비즈니스를 시작하듯 교회를 세우려 한다면 그것은 교회 생활의 유기적인 본질에 대한 심각한 도전이다. 유기적 교회는 외부 기독교 단체나 교단에 속하지 않은 한 무리의 그리스도인들이 예수 그리스도를 실제로 경험하고, 그 교회의 DNA가 훼방 받지 않고 자유롭게 활동할 때 자연스럽게 생겨나게 된다. 그것은 선풍기 앞에 서 있는 것과 바람 부는 날 집밖에 서 있는 것의 차이와 같다.

요약하자면, 유기적 교회는 대본에 의해 연출되는 드라마가 아니다. 그것은 삶의 태도lifestyle이다. 주 예수 그리스도와 그분의 제자들이 함께 하는 진정한 영적 여정이다. 유기적 교회와 그렇지 않은 교회의 다른 점은 GM 자동차회사와 채소밭의 차이이다. 인간에 의해 만들어졌느냐, 아니면 하나님에 의해 태어났느냐의 차이이다. 인위적인 조직이냐, 아니면 살아 있는 생명체냐의 차이이다.

그래서, 교회 개척자들은 농부나 산파와 같다 할 수 있다.

1부

씨앗을 심다
교회개척을 위한
성경적 원리

Chapter 01
교회를 세우는 하나님의 방식

THE DIVINE PATTERN OF CHURCH FORMATION

> 우리는 교회의 '창세기'라 할 수 있는 출발점으로 돌아가서 그때 하나님께서 무엇을 말씀하셨는지, 무엇을 하셨는지를 볼 수 있어야 한다. 거기서 우리는 하나님의 뜻이 가장 고상하게 드러나는 것을 보게 된다. 사도행전은 교회 역사의 '창세기'라 할 수 있고, 사도 바울 당시의 교회는 성령 역사의 '창세기'라 할 수 있다. 오늘날 교회의 상황은 그 당시의 상황과 너무 동떨어져 있다. 따라서 이런 현재 상황은 결코 우리의 모델이 될 수도 없고, 권위 있는 안내서도 될 수 없으므로 우리는 '출발점'으로 돌아가야만 한다. 하나님께서 시작하실 때 우리의 모델로 제시하신 것만이 하나님의 영원한 뜻이다.
>
> – 워치만 니

지난 50년 동안, 교회 개척에 관한 주제로 집필된 책이 100권 정도쯤 된다. 그 중 어떤 책들은 교회 개척을 순수과학으로 못박아놓았다. 그런데 놀라운 것은 교회가 처음 개척될 때 세워진 방식을 논하는 책은 거의 없다는 사실이다.

내가 보기엔, 사도행전에 등장하는 1세기 때의 크리스천 공동체들을 탄생시킨 방식을 등한시하는 것은 치명적인 실수라 아니할 수 없다. 워치만 니의 말을 들어보자.

> 사도행전의 앞부분에 나오는 내용은 오늘날엔 적용될 수 없다는 식의 생각은 금물이다. 창세기와 마찬가지로, 사도행전은 하나님 방식의 시작을 계시해준다. 그리고 그때 하나님께서 하신 일이 언제나 그분이 하시는 일의 모델을 제시해준다.1

신약 성경은 1세기 때 교회가 개척된 네 가지 방식을 제시해준다. 이 방식들은 일시적인 문화의 유행도 아니고, 머리 좋은 사람들이 만들어낸 재치가 번뜩이는 아이디어도 아니다. 나는 그 방식들이 하나님 자신에게서 나온 것임을 믿는다.

예루살렘 모델

첫 번째 방식은 예루살렘에서 생겨난 방식이다. 12 사도가 예수 그리스도를 전하였기 때문에 교회 하나가 개척되었다. 행2:14~8:3 시간이 지나고, 그 교회는 '이식' 또는 '이주'에 의해 증식했다.2

이런 방식이 예루살렘에서 처음 시작되었으므로, 우리는 그것을 예루살렘 모델로 부르게 될 것이다. 신약 성경의 이야기에 의하면, 4년 후 예루살렘 교회의 씨가 퍼져 나가 팔레스타인 전 지역으로 이식되었다.3 핍박으로 말미암아 예루살렘의 신자들은 다른 지역들로 흩어져서 그들의 신앙을 전파했고, 그 결과 교회들이 새로 생겨나게 되었다.행8:1~8; 11:19~21 그리고 12 사도들은 한동안 예루살렘에 머물렀다.4

여기서 특기할 만한 것은, 흩어져서 새로운 교회들을 세운 모든 그리스도인이 예루살렘에 있을 때 유기적인 교회 생활을 경험했다는 사실이다. 달리 표현하자면, 그들은 그리스도와 교회에 관한 그들의 경험을 다른 지역으로 가지고 갔다. 이것은 우리가 나중에 살펴보게 될 주요 포인트이다.

의미심장하게도, 새롭게 이식된 팔레스타인의 교회들은 사도들의 도움을 받았다. 그 교회들이 사도들에 의해 개척되지 않았는데도 말이다. 12 사도는 새로 개척된 교회들을 순회하며 씨에 물을 주고 잡초를 제거해주었다.행9:32~11:30 사도들은 새로운 교회들이 세워지는데 도움을 주기는 했지만, 그 교회들 안에 계속 머무르거나 그 교회들을 좌지우지하지도 않았다.

안디옥 모델

1세기 교회 개척의 모범적인 방식은 시리아의 안디옥에서 시작되었다. 교회 개척의 이런 모델은 사도행전 13:1~20:38에 가장 확실히 나와 있다. 여기에서 우리는 사도 바울과 그의 동역자들이 안디옥에서 파송되어 남갈라디아 지방과 그리스와 소아시아에 교회들을 세운 것을 볼 수 있다. 이런 방식의 교회 개척을 안디옥 모델이라 부를 수 있을 것이다. 그것을 또한 '신선하게 씨 심기' fresh seed planting.라 부를 수도 있을 것이다.5

덧붙여 말하자면, 바울의 여행은 '교회 개척 여행' 또는 '사도적 여정'으로 표현하는 것이 적당하다. 일반적으로 사용되고 있는 선교 여행이라는 말은 19세기 산물로써 바울 사역의 본질과 목표를 설명하기엔 부적절한 표현이다.6 이것에 관해서는 나중에 더 자세히 살펴보게 될 것이다.

안디옥 모델은 다음과 같이 설명될 수 있다. 사도가 예수 그리스도를 전하려고 맨손으로 성city 안에 들어간다. 그가 전하는 것은 '사영리' 나 '로마서의 구절들로 하는 전도' Romans road나 '구원의 계획' 이나 기독교 신학이 아니다. 그가 자신에 관해 전하는 것은 물론 아니다.고후4:5 그는 인격적인 존재인 예수 그리스도를 전한다.7

그리스도를 전한 결과로 새로운 신자들 생겨난다. 그들 중엔 이미 하나님을 믿어온 사람들도 있고, 유대인들 전혀 하나님을 몰랐던 사람들도 있다.이방인들

사도는 사람들이 그리스도를 통해 하나님을 만나도록 인도한 다음, 갓 태어난 교회에 그들이 새로 모시게 된 내주하시는 주님에 의해 사는 방법을 보여준다. 그가 신자들에게 하나님의 영원한 목적에 관해 알게 해주면, 그 목적이 그 교회를 사로잡는 비전이 된다. 하나님의 영원한 목적 곧 그분의 원대한 계획은 인간 중심이 아닌 하나님 중심이라는 것을 주목하라. 요컨대, 사도는 그 자신이 받았던 같은 '하늘의 비전' 을 신자들의 공동체 속에 주입시키는 것이다. 행26:13; 갈1:15~16

또한, 사도는 새로운 교회에 예수님으로부터 전해 내려온 사도적 전통을 전수해준다.고전11:2; 살후2:15; 3:6 그는 측량할 수 없는 그리스도의 풍성함과 위대함과 충만함을 하나님 백성의 마음에 심어준다. 엡3:8 이것이 바로 유일한 기초인 예수 그리스도 위에 교회를 세운다는 의미이다. 마7:24 이하; 16:16~18; 고전3:11; 엡2:20 주 예수 그리스도를 기초로 한다는 것은 교회가 전적으로 그리스도를 의지하고, 그리스도 안에서 안식하고, 그리스도에 의해 산다는 것을 의미한다.

1세기 사도들이 전한 복음은 그리스도의 주님 되심과 그분 안에 있는 하

나님의 순전하고 신실한 은혜의 복음이었다. 예를 들면, 사도 바울은 사람들을 규범이나 종교적 의무나 율법주의 틀에 집어넣으려 하지 않았다. 오히려, 그는 지옥의 문을 부수고 깨뜨리는 크고도 강력한 은혜의 복음을 전했다. 유대인을 종교적 의무에서 자유롭게 해주고 이방인을 부도덕한 삶에서 해방해주는 그런 복음 말이다. 그의 복음은 2연발 총과 같은, 두 주먹과 같은 능력의 복음이었다.

그런 사역 뒤에 따라오는 것은 새로 세워진 교회가 예수 그리스도의 영광과 기쁨과 자유로 가득해서 든든히 서 있는 모습이다. 행13:52; 고후1:24; 3:17 초기 사도들이 그들에게 주어진 영광스럽고 경이로운 그리스도의 계시가 그들의 영혼에서 쏟아져 나오는 것을 먼저 경험하고 그것을 다른 사람들에게 나눠주었음을 주목하라. 다음과 같은 바울의 말을 숙고해보라.

> 그의 아들을 이방에 전하려고 그를 내 속에 나타내시기를 기뻐하셨을 때에 _갈 1:16

이 하늘 비전의 즉각적이고도 오래가는 열매는 바로 하나님의 사람들이 그들의 주님과 사랑에 빠지고 또 서로 사랑하는 것이었다.

요컨대, 바울과 그의 동역자들은 새로운 그리스도인들에게 그들 안에 내주하시는 그리스도에 의해 살아가는 방법을 가르쳐주었다. 개인적으로, 그리고 교회가 함께 주님과 교제하는 방법을 보여주었다. 그들은 하나님의 사람들로 하여금 주님의 머리 되심 아래 인간 지도자 없이 집합적으로 기능을 발휘하도록 훈련했다. 사도들은 또 신자들이 미래에 당하게 될 시련을 극복할 수 있도록 준비시켜주었다. 행14:22; 20:31; 살전3:4 결과적으로, 사도적 사역은 영적일 뿐만 아니라 아주 실제적이었다.8

바울은 새 신자들을 그리스도의 계시에 사로잡히게 한 후 도저히 상상할 수 없는 일을 감행했다. 교회를 주님의 손에 맡기고 내버려두었던 것이다. 바울은 신자들을 살짝 떠밀어 둥지에서 나오게 한 다음 그들 스스로 살아가도록 그대로 두었다. 그리고 그는 그들을 돌보고 관리할 목사나 성직자나 장로들을 임명하지 않았다. 더 나아가서, 그는 유아기의 교회를 스스로 알아서 하도록 하고 곧 닥쳐올 핍박에 무방비 상태로 놔두었다.

안디옥 모델에 의하면, 사도는 교회의 기초를 놓으려고 한 곳에서 보통 3개월 또는 6개월 정도 머무르고서 그곳을 떠난다. 이것은 바울과 그의 동역자들이 교회가 막 기어다니기 시작할 때 내버려두는 것을 의미한다. 궁극적으로는 많은 교회에서 장로들이 생겨나 임명받게 되었지만, 이것은 나중의 일이었다. 그리고 장로들의 임무는 결코 교회를 다스리거나 좌우하는 것이 아니었고, 교회의 사역을 독점하는 것도 물론 아니었다.9

그럼에도, 사도는 일단 교회를 떠나고 꽤 오랜 기간인 6개월에서 2년 정도가 지나기 전엔 그곳에 돌아오지 않았다.

이것이 안디옥에서 보냄을 받고 바울이 우리에게 보여준 교회 개척의 패턴이다. 그 새 신자들에게 전해준 바울의 복음이 얼마나 위력적이고 막강한가! 부활하신 그리스도에 대한 바울의 확신이 얼마나 대단했기에 아직도 기저귀 찬 교회를 그냥 두고 떠나는 깜짝 놀랄만한 일을 저질렀을까 롤란드 알렌은 다음과 같이 예리하게 지적했다.

이 사실을 보라. 사도 바울은 한 곳에서 5개월에서 6개월 동안 복음을 전한 후에 교회를 남겨 놓았는데, 그 교회가 실제로 지도를 받아야 할 필요로부터 자유롭지 못했지만 성장하고 더 넓어질 가능성은 충분히 있었다. 우리 앞에 놓인 질문은, 바울이 그 짧은 기간 새 신자들을 어떻게 훈련했기에 그들이 스스로 일어나서 자랄 수 있을 거라는 확신을 갖고 곧 그곳을 떠날 수 있었는가 하는 것이다. 언뜻 보면 그것이 믿기지 않는다. 바울이 5개월에서 6개월 동안 그들에게 가르친 것이 과연 무엇이었을까? 10

분명한 것은 사도의 복음이 철두철미하게 검증되었다는 사실이다. 그가 전한 복음이 진정 그리스도였다면, 또는 바울이 말한 대로 그것이 "금이나 은이나 보석"으로 된 것이라면, 교회는 위기 속에서도 든든히 서게 될 것이다.고전3:6~15 반면에, 만일 사도가 전한 복음이 불에 타는 물질인 "나무나 풀이나 짚"이라면, 그것에 열이 가해질 때 타서 없어지게 될 것이다.11

사도가 타지 않는 물질을 사용해서 교회를 개척하고 그 교회가 제대로 양육된다면, 필요한 모든 것은 그 안에서 자연발생적으로 생겨나게 될 것이다. 머지않아 선지자, 목자, 복음 전하는 자, 감독들 등이 자연스럽게, 그리고 유기적으로 나타나게 될 것이다. 마치 어린 아이가 성장하면서 몸의 지체들이 자연스럽고 유기적으로 발육되듯이.

T. 오스틴 스팍스는 이런 경험에 대해 다음과 같이 설명했다.

그러므로 우리는 이전의 모든 조직화한 기독교 제도를 내려놓고 유기적인 원리를 따르는 것에 전념했다. '규칙'을 '제정'하지도 않았고, 직분을 임명하거나 사역 체계를 세우거나 하지도 않았다. 우리는 주님께서 교회에 '은사'를 나타나게 하시고, 또 돌보고 사역하는 사람들을 택하셔서 기름 부으시도록 그분께 맡겼다. 한 사람이 주도하는 사역은 절대 생겨나지 않았다. '감독들'이 투표나 선거에 의해 선택된 적도 없고, 물론 어떤 지도자의 입김에 의해 세워진 적도 없다. 교회의 어떤 사역에도 위원회나 부

서 같은 것들을 둔 적이 없다. 주요 안건들은 기도 중에 생겨났다.12

그런 유기적인 성장은 모든 생명체의 기본이다. 장미의 씨는 그 유전인자 안에 줄기, 잎, 그리고 꽃을 피울 봉오리가 들어 있다. 만일 그 씨가 심어지고 적절하게 길러진다면 머지않아 유전인자 속의 이런 요소들이 자연스럽게 생겨날 것이다. 마찬가지로, 예수 그리스도의 교회에 속한 필수적 은사들과 사역들도 교회가 제대로 개척되고 양육된다면 자연스럽게 생겨날 것이다. 왜냐하면, 그것들이 교회의 DNA 안에 이미 내재하여 있기 때문이다.

성경적으로 말하면, 교회는 인간의 조직이 아닌 영적인 유기체이다.13 교회는 생물학적인 실체이다. 그래서, 교회는 개척한 사람이 그 교회를 그대로 가만 놔둘 때 자연스럽게 성장하게 되어 있다. 물론, 그 교회의 개척자들이 주기적으로 돌아와서 물을 주고, 거름을 주고, 생명을 질식시키는 잡초를 뽑아주어야 한다. 그러므로 사도의 임무 중 상당한 부분은 교회가 자연스럽고 유기적으로 성장할 수 있도록 그 교회에서 이물질을 제거해주는 것이다. 이것에 관해서는 나중에 더 살펴보게 될 것이다.

교회 성장에 대한 이런 이해는 형식상으로나마 신약 성경을 고수하고자 여러 가지 사역과 은사들장로, 선지자, 교사 같은 것을 두려고 시도하는 일반적인 모델과는 두드러지게 대조된다. 이렇게 기계적인 방법으로 교회를 세우려 하는 것은 교회의 가냘프고 애처로운 이미지만 보여줄 뿐이다. 그것은 줄기와 잎과 꽃잎을 나일론 실로 묶어 만발한 장미꽃을 만들어 내려는 것이나 다름없다. 그것은 유기적 교회의 고유 본능에 어긋나는 것이다. 그것은 또 에클레시아가 진정 생명체라고 하는 성경적 실체에 대한 도전이기도 하다.

전반적으로, 안디옥 모델은 교회가 유기체이고, 예수 그리스도에 의해 태어났으며, 그 교회를 개척한 사도가 교회를 그대로 놔두고 떠나고 나서 유기적으로 자라난다는 가정을 토대로 한다. 하지만, 그것은 사도가 교회의 성장을 돕고, 교회의 생명을 질식시키고 부패시키는 이물질을 제거하기 위해 다시 방문하는 것을 전제로 한다.행13~20장 하워드 스나이더는 "교회 성장은 성장을 방해하는 요소들을 제거하는 문제이다. 교회는 비성경적인 장애물만 없으면 자연적으로 자라나게 될 것이다"라고 말했다.

안디옥 모델 또는 '신선하게 씨 심기' fresh seed planting는 1세기 때 교회들이 세워진 모범적인 방식이다. 롤란드 알렌은 다음과 같이 기탄없이 지적했다.

> 바울은 교회가 단 몇 년 안에 믿음과 행함으로 살고 자랄 수 있도록, 그리고 내부와 외부로부터 오는 모든 장애물과 훼방을 극복하며 스스로 문제들을 풀어나갈 수 있도록, 그 교회를 단단한 기초 위에 세웠다.14

고로, 예루살렘 모델에서는 교회가 사도적 일꾼을 떠나지만, 안디옥 모델에서는 사도적 일꾼이 교회를 떠난다. 하지만, 그 결과는 같다. 일단 사도적 일꾼에 의해 교회의 기초가 놓이면 하나님의 사람들은 외부의 도움 없이 그 상태로 남는다. 워치만 니는 안디옥 모델과 예루살렘 모델을 다음과 같이 비교했다.

복음을 전하고 교회를 세우는 데 있어 우리는 예루살렘과 안디옥에 의해 실증된 각기 다른 두 가지 방식을 발견하게 된다. 안디옥에서는 사도가 파송되고, 예루살렘에서는 성도들이 나가서 흩어졌다. 어떤 면에선, 사도들이 곳곳에 복음을 전해서 교회를 세우고 나서 다시 돌아오려고 외유를 떠났다고 할 수 있다. 또 다른 경우엔, 신자들이 새로운 도시와 지역으로 이주해서, 가는 곳마다 주 예수님을 전하고 그곳에 교회가 탄생했다고 볼 수 있다.[15]

에베소 모델

교회 개척의 세 번째 방식은 에베소에서 시작되었다. 그래서 우리는 그것을 에베소 모델이라고 부를 것이다. 바울은 그의 말년에 에베소라는 도시로 갔다. 그곳에 가기 전에 바울은 이미 7년에 걸쳐 약 여덟 개의 교회를 개척했었다.

에베소에서 바울이 성취한 것은 독특한 정도를 넘어 눈부신 업적이라 할 수 있다. 그는 에베소를 복음의 전진기지로, 또 앞으로 교회를 세울 젊은 사역자들의 훈련센터로 삼았다. 바울은 '두란노 서원'이라 불리는 모임 장소를 세내어 오전 11시부터 오후 4시까지 매일 복음을 전하고 가르쳤다.[16] 이런 훈련은 꽉 찬 2년이라는 기간 지속하였다. 바울이 훈련한 사람들은 다음과 같다.

* 안디옥 사람 디도.
* 루스드라 사람 디모데.
* 더베 사람 가이오.
* 데살로니가 사람 아리스다고.
* 데살로니가 사람 세군도.
* 베레아 사람 소바더.
* 에베소 사람 두기고.

＊ 에베소 사람 드로비모.

위의 리스트에 골로새에서 온 에바브라를 넣을 수도 있을 것이다. 바울이 에베소에 있을 때 그를 주님께 인도했었을 것으로 추정한다.17 얼마 후, 에바브라는 소아시아의 리커스 계곡에 있는 골로새와 라오디게아와 히에라볼리, 이렇게 세 곳에 각각 교회를 세웠다. 골1:7; 4:12~13 신약 학자인 도널드 거쓰리에 의하면,

> 예를 들면, 바울이 직접 리커스 계곡의 골로새, 라오디게아, 히에라볼리에 방문하지 않고도 교회가 세워진 것이 이 기간이었음이 틀림없다. 아마 사도 바울이 이미 알고 있었던 에바브라와 빌레몬 같은 사람들이 두란노 서원에서 그의 지도로 훈련받았을 것이다.18

이와 맥락을 같이하여, F. F. 브루스는 다음과 같이 말했다.

> 바울은 이 대단한 도시에 와서 … 3년의 대부분을 거기 머무르며 에베소와 그 일대의 복음화 작업을 진두지휘했다. 이 사역에 여러 동역자들이 힘을 보탰는데, 그 중 에바브라 같은 사람은 리커스 계곡의 브리기아 도시들골새, 라오디게아, 히에라볼리을 복음화시켰다. 그들이 효과적으로 그 일을 수행했음을 누가가 잘 표현해주고 있다. "아시아에 사는 자는 유대인이나 헬라인이나 다 주의 말씀을 듣더라."19

바울이 에베소에서 여덟 사람을 훈련했다는 사실을 신약 성경이 명시하고 있지는 않지만, 그것을 강하게 암시하고 있다. 아래의 요점들을 숙고

해보라.

* 바울이 에베소에서 오래 머무는 동안 여덟 사람이 거기 있었다.20 12 제자가 예수님과 3년 반 동안 함께 살았듯이 바울의 제자들도 비슷한 기간을 바울과 함께 있었다. 바울은 에베소에서 예수 그리스도의 갈릴리 사역을 복제했다.
* 여덟 사람은 각각 자신의 출신 교회를 대표해서 예루살렘에 구제 헌금을 전달하는 역할을 담당했다. 그렇지만, 구제 헌금을 가지고 예루살렘으로 직행한 것이 아니라 그들 모두 에베소에서 바울을 만나서 그와 함께 3년 동안 거기 머물렀다. 디모데와 가이오는 갈라디아에서 왔는데, 갈라디아는 에베소보다는 예루살렘에서 훨씬 더 가까웠다.
* 바울은 2년 동안 하루에 다섯 시간씩 두란노 서원에서 말씀을 전했다. 그의 열정적인 사역 활동에 훈련의 모든 자취가 남아있다.
* 바울은 자신과 이 사람들에게 필요한 재정을 그의 손으로 충당했다.행 20:34 그가 그들을 훈련하지 않았다면 왜 그들의 필요를 채워주었겠는가?
* 에베소에서의 사역을 마친 후, 바울은 새로운 지역들에 새 교회들을 세우는 사역뿐만 아니라, 그가 이미 세운 교회들을 위해 이 사람들을 파송했다. 이것은 예수님께서 12 제자를 훈련하시기 위해 보내신 것과 비슷하다.막6:7

데이빗 솅크와 어빈 스투츠만은 에베소 모델을 다음과 같이 잘 요약했다.

바울은 에베소를 떠나면서 그가 마게도냐와 그리스에 세운 몇몇 교회들을 방문하기 위해 한 무리의 사람들을 이끌고 갔다. 우리는 이 사람들이 그가 에베소에서 훈련한 지도자들이라고 추정할 수 있다. 바울은 그가 훈련할 때 교회 개척에 관해 가르쳐준 것들을 그들이 실제로 교회 현장에서 보게 되기를 원했다. 그들이 소바더, 아리스다고, 세군도, 가이오, 디모데, 두기고, 그리고 드로비모였다. 그는 소아시아에서 교회의 성장 과정을 지켜보며 경험했던 이 지도자들로 하여금 유럽의 교회들에서도 그리스도인의 교제를 경험하게 하고 싶었다. 이 여행은 바울에게 훈련을 받은 지도자들을 위한, 문화를 넘어선 교회 개척 여행이었다.21

바울의 제자들이 각기 다른 지역의 교회들에서 왔으므로, 갈라디아, 마게도냐, 아가야, 그리고 아시아 그들은 각각 출신 지역 고유의 문화권에서 유기적인 교회 생활을 했던 독특한 경험을 나눴을 것이고, 이런 경험을 서로 공유했을 것이 분명하다. 바울은 에베소에서의 훈련 끝에, 그 여덟 사람을 소아시아 곳곳으로 보내서 그리스도의 복음을 전하게 하고 새로운 교회들을 개척했다. 그 중 몇 교회가 요한계시록 2장과 3장에 등장한다. F. F 브루스에 의하면,

바울이 에베소에 머무르는 동안 그의 동역자들은 주변 지역들에서 사역 활동을 수행했다. 그 기간, 그의 동역자인 에바브라가 리커스 계곡에 있는 골로새와 라오디게아와 히에라볼리를 복음화시켰다. 바울이 이 도시들을 직접 방문하지 않은 것이 분명하다. 골1:7~8; 2:1; 4:12~13 아마 요한계시록에 등장하는 아시아의 일곱 교회도 다 이 기간에 세워졌을 것이다. 그 지역은 복음화가 제법 잘 되었고, 수 세기 동안 기독교의 중심지 중 하나

로 남게 되었다.22

요약하자면, 바울의 여덟 제자는 주님의 12 사도에 필적한다고 볼 수 있다. 12 사도는 유대인들에게 복음을 전했고, 바울의 젊은 동역자들은 이방 세계에 복음을 전했다.

로마 모델

네 번째이자 마지막 모델은 로마에 있던 교회에서 찾아볼 수 있다. 나는 그것을 '역발상적 이식' inverted transplantation이라고 부른다. 예루살렘 모델에서는 한 교회가 많은 다른 도시에 이식되어 많은 새 교회가 세워졌다. 하지만, 로마 모델에서는 여러 다른 교회에 살고 있던 그리스도인들이 새로운 교회를 세우려고 한 도시로 모여 이식시켰다. 이것이 이탈리아의 로마에서 일어났다고 추정할 수 있다.

이 모델의 증거는 강력하다. 몇몇 신약 성경학자들은 로마서 16장이 로마교회에 쓴 것이 아니라 에베소교회에 쓴 것이라고 주장한다. 그 이유는 바울이 로마서를 쓰기 전에 로마를 방문한 적이 없기 때문이다. 하지만, 로마서 16장에 열거된 사람 모두를 바울이 알고 있었고, 그들 중 몇몇은 전에 에베소에서 살았었다.

또 어떤 사람들은 로마서 16장에서 바울의 문안을 받은 사람들이 로마에 갔다가 우연한 일치로 같은 교회에서 만나게 된 것이라고 주장한다. 그러나 위의 두 논리는 근거가 희박하다.

원래 로마교회는 주로 유대인으로 구성되어 있었던 것 같다. 누가는 오순절에 로마에서 온 방문자들이 베드로가 전한 복음을 들었다고 기록하고 있다. 행2:10 그 중 어떤 사람들이 로마에 돌아가서 거기서 모임을 하기 시작했을 것이다. 브리스길라와 아굴라가 어쩌면 그 모임의 일원이었을 수도 있다. 그러나 49년에 글라우디오 황제가 모든 유대인을 로마에서 추방하라는 칙령을 반포했다.행18:2

바울이 57년에 로마서를 써서 보냈을 때 유대인 신자들 다수가 교회로 돌아와 있었다. 로마서 16장에서, 바울은 26명의 사람과 다섯 일가에 문안 인사를 하는데, 그들은 모두 다 바울이 개인적으로 알고 있던 사람들이다. 사실상, 그들은 전부 다 그동안 바울이 개척했던 여러 교회에서 온 사람들이다.

그 증거를 뒷받침하기에 적절한 시나리오를 구성해보자. 54년에 글라우디오의 칙령이 해제되자 바울이 브리스길라와 아굴라를 로마로 보냈다. 이 견해를 떠받치는 한 가지 단서는 브리스길라와 아굴라가 에베소에서 어떻게 바울을 도와 교회를 개척했는지를 보는 것이다. 그 유명한 로마서를 쓰기 4년 전에, 바울은 이 대단한 부부를 에베소로 데리고 가서 자신이 에베소교회를 개척하러 돌아올 때까지 그곳에 머무르며 사역하도록 했다.행18:18~19 신약 성경학자인 윌리엄 샌데이와 아더 헤들램은 말하기를,

브리스가와 아굴라를 로마에 있게 한 것은 바로 사도 바울처럼 상황에 맞는 전략을 짜는, 예리한 눈을 가진 사람에게라야 기대할 수 있다. 에베소서에 사역의 기초를 놓아 완성단계에 이른 뒤에 로마를 방문하고자 했을 때, 그는 즉 그들을 떠올렸을 것이다. 그들이 거기서 얼마나 귀한 사역을 할 수 있을지, 그리고 그의 방문에 대비해서 그들이 얼마나 철저히 준비를 잘할지를 그가 알았기 때문이다. 그가 어떤 상황에 부닥쳐 있더라도 그들은 거의 기대 이상으로 일해냈다. 그래서 무슨 어려운 제안을 내놓는 대신, 그들이 이미 잘 알고 있던 곳인 로마로 그들을 돌려보내야 한다는 생

각이야말로 가장 자연스러운 것이다.23

　바울은 브리스길라와 아굴라를 자기보다 먼저 로마로 보내고 그가 세운 여러 교회의 유대인과 이방인을 포함한 몇몇 사람에게 로마로 이주할 것을 제안했다.24 그 목표는 국제도시인 로마에 유대인과 이방인의 다문화 교회를 세우기 위해서였다.25

　바울은 새로 이식된 이 로마교회를 발판으로 그 도시에 복음 전할 계획을 세웠다. 그가 결국엔 로마에 갔지만, 그가 기대했던 방식으로 간 것은 아니었다. 죄수로 거기에 갔기 때문이다. 로마의 교회는 제국의 시기를 받을 정도로 영광스러운 교회의 모습을 드러냈다.26

　로마교회를 이런 눈으로 보는 것이 로마서 16장이 에베소서의 일부였는데 착오로 로마서에 잘못 수록되었다는 억측보다는 훨씬 더 잘 맞아떨어진다. 로마서 16장을 로마서에서 분리시킬 수 있는 어떤 원문이나 사본의 증거도 존재하지 않는다.27 또한, 그것은 단 3년 안에 26명이 우연한 일치로 로마에 이주해서 정착했다는 가정보다 훨씬 더 설득력이 있다.28

　더구나, 로마서 15:20에서 바울은 남의 터 위에 교회를 세우지 않겠다는 사실을 분명하게 밝혔다.29 그리고 그는 로마 교인들에게 자신이 마치 그들의 사도인 것처럼 말했다. 바울은 로마서 1:15에서 자신이 로마에 도착하면 거기서 복음을 전할 것이라고 했다. 편지 쓰는 법에 대해 연구하는 학자들은 다음과 같은 결론을 내렸다. 바울이 로마서 16장에서 문안 인사를 한 것은 자신과 로마에 있는 신자들과의 관계성을 분명하게 확인시키고 거기에서 그의 사도적 권위를 세우기 위함이다.30

　따라서 모든 증거를 종합해볼 때, 역발상적 이식을 실행한 바울이야말로 로마에서도 사도일 수밖에 없다고 믿는 것이 이치에 합당할 것이다. 이런 시나리오는 로마서 16장을 로마서에서 분리시키는 일 없이 어떻게 문안 인사를 한 모두를 바울이 다 알 수 있었는지를 설명해준다. 그것은 또한 예수 그리스도의 교회를 개척하는 또 다른 방식에 대한 확실한 안목을 제공해준다.

팀의 개념

신약 성경은 하나님께서 특별히 둘이 한팀이 되어 사역하는 사도적 일꾼의 팬fan이심을 분명히 보여주고 있다. 물론 성경 전체에 항상 그렇게 나와 있는 것은 아니다. 바울, 베드로, 디모데, 디도, 에바브라 같은 사람들은 경우에 따라 홀로 사역한 적도 있기 때문이다.31 그렇지만, 일반적인 원리는 이것이다. 하나님의 일은 사역을 함께하는 사람들에 의해 성취된다.32 아래를 주목하라.

* 사도가 둘씩 열거되어 있다. 마10:2~4
* 예수님께서 12 제자를 훈련 목적으로 보내실 때 둘씩 짝 지워 보내셨다. 막6:7
* 예수님께서 따로 70인을 세우셨을 때 그들을 둘씩 짝 지워 보내셨다. 눅10:1
* 누가가 다락방에 있었던 12 제자가룟 유다를 제외한를 언급할 때 둘씩 열거했다. 행1:13
* 주님은 종종 무엇을 시키실 때 제자들을 둘씩 보내셨다. 마21:1; 눅22:8
* 베드로와 요한이 짝을 이루어 함께 사역했다. 행3:1 이하; 4:1; 13 이하; 8:14 이하

* 바울과 바나바가 짝을 이루어 함께 사역했다. 행13:1~15:35

* 바나바와 마가가 짝을 이루어 함께 사역했다. 행15:39

* 바울과 실라가 짝을 이루어 함께 사역했다. 행15:40

* 바울은 임무 수행을 위해 두 사람을 함께 보냈다. 행19:22; 고후8:16~18

위의 예들을 일부러 꾸며낸 것이나 기계적인 방법으로 오해해서는 안 된다. 그런 것이 아니라, 함께 여행하는 사역자들은 유기적인 교회 생활을 같이 경험하며 자라난 사람들이었다. 눅22:8; 요20:2~3; 행3:1 함께 여행하는 것은 단순히 자연스럽게 드러나는 영적 생명의 본능이다.

팀의 개념은 그리스도인 사역자들에게 동료가 필요함을 반영해준다. 이것은 하나님의 일을 자기 식대로 하는 외로운 방랑자가 되지 않도록 그들을 지켜준다. 팀 사역이 분명히 성경적인 방식이지만, 오늘날엔 우리가 그것을 거의 찾아보기 어렵다. 개인적으로, 나는 이것이 우리 세대의 가장 큰 수치요 죄과 중 하나라고 생각한다. 팀 사역이 항상 모든 토양에서 가능하거나 실질적으로 적용될 수는 없겠지만, 지금보다는 더 많이 시행되어야 할 것이다.

자연발생적인 확장을 위한 전략

바울의 교회 개척 전략과 관련해서 언급할 가치가 있는 또 하나의 특징 있다.33 바울은 도시의 교회 개척자였다. 그는 대부분 시골을 그냥 지나쳤고 작은 마을들도 관심을 두지 않았다.34 그 대신, 그는 대도시로 직행해서 많은 인구를 가진 영향력 있는 그 도시 안에 그곳 고유의 교회들을 개척하는 데 주력했다.

이런 배경에서 비非그리스도교인들을 지칭하는 이교도pagan라는 말이 생겨났다. 이교도라는 말은 고대어인 농부를 지칭하는 말에서 파생된 것으로 원래는 시골에서 사는 사람이라는 뜻이 있었다. 이와 같은 어원을 가진 이방인heathens이라는 단어도 있다. 이방인은 'heath' 곧 도시 밖의 시골에 사는 사람들을 가리키는 말이었다.

그리스도교가 초기에는 도시들 밖에서 거의 성공을 거두지 못했었다. 우리의 믿음이 본질적으로 관계성 중심이기 때문에, 교회는 도시의 밖에서는 제대로 뿌리를 내릴 수 없었다. 도시 지역에서는 그리스도인들이 하루 생활 중 다른 사람들을 만나 서로 돌보기가 쉬웠다. 시골에서는 신자들이 서로 고립되어 있었으므로, 신약 성경이 계속 강조하는 '서로'를 구체화하기가 어려웠다. 결과적으로, 그리스도교는 언제나 압도적으로 도시 중심이었다.

그러나 바울의 대도시 교회 개척 전략에는 공동체적인 삶에 도움되는 것 이상으로 중요한 측면이 있었다. 그것엔 또 복음이 자연적으로 퍼져 나가도록 하는 특성이 있었다.살전1:8 유기적 교회가 제대로 기능을 발휘한다면, 그 자체의 끌어당기는 힘과 매력에 의해 불신자들을 오게 할 것이다. 가까이에 사는 사람들이 널려 있는 큰 도시에서는 이것이 가능하다. 하지만, 시골에서는 그것이 훨씬 더 어렵다. 롤란드 알렌은 "교회의 자연발생적인 확장"에 대해 다음과 같이 피력했다.

> 이것이 바로 내가 말하고자 하는 자연발생적인 확장이다. 그것은 교회의 지체들이 자신이 경험한 복음을 다른 사람들에게 체계적으로 설명하거나 설득하지 않고도 이루어지는 확장을 뜻한다. 그것은 교회의 반듯한 삶을 본 사람들에게 비친 교회의 매력에 의한 확장을 뜻한다. 즉, 나눠주고자 하는 본능을 지닌 삶의 비결을 알고 싶어서 교회를 찾는 사람들이 거부할

수 없도록 하는 매력이다. 또, 그것은 새로운 교회들의 증가에 의한 교회의 확장을 뜻한다.35

비시디아 안디옥, 빌립보, 데살로니가, 고린도, 에베소, 그리고 로마는 조용한 작은 마을이 아니었다. 그 도시들은 자연발생적인 확장이 쉽게 일어날 수 있었던 전략 도시였다. 이것과 관련해서 F. F. 브루스는 다음과 같이 말했다.

> 그래서 바울은 소통의 주요 채널인 로마의 도로를 따라 여행하며 전략적 중심지에서 복음을 전하고 교회를 개척했다. 그 중심지들로부터 구원의 메시지가 흘러나가도록 한 것이다.36

놀라운 것은, 바울이 그 중심지에 속한 주요 도시들에 몇몇 교회를 개척하고서 전체 지역이 복음화되었다고 생각했다는 사실이다. 바울이 로마서를 썼을 즈음, 그와 그의 동역자들이 갈라디아, 그리스, 소아시아, 로마에 세운 교회는 20개 미만이었지만, 바울은 복음이 예루살렘에서 로마까지 '편만하게' 전파되었다고 했다.

단 10년 동안 지구 상에 20개도 안 되는 이방인 교회들밖에 세워지지 않았는데도, 바울은 예루살렘에서 로마에 이르는 지역들에는 그가 복음을 전할 곳이 더는 없다고 판단했다. 롬15:19~24 도날드 거쓰리에 의하면,

> 바울은 당면한 계획으로 화제를 돌리면서, 조금 전에 언급한 지역들에는 더 일할 곳이 없다는 놀라운 말을 했다. 이것은 그 지역들이 완전하게 복음화되었다는 의미는 아니다. 왜냐하면, 바울의 전략이 먼저 중심 지역

에 교회들을 개척한 다음 그 교회들로 주변지역을 복음화하도록 하는 것이었기 때문이다. 바울은 오직 이런 방식에 의해 그 많은 지역에서 사역할 수 있었다.37

교회 개척 전략과 성령의 인도는 분리될 수 없다. 사도적 일꾼들은 하나님에 의해 보내심을 받았으므로, 그들의 사역은 하나님에게 속한 것이지 그들 자신의 것이 아니다. 따라서 주님께서 그분 자신의 일을 지휘하시고 개척하시는 것이다.38 주님께서 복음이 어디서 전해져야 하는지, 그리고 그분의 일꾼들이 어디를 가야 하는지를 결정하신다. 또한, 언제 이 일이 수행되어야 할지 그 적합한 시기도 주님께서 택하시는 것이다. 행10:9~11; 19~20; 13:2~4; 16:6~8; 18:8~11; 23:11; 갈2:2

사도들은 지역 교회가 그들을 초청하는 지역들에서 사역한다. 또는 특정한 지역으로 가라는 계시를 받았다면 그곳으로 가서 사역한다. 1세기 사역자들은 주님의 내적 인도에 생소하지 않았다. 고전2:7~16 무엇보다도, 교회를 성령에 의해 창조하신 장본인은 예수 그리스도이시다. 사람들은 주님의 도구일 뿐이다.

요약

정리하자면, 신약 성경은 1세기 때 교회가 개척되어 눈에 보이는 하나님 나라의 공동체가 세워지도록 했던 네 가지 방식을 우리에게 보여주고 있다. 그 방식은,

* **예루살렘 모델** – 한 무리의 사도적 일꾼들이 하나의 큰 교회를 세우고자 여러 해를 보낸다. 몇 년 후에, 그 교회는 다른 많은 도시로 이식되어

새로운 교회들이 생겨난다. 사역자들은 그 새 교회들을 방문하여 그들을 위해 기초를 새롭게 놓아준다.
* 안디옥 모델 – 사도적 일꾼들이 새로운 도시들에 교회들을 개척하기 위해 지역 교회로부터 파송된다. 사역자들은 그 교회들의 유아기에 그곳을 떠나고 나서 그들이 성숙하게 되도록 주기적으로 도움을 주고 격려해준다.
* 에베소 모델 – 사역자가 그 노년에 새로운 교회를 개척하고 젊은 사역자들을 훈련하기 위해 특정한 도시에 거주한다. 그리고 나서, 그는 주변 지역에 새 교회들을 개척하기 위해 그 사역자들을 파견한다.
* 로마 모델 – 여러 다른 교회 출신의 그리스도인들이 새로 한 교회를 세우기 위해 특정한 도시로 자신들의 삶을 이식시켜 모인다.

교회 개척을 위한 이 네 가지 방식은 하나님께로부터 온 것이므로, 나는 그것들에 개선해야 할 것이 있다고 믿지 않는다. 아이러니한 것은, 오늘날 그 방식들을 따르는 사람들이 드물다는 사실이다. 이것과 관련해서 워치만 니는 다음과 같이 말했다.

오늘날 우리가 방문하는 지역과 우리가 모이는 환경조건이 성경의 기록에 나오는 사람들의 그것과는 현저하게 다르지만, 원리에 있어서는 초기 사도들의 경험이 우리의 표본이 되기에 적절할 것이다. 그리스도교는 그 본래의 순수함을 잃어버려서 전반적으로 그릇되고 혼란스런 상태이다. 이런 현실에도, 지금 우리가 하는 사역은 지역 교회를 개척하고 세우는 데 있어, 즉 그 지역에서 그리스도의 몸을 드러내는 데 있어 초기 사도들의 시대와 같다.39

롤란드 알렌은 위와 동일 선상에서 다음과 같이 피력했다.

> 오늘날, 우리가 주목할 가치가 있는, 어쩌면 우리가 따라 할 가치가 있는 놀라운 결과를 가져오게 한 사도 바울의 방법에 뭔가가 있다고 감히 말하는 사람이 있다면, 그는 혁명적인 성향이 있는 사람이라고 비난받을 위험에 처하게 된다. 내가 말할 수 있는 것은 오직 "이것은 그리스도와 그분의 사도들의 방식이다"라는 것뿐이다. 만일 누구든지 "그것은 낡은 방식이다" 또는 "시대가 변했다"라고 한다면 나는 단지 "이것은 그리스도와 그분의 사도들의 방식이다"라고 되풀이할 수밖에 없고, 그가 이 문제를 직접 대면하도록 할 것이다.40

나는 교회 개척을 위해 부르심을 받았다고 생각하는 모든 사람이 신약성경의 원리들을 다시 살펴보기를 바란다. 그리고 주님의 인도하심 아래 그 원리들을 되찾게 되기를 바란다.

Chapter 02
부활 시켜야 할
순 회 사 역 자

RESTORING THE ITINERANT WORKER

만일 당신이 문제를 틀리게 정의한다면, 답이 아무리 창조적이고 강력하다 해도 소용없다. 다시 말해서, 올바른 답을 주는 것보다 더 중요한 것은 올바른 질문을 던지는 것이다. 단지 자료와 프로그램과 활동만 변경하는 것으로는 충분치 않다. 우리는 교회를 어떻게 인식할 것인지, 교회를 통해서 자신을 드러내시는 하나님을 우리가 어떻게 볼 것인지, 그리고 교회를 어떻게 세워나갈 것인지에 변화를 추구해야 한다.

- 윌리엄 A. 베컴

제1단원에서 우리는 1세기 때 교회들이 개척된 네 가지 방식을 살펴보았다. 네 가지 전부 다 오늘날엔 거의 알려지지 않고 있다. 요즈음 '성도를 온전하게 하여 봉사의 일을 하게 하는 것'에 대해 말은 많이 하지만, 이 원리를 실제 삶에서 구체화하는 경우는 드물다. 그런 온전하게 하는 사역 equipping의 리트머스 테스트는 사역자가 자신을 대신할 어떤 지도자 직분을 세우지 않은 채 그 지역 교회를 떠나고, 그 교회가 사역자 없이도 제 기능을 발휘할 수 있느냐 하는 것이다. 이것은 사도 바울이 그가 개척한 교회들에서 줄기차게 행했던 방식임이 틀림없다. 그렇게 함으로써, 그의 복음과 하나님의 사람들을 '온전하게 하려는' 그의 수고가 시험대에 올랐던 것이다.

이것은 우리로 하여금 아주 중요한 질문을 던지게 한다. 유기적 교회를 개척하기 위한 성경적 필수 요소들은 무엇인가?

사역자와 사역

사실상 1세기의 모든 교회는 한곳에 머무르지 않는 순회 사역자에 의해 세워졌다. 궁극적으로 그 교회를 그대로 남겨둔 채 떠나는 사역자 말이다. 주목할 것은 신약 성경에 언급된 순회 사역자의 직접적인 도움 없이 생겨난 몇몇 교회들도 예외 없이 개척된 다음 순회 사역자의 도움과 격려를 받았다.

이 사람은 다음과 같은 명칭으로 알려졌다. '사도', '보내심을 받은 자', '사역자', '기초를 놓는 자', '교회 개척자' 등. 말하자면, 사도는 교회를 세우는 사람이다. 윌리엄 S. 맥버니는 말하기를,

> 필자가 얻을 수 있는 학계의 모든 자료를 종합해서 조심스럽게 그들의 삶을 추적해보고 다음과 같은 결론에 도달했다. 예외 없이, 사도들이 수행했던 임무 한 가지는 교회를 세우는 것이었다. 여기서 교회는 물론 건물이 아니고 회중을 말한다. 기록이 전하는 바는 사도들이 회중을 세웠다는 것이다.[1]

일꾼 또는 사역자 worker이라는 말이 특히 선호되었는데, 예수님께서 그분의 메시지에서 이 말을 사용하셨다. 마9:37~38; 20:1~2; 눅10:2,7 바울은 그의 편지들에서 이 말을 사용했다. 고전3:9; 고후6:1; 11:13; 골4:11 그리고 누가는 지역 교회들을 개척하고 양육하는 사역을 가리켜 '일' 또는 사역 the work이라고 했다.

> 주를 섬겨 금식할 때에 성령이 이르시되 내가 불러 시키는 일을 위하여 바나바와 사울을 따로 세우라 하시니 _행 13:2

> 거기서 배 타고 안디옥에 이르니 이곳은 두 사도가 이룬 그 일을 위하여 전에 하나님의 은혜에 부탁하던 곳이라 _행 14:26

> 바울은 밤빌리아에서 자기들을 떠나 함께 일하러 가지 아니한 자를 데리고 가는 것이 옳지 않다 하여 _행 15:38

'사역'과 '교회'를 신중하게 구분해야 함에 대해서 신약 성경 학자인 로버트 뱅크스 다음과 같이 지적했다.

> 교회와 사역, 이 둘을 후대에 와서 일반화된 기독교 사상에서 그러듯이 절대로 혼동해서는 안 된다. 바울은 그의 사역 활동을 '에클레시아'로 보지 않고, 흩어져 있는 그리스도인 공동체들과는 별도로 존재하는 것으로 보았다. 그 사역의 목적은 우선 복음을 전해서 교회들을 세우는 것이고, 그 다음 그 교회들이 성숙에 이르도록 도움을 주는 것이다.[2]

워치만 니도 다음과 같이 말했다.

> 하나님의 뜻에는 '교회'와 '사역'이 별개의 두 줄기를 따른다. 사역은 사도들에게 속한 것이고, 교회는 지역의 신자들에게 속한 것이다. 사도들은 어떤 지역의 사역을 책임져야 하고, 교회는 그곳에 있는 하나님의 모든 자녀를 책임져야 한다.3

사역과 교회의 차이는 중요한 문제이므로 나중에 더 자세히 살펴보게 될 것이다.

비밀의 청지기들

성경에 의하면 사도는 '보내심을 받은 자'이다. 그는 메시지를 전하는 사람이다. 그는 복음의 메시지를 선포하고 그 메시지의 산 증인이 되라고 보내심을 받은 특사이다. 그러면, 그 메시지를 통해 성령에 의해 영적 공동체가 세워지게 된다. 아래의 성경 구절을 주목하라.

> 이에 열둘을 세우셨으니 이는 자기와 함께 있게 하시고 또 보내사 전도도 하며 _막 3:14

> 그리스도께서 나를 보내심은 세례를 베풀게 하려 하심이 아니요 오직 복음을 전하게 하려 하심이로되 _고전 1:17

> 보내심을 받지 아니하였으면 어찌 전파하리오 기록된 바 아름답도다 좋은 소식을 전하는 자들의 발이여 함과 같으니라 _롬 10:15 4

1세기 사역자들은 보내심을 받았기 때문에 순회 사역을 했다. 두루 돌아다녔다는 말이다. 그들은 대부분 돌아다니는 개척자였고 탐험가였다.5 하지만 그것이 전부가 아니다. 크리스천 사역자들은 청지기의 임무를 맡았다. 이 청지기의 임무는 하나님의 비밀mystery을 하나님의 백성에게 분명하게 알려주는 것이었다. 고전4:1 이하 바울이 말하는 '비밀'은 그리스도 안에 있는 하나님의 영원한 목적이 계시로 나타난 것이다. 이것은 진실로 보내심을 받은 모든 사람의 마음속에 활활 타는 계시이다.6

사역자의 주요 임무 중 하나는 이 계시또는 비전를 주님의 사람들에게 알려주는 것이다. 잠언에 "묵시가 없으면 백성이 방자히 행하거니와"29:18 이라고 했다. 주님과 그분의 영원한 목적에 대해 총체적인 비전이 없으면, 하나님의 백성은 붕괴하고 만다. 정신없이 방황하게 되고 거덜이 난다는 말이다. 마음속에 예수 그리스도를 '보는 것'이 없다면, 그들은 낙담하게 되고, 의욕을 상실하게 되고, 목적을 잃어버리고, 균형을 잃게 된다.

그리스도와 그분 안에 있는 하나님의 목적에 대한 비전을 공유하는 것에는 떠받치는 힘이 있다. 그것은 또한 조화를 이루어낸다. 그런 주님의 비전은 교회를 세우는 데 있어 토대가 되는 단 하나의 적합한 기초이다.

고로, 크리스천 사역자의 주된 임무 중 하나는 하나님의 사람들에게 측량할 수 없는 그리스도의 풍성함을 전하는 것이다. 엡3:8 1세기 사역자들은 비교할 수 없는 예수 그리스도의 계시와 그분 안에 있는 하나님의 영원한 목적의 비밀을 갖고 있었다. 그리고 그들은 주님의 사람들이 그것에 사로잡히도록 그 목적을 분명하게 알 수 있도록 전했다. 이것은 바울의 교회 개척 사역에서 주요 목표였다. 아래의 성경 구절들에 살펴보라.

모든 성도 중에 지극히 작은 자보다 더 작은 나에게 이 은혜를 주신 것은 측량할 수 없는 그리스도의 풍성함을 이방인에게 전하게 하시고 영원부터 만물을 창조하신 하나님 속에 감추어졌던 비밀의 경륜이 어떠한 것을 드러내게 하려 하심이라 _엡 3:8~9

또 나를 위하여 구할 것은 내게 말씀을 주사 나로 입을 열어 복음의 비밀을 담대히 알리게 하옵소서 할 것이니 _엡 6:19

또한, 우리를 위하여 기도하되 하나님이 전도할 문을 우리에게 열어 주사 그리스도의 비밀을 말하게 하시기를 구하라 _골 4:3 롬16:25; 고전 2:7; 엡1:9; 골1:26; 2:2

영적으로 온전하게 하는 자들

1세기 크리스천 사역자들의 주요 역할 중 하나는 하나님의 사람들로 하여금 서로 그리스도를 나눌 수 있도록 그들을 온전하게 준비시키는 것이었다. 폴 스티븐스는 "성도를 온전하게 하여"라는 말을 다음과 같이 조명했다.

온전하게 한다는 그리스어로, 'katartismos' 라는 단어가 명사로 단 한 번 사용된 것이 에베소서 4:12에 등장한다. 그런데 이 단어가 고대 그리스에서는 흥미로운 의학 용어의 배경을 갖고 있다. 온전하게 한다는 것 to equip 은 인체의 뼈나 일부분을 다른 지체들과 맞춰서 모든 지체가 꼭 들어맞게 하는 것을 의미한다. 그리스의 의사는 뼈가 몸의 다른 지체들에 정확하게 들어맞도록 몸을 '온전하게 하는' equip 일을 했다.7

사도적 일꾼들이 성도들을 어떻게 온전하게 준비시켰을까? 사역자들은 어떻게 그리스도의 몸 안에 있는 다양한 지체들을 조화시켜서 각 지체가 역할 수행하도록 했을까? 교회에 예수 그리스도의 깊이를 알게 해주는 것 외에 다른 요소들이 필요했었다. 아래에 가장 중요한 요소들 여섯 가지를 소개한다.

죄의식을 제거하기

유기적 교회는 교회의 각 지체가 다른 지체들과 주님을 나누는, 모두가 참여하는 열린 모임을 한다. 하지만, 그런 모임에서 신자들이 기능을 발휘하지 못하도록 방해하는 주된 장애물 중 하나는 죄의식이다. 죄책감을 말한다. 자신을 스스로 책망하고 무가치하게 여기는 감정이다.

1세기에는 크리스천 사역자의 임무가 하나님의 사람들이 죄책감에서 해방되도록 도와주는 것이었다. 사역자는 그들이 하나님께서 보시기에 흠 없는 존재라는 것을 일깨워주었다. 그리스도 안에 있는 그들을 하나님께서 어떻게 보시는지, 그리고 그리스도께서 흘리신 피가 하나님의 요구를 어떻게 충족시켰는지를 그들에게 알게 해준 것이다. 또한, 사역자는 필요할 때는 그들에게 회개를 촉구했다.

1세기 사역자들은 율법주의를 배제한 확고한 은혜의 복음을 전해서 하나님의 사람들이 죄의식으로부터 해방된 깨끗한 양심을 갖게 했다. 이것이 초기 그리스도인들로 하여금 입을 열어 불신자들에게, 그리고 서로히 9:14; 10:1~25 담대히 주님을 나누게 하였다.

실제적인 수단들을 공급하기

1세기 크리스천 사역자의 메시지는 그리스도였다. 그런데 사역자는 예수 그리스도 안에 있는 하나님의 영광을 선포할 때, 하나님의 사람들에게 그 주님의 영광을 단순하고 실천 가능한 수단에 의해 경험하는 길을 보여 줄 책임이 있었다.

유기적 교회는 지체들이 그리스도와의 지속적이고 인격적인 관계를 경험하지 않으면 유지될 수 없어서 이 요소가 절대적이다. 여기에 크리스천 사역자의 가장 중요한 임무가 놓여 있는 것이다. 사역자 자신이 신선하고, 살아있고, 지속적이고, 인격적인 관계를 주님과 갖고 있어야 하고, 또 그것을 다른 사람들에게 전달할 방법을 알고 있어야 한다.

주요 포인트: 하나님의 사람들이 내주하시는 주님에게 깨어 있지 않는다면, 결코 유기적인 교회 생활을 유지할 수 없을 것이다.

여기서 지도자의 이슈가 대두할 수밖에 없다. 지도자에 대한 적절한 정의를 내린다면, 지도자는 다음 단계를 아는 사람이다. 이 '아는 것'은 '보는 것'에 기초한다. 모세는 먼저 하나님의 인도를 받고 위에서 보여주신 성막의 모형을 보지 못했다면 성막을 만들 수 없었을 것이다. 마찬가지로, 1세기 사역자들은 하나님의 영원한 목적에 대해 분명한 인식을 하고 있었다. 그들은 영적 통찰력, 곧 보이지 않는 것을 볼 수 있는 능력을 소유하고 있었다.

크리스천 사역자의 모델이라 할 수 있는 바울은 자신을 "지혜로운 건축자"라고 했다. 고전3:10 "지혜로운 건축자"로 번역된 헬라어는 *architekton*인데, 이 말에서 영어의 architect건축가라는 단어가 파생되었다. 이 단어는 하나님의 영적인 집을 구성하는 각 부분이 어떻게 다른 부분들과 들어맞는지를 볼 수 있는 영적 은사를 가리킨다.

건축가는 계단이 어디에서 거실과 연결될 것인지, 안방이 어디에 있게 될지, 배관공사는 어떻게 해야 할지, 전기 콘센트는 언제 어디에 달아야 할지 등에 대해 인식을 하고 있다. 그것은 하나님의 영적인 집을 세우는 사람들에게도 마찬가지이다. 멜빈 핫지스는 말하기를,

> 교회 개척자는 비전의 사람이어야 한다. 다른 사람들은 장애물밖에 보지 못할 때도 그는 가능성을 볼 것이다. 그는 의욕이 넘치고 실망시키는 좌절에도 견뎌내고 정진할 것이다. 그의 비전은 하나님께서 이 일을 하라고 자신을 보내셨고 또 자신을 통해 이루실 것을 믿는 굳건한 믿음이 뒷받침하고 있다. 대부분 교회는 교회 개척의 임무에 자신을 헌신한 사람들의 비전과 영적 부담과 희생과 인내에 의해 세워진다.8

요컨대, 1세기 사역자들은 전심으로 주님을 의지하고, 다음 단계를 보고, 하나님의 사람들에게 그것을 얻는 방법을 보여준 사람들이었다. 그들은 비전을 전수해주는 데 있어, 또 다른 사람들로 하여금 그 비전을 이루고자 함께 일하도록 독려하는 데 있어 능력이 있는 사람들이었다.

영적 은사들에 대한 신뢰를 주입시키기

하나님의 사람들은 신뢰confidence가 없으면 주눅이 들고 수동적이 된다. 바울은 그의 편지들을 통틀어 그가 신자들과 그들의 능력에 대해 신뢰하고 있음을 반복해서 말했다. 갈5:10; 살후3:4; 고후2:3; 7:16; 8:22; 롬15:14; 빌1:6

1세기 사역자들은 교회 안에서 하나님께서 하시는 일에 대한 신뢰를 보여주었다. 주님의 사람들에게 그런 신뢰를 주입하는 것은 그들이 기능을 발휘하고 섬기는 데 있어 큰 힘이 되었다. 그것은 오늘날의 크리스천 사역자들에게 있어서도 마찬가지이다. 그들은 성령과 하나님의 사람들에 대한 신뢰가 있다. 그들 모두가 성령의 기름 부음을 받았기 때문이다.

본보기에 의해 모범 보이기

위에서 말한 사역이 교회를 형성하는데 절대적이라는 사실 못지않게, 크리스천 사역자가 하나님의 사람들 앞에서 보여주는 본보기 또한 매우 중요하다. 교회는 복음을 말로 전하는 것뿐만 아니라 모범을 보이는 것에 의해 온전해진다. 1세기 사역자들은 그들이 전한 복음을 삶의 본보기를 통해 보여주었다. 바울은 종종 그의 편지에서 이것에 대해 언급했다.

> 형제들아 너희는 함께 나를 본받으라 그리고 너희가 우리를 본받은 것처럼 그와 같이 행하는 자들을 눈여겨 보라 _빌 3:17

> 이는 우리 복음이 너희에게 말로만 이른 것이 아니라 또한 능력과 성령과 큰 확신으로 된 것임이라 우리가 너희 가운데서 너희를 위하여 어떤 사람이 된 것은 너희가 아는 바와 같으니라 또 너희는 많은 환난 가운데서 성령의 기쁨으로 말씀을 받아 우리와 주를 본받은 자가 되었으니 _살전 1:5~6

> 어떻게 우리를 본받아야 할지를 너희가 스스로 아나니 우리가 너희 가운데서 무질서하게 행하지 아니하며 _살후 3:7

> 범사에 네 자신이 선한 일의 본을 보이며 교훈에 부패하지 아니함과 단정함과 _딛 2:7

> 내가 그리스도를 본받는 자가 된 것 같이 너희는 나를 본받는 자가 되라 _고전 11:1

분명한 것은 사역자들이 완벽하고 실수로부터 자유로운 사람들은 아니라는 사실이다. 베드로는 사도들도 실수하는, 그것도 때때로 아주 큰 실수를 하는 타락한 사람들이라는 것을 보여준 대표적 증인이다.9 그것은 다소 그들의 인격과 관련이 있는데, 그들의 지속적인 행동거지가 입증해 주고 있다.

바울의 편지들을 잘 읽어보면, 교회가 어떻게 지체들을 돌보고 불신자들을 사랑해야 하는지에 대해 바울이 본을 보여주었다는 인상을 받게 된다. 그는 지체들이 어떻게 주님과 교제를 하며 서로 위해 기도할 것인지에 본을 보여주었다. 그는 그들이 어떻게 문제를 다루고, 어떻게 예배를 드리며, 또 어떻게 내주하는 주님의 생명에 의해 살아갈 것인지에 본을 보여주었다. 단지 이것들을 가르치고 설교하는 것만으로는 충분치 않다. 하나님의 사람들 앞에서 본을 보이는 것 또한 절대적이다.

이질적 요소들을 제거하기

하나님의 사람들이 역할을 감당할 수 있도록 사역자들이 도울 수 있는 또 하나의 방법은 이질적 요소들이 교회에 들어와 교회의 생명을 질식시키거나 교회의 자연적인 특성을 왜곡시키지 않도록 지켜주는 것이다. 이해를 돕고자 예화 하나를 들어보겠다.

이탈리아의 피렌체에 미켈란젤로가 조각한 유명한 다비드상이 있는데, 언젠가 그의 작품을 흠모하는 사람이 그에게 그것을 어떻게 조각했느냐고 물었다. 미켈란젤로는 다음과 같이 간단하게 대답했다. "나는 먼저 대리석 판을 집중해서 응시했습니다. 그리고 그것을 꼼꼼히 살피고 나서 다비드가 아닌 모든 것을 깎아냈습니다."

미켈란젤로의 설명은 사도적 일꾼들이 어떻게 교회를 개척하고 유지하는지에 적용될 수 있을 것이다. 교회를 개척하는 사람들의 주요 목표 중 하나는 예수 그리스도가 아닌 모든 것을 제거하는 것이다. 사도적 일꾼들은 그리스도의 단단한 기초를 세웠을 뿐만 아니라, 그리스도가 아닌 모든 것을 조심스럽게 제거했다.

엔트로피에 맞서 싸우기

그리스도의 몸이 기능을 발휘하지 못하도록 하는 것 하나는 엔트로피이다. 엔트로피는 모든 생명체 안에서 일어나는 자연적인 쇠퇴현상 또는 붕괴현상이다. 무엇이든 그대로 놔두면 엔트로피가 일어나기 쉽다. 그런데 엔트로피는 자연의 생명체뿐만 아니라 크리스천 공동체에도 적용된다.

머지않아, 엔트로피가 모든 수고를 수포로 돌아가게 하고, 시간이 지남에 따라 우리는 메말라 갈 것이다. 제도적 장치 없이 크리스천 공동체가 계속 전진하는 데 요구되는 지속적인 에너지는 상당히 부담스러울 수가 있다.

엔트로피가 유기적 교회에 생기면 Type A에 속하는 사람들이 그 자리를 차지하기 시작한다.* 이것은 교회 역사에서 늘 되풀이되어온 일이다. 엔트로피는 힘이 강하기 때문에 초기 교회가 유기적으로 삶을 나누는 공동체에서 위계질서에 의한 성직 계급 제도로 바뀌어버렸다.

1세기 사역자들은 피할 수 없는 이런 엔트로피에 맞서 싸웠다. 그들은 교회가 그리스도를 향하도록 다시 중심을 잡아주고 힘을 불어 넣어주었으며, 교회에 새로운 방향을 제시해주었다. 이것은 교회 개척자들이 하나

---

* [역주] 이것은 1950년대에 소개되어 널리 퍼진 행동 패턴에 관한 이론으로, Type A는 조급하고, 시간을 의식하고, 자신의 입지에 민감하고, 상당히 경쟁적이며, 야심이 많고, 사무적이고, 적극적인 성격을 지칭하고, Type B는 이와는 대조적으로 참을성이 많고, 느슨하고, 원만하고, 위기의식이 약한 사람을 가리킴.

님의 사람들로 하여금 기능을 발휘할 수 있도록 훈련해서 교회가 붕괴하지 않도록 지켜주는 또 하나의 방식이다.

하나님께서 사도적 일꾼들을 어떻게 세우시는가

오늘날 하나님의 일 중에서 가장 이해하지 못하는 원리 중 하나는 아마 순회 사역자들이 언제나 현존하는 교회의 토양에서 배출된다는 사실일 것이다. 그들은 그리스도와 그분 안에 있는 하나님의 영원한 목적을 드러내는 독특한 계시를 받은 사람들이었다. 그들은 하나님의 비밀에 대해 잘 아는 사람들이었고, 그 비밀을 다른 사람들에게 알아듣도록 전할 수 있게 특별히 훈련된 사람들이었다. 엡1:9; 3:2~11; 골1:24~29 하지만, 이 모든 것 외에, 크리스천 사역자는 이 모든 영적 실체를 지도자가 아니었을 때 유기적 교회의 토양에서 배웠다.10

사실, 사역자의 사역을 위한 준비 대부분은 보내심을 받기 전에 유기적 교회의 토양에서 사는 것이다. 이런 보기 드문 환경 안에서 크리스천 사역자는 몸의 생활의 영적인 실체와 실제적인 실체를 경험하고 배우는 것이다.

결과적으로, 1세기 사역자들은 토요일에 회당을 떠난 다음 곧장 일요일에 교회 개척을 시작하지 않았다. 그들은 나중에 그들이 보내심을 받고 나서 시작할 것들을 한참 전에 먼저 경험했다. 이 원리는 절대적으로 중요하다. 그리고 진정한 유기적 교회의 토양에서 살아본 적이 전혀 없는 야심 찬 '교회 개척자들'은 이것에 심각하게 주의를 기울여야 한다.

신학교 교육이 살아계신 하나님의 교회를 세우는 사람을 훈련할 수 없다. 제도적인 교회나 성경공부 그룹의 어떤 지위도 마찬가지이다. 유기적인 그리스도의 몸에서 시간을 보내는 것만이 그런 사역을 준비시킬 수 있다.

달리 표현하자면, 당신은 경험한 적도 없는 것을 만들어낼 수 없다. 더 나아가서, 유기적인 교회 생활이 제공하는 상처와 영광, 시험과 변화, 체질과 비상sifting and soaring, 깨어짐과 세워짐, 노출과 확장은 하나님의 일에 부르심을 받은 사람들을 준비시키는 데 있어 절대적으로 필요하다.

따라서 그런 준비도 없이 신바람 나게 유기적 교회를 개척하려는 시도는 어리석기 짝이 없는 짓이다. 그리고 그것은 하나님의 방식에 대한 심각한 오해에서 비롯된 것이다. 호된 몸의 생활에 대한 경험은 주님의 사람들 위에 한참 높은 우두머리로 군림하려는, 잘 나가는 성직자가 되지 못하도록 사역자 지망생들을 지켜주기 위해 디자인되었다. 유기적인 교회 생활에서 지도자가 아닌 평범한 지체로 사는 것은 부서짐과 겸손을 만들어내도록 디자인된 것이다. 그것은 하나님의 사람들을 사역자들로부터 안전하게 하려고 고안되었다. 영적으로 안전하게 되는 데 있어 필수적 요소 중 하나는 사역자들이 동료를 갖는 것이다. 그것은 또한 사역자들이 하나님의 집을 세우는 데 있어 무엇을 해야 할 것인지를 알도록 준비시키기 위해 디자인된 것이다. 말하자면, 하나님의 일에는 방법이 중요할 뿐만 아니라 사람 또한 절대적으로 중요하다. 워치만 니는 다음과 같이 말했다.

우리가 사도들의 방법들을 채택할지라도 사도들의 헌신과 믿음과 능력이 빠져 있다면, 사도들이 성취한 결과를 보는 데는 실패할 것이라는 것을 분명히 깨달아야 한다. 우리가 사도들이 사역한 방법들의 가치를 과소평가해서는 안 된다. 그것들은 우리가 사도적 결실을 보는 데 있어 절대적으로 필요하다. 하지만 우리는 사도들이 가졌던 영성의 필요를 간과하면 안 된다. 그리고 사도들이 경험했던 핍박을 두려워해서도 안 된다.[11]

사역의 조력자들

신약 성경은 모든 그리스도인이 사도적 사역으로 부르심을 받지 않았음을 분명히 밝힌다.고전12:28 이하 그렇지만, 많은 사람이 사도적 사역을 돕는 데 있어 부르심을 받고 은사를 받았다. 우리는 교회들을 개척했던 여러 명의 '동역자들'이 바울에게 있었음을 이미 살펴보았다. 하지만, 바울에게는 이런 동역자들 외에도 그의 사역을 돕는 사람의 무리가 있었다.12

그 중 선지자들과 교사들도 있었고 그렇지 않은 사람들도 있었다. 하지만, 그들 모두가 주님의 일을 위한 열정을 갖고 있었고, 어떤 일을 맡겨도 기꺼이 섬기고자 했다. 그들 중에 요한 마가, 오네시보로, 소스데네, 에라스도, 우르바노, 브리스길라와 아굴라, 그레스게, 오네시모, 빌레몬, 아가보, 그리고 뵈뵈가 있었다.

덧붙여 말하면, 베드로와 바울은 종종 여행 중에 그들을 도와줄 팀을 데리고 다녔다.행10:23; 11:12; 12:25; 15:2 유감스럽게도, 어떤 그리스도인들은 교회 개척자가 되는 것이 그리스도인으로서의 '최고봉'이라는 잘못된 생각을 하고 있다. 크리스천 사역자에 대한 그런 낭만적인 사고야말로 비극적이고도 어리석기 짝이 없다.

교회 개척을 위해 부르심을 받지 않았다고 해서 이류 크리스천이 되는 것은 아니다. 절대 그렇지 않다. 위에서 언급한 바와 같이, 바울을 도왔던 사람들은 하나님의 일에 대한 열정을 갖고 있었고, 또한 그 일에 깊이 관여했다. 사실, 그들 없이는 사역이 될 수가 없었다.

중요한 것은, 그리스도의 몸 안에는 사도 외에도 사도 못지않게 주님께 가치 있는 은사가 많다는 사실이다. 그 중 몇 가지 예를 든다면, 선지자, 교사, 복음 전하는 자, 섬기는 자, 위로하는 자, 그리고 긍휼을 베푸는 자 등이다.엡4:11 이하; 고전12:28 이하; 롬12:4 이하 전통적인 교회 제도에서는 하나님의 '부르심을 받았다'고 생각하는 사람들에게 세 가지 주요 선택권을 준다. 목사나 선교사, 아니면 예배 인도자가 되려고 준비하는 그것이다. 그러나 사역에서 이런 제한적인 생각은 성경적이지 않다. 그리고 내 생각엔 그것이 부지중에 많은 '부르심을 받은' 그리스도인을 하나님께서 전혀 의도하신 적이 없는 직분으로 몰아넣는다.

마찬가지로, 신약 성경은 교회 개척자들과 그리스도의 몸, 이 둘만 있다는 논리를 뒷받침해주지 않는다. 전혀 그렇지 않다. 살아계신 하나님의 교회가 만들어지고 세워지는 데 있어 합력하는 각기 다른 은사와 사역이 많이 있다.

모든 교회 개척자에게 주는 도전

독자 중 어떤 사람들은 사도가 더는 존재하지 않는다고 믿고 있을 것이다. 의심의 여지 없이, 12 사도가 하나님의 계획에 독특한 위치를 차지한 것은 사실이다. 눅22:30; 계21:14 13

하지만, 성경은 12 사도 이외의 다른 사도들을 언급하고 있다. 바울과 바나바, 행14:4,14; 고전9:1~6 주님의 형제인 야고보, 갈1:19 그리고 디모데와 실라살전 1:1; 2:6가 신약 성경 전체에 등장하는 사도 중 몇 사람이다. 그러므로 사도적 사역은 첫 사도인 12 사도가 죽은 뒤에도 계속되었다. 1세기 이후에도 그것은 없어지지 않았다. 그렇다고 해서, 그것이 제도적인 계급을 통해 공식적으로 세습된 것은 아니다.

오늘날엔 사도들이 성경을 기록하지는 않지만, 여전히 그리스도의 몸을 세우도록 하나님의 부르심을 받고 있다. 고전12:28~29; 엡4:11 사도의 주된 사역은 교회를 세우는 것이다. 이것이 교회가 사도의 손길이 닿아야만 세워질 수 있다는 뜻은 아니다. 시리아의 안디옥, 가이사랴, 두로, 돌레마이에 있던 교회들은 사도에 의해 세워진 것 같지는 않다.

그러나 이 교회들은 전부 다 세워진 직후에 사도적 일꾼의 도움을 받았다. 재차 강조하자면, 신약 성경의 모든 교회는 사도적 일꾼에 의해 개척되었든지 또는 많은 도움을 받았든지 둘 중의 하나이다.

사도적 일꾼들은 선교센터나 교단이나 셀 그룹이나 선교 단체나 제도적 '교회들'을 세우라고 부르심을 받지 않았다. 그들은 교회의 최고 건축자이신 고전3:6~15 예수 그리스도에 의해 기초가 세워지고 유지되는 에클레시아를 개척하라고 부르심을 받았다.

당신이 오늘날에 사도들이 존재한다고 믿든지 믿지 않든지 관계없이, 여전히 크리스천 공동체를 개척하고, 온전하게 하고, 양육하는 사람들이 있음을 부인할 수는 없을 것이다. 따라서 당신이 사도라는 말을 싫어한다면, 그냥 그것을 교회 개척자나 순회 사역자로 바꿔 부르면 된다.

나는 바울이 살아계신 하나님의 교회가 어떻게 개척되어야 하는지 그 본보기를 가장 잘 보여주었다고 확신한다. 나는 그가 교회들을 세운 방식이 그의 문화적 배경 때문이라는 증거를 찾을 수 없다. 다음 단원에서 살펴보게 되겠지만, 나는 그것이 하나님 자신의 변치 않는 속성과 관련되어 있다고 믿는다.

그것은 이런 식으로 일어났다. 사도가 이끄는 팀이 어떤 지역에 들어간다. 침을 뱉거나, 짓밟거나, 파묻거나, 불에 태울지라도 그들은 기꺼이 당할 자세가 되어 있다. 사람들에게 알려진 가장 험악한 악조건을 견뎌내는 것이다. 고후11:23 이하; 6:4~10; 행13~25 그러나 숨이 끊어지지 않는 한, 그들은 예수 그리스도의 복음을 전해서 하나님의 집 세우는 일을 계속한다.

그런 불행 앞에서 의욕을 잃지 않도록 그들을 자극하는 것은 무엇인가 그들에게 예수 그리스도라는 약이 아주 많이 투여되어 있다. 그들은 그리스도와 그분의 신부, 집, 몸, 가족을 향한 하나님의 불타는 열정의 비전에 압도되어 있다. 그 비전이 그들 안에서 삶 전체를 활활 태우고 있다. 그들이 무엇을 하든지 그리스도의 사랑이 그들을 강권한다.고후5:14

사도들이 몇몇 사람을 주님께 인도한다. 사람들을 회개시켜 예수 그리스도의 복음을 믿게 한 다음, 그들에게 침례세례를 준다. 그들 중 대부분은 이방인이고, 그들의 과거는 아주 부도덕하고 타락한 삶이었다. 그들은 거짓 신들을 섬겼었다. 아브라함이나 모세나 예수에 대해서 들어본 적도 없던 사람들이다. 그들은 이교도들, 즉 철두철미한 죄인들이다.

그다음, 사도들은 보통 6개월 정도를 이 새 신자들과 함께 보낸다. 사도들은 그리스도의 몸 안에서 교제하는 법을 그들에게 가르쳐주고, 내주하시는 주님을 실제적이고 지속적으로 경험하는 법을 보여준다. 예배하고, 모임을 하고, 서로 필요를 채워주며 돌보는 법도 알려준다. 그들은 또 그리스도의 생명에 의해 살아가는 법도 보여주고, 매일 어떻게 주님과 교제하는지, 그 교제한 것을 어떻게 가정생활로 연결하는지, 그 교제한 것을 어떻게 김빠진 의식이나 사람의 주도함 없이 모두가 참여하는 열린 모임에서 나누는지를 가르쳐준다.

새 교회는 영광 중에 태어난다. 그것은 자유와 기쁨의 극치로 시작된다. 사도들은 이전의 이교도들에게 그들이 그리스도 안에서 거룩한 존재라는 것을 단 6개월 만에 확신시킨다. 그들이 전하는 말씀은 하늘의 영광을 눈사태처럼 쏟아낸다.

6개월 동안 예수 그리스도와 그분 안에서의 그들의 위치를 알게 하는 계시로 흠뻑 젖게 한 후, 사도들은 그새 교회를 그대로 남겨두고 떠난다. 그들은 감독할 사람이나, 관리할 사람이나, 지도자나, 총괄할 사람을 두지 않은 채로 떠난다.14 그들은 그 교회의 유아기에 그곳을 떠날 뿐만 아니라, 그 교회를 위험할 정도의 무방비 상태로 남겨둔다. 우리가 알다시피, 그 교회가 있는 지역은 새 그리스도인들을 심하게 배척하는 곳이다. 그들은 사회적으로 버림받은 사람들이다. 그들의 문화와 동족으로부터 추방당한 사람들이다. 그러나 사도들은 그들을 성령과 부활하신 그리스도의 머리 되심 아래 맡긴다.

여기서 잠깐, 위의 시나리오를 잘 생각해보라.

그리고 자신에게 질문을 던져보라. 나는 그렇게 할 수 있을까?

당신은 한 무리의 이교도들을, 이런 부도덕한 불신자들을, 6개월 만에 헌신한 그리스도인으로 바꿔놓을 수 있는가? 하나님의 사람들이 그분의 영광스런 얼굴에서 나오는 광채에 사로잡히도록 예수 그리스도의 깊이를 드러낼 수 있는가? 교회가 하늘의 영광과 기쁨과 자유 속에 태어나게 할 수 있는가? 당신은 그런 효율적이고, 폭발적이고, 삶을 변화시키는 복음을 소유하고 있는가? 당신은 새로운 그리스도인들에게 매일 지속하는 그리스도와의 교제를 어떻게 할 수 있는지 보여줄 수 있는가? 그리고 그런 교제를 사람이 지도하거나 주도하지 않고도 모임 안에서 나누게 할 수 있는가모든 것이 다 떠내려갈 때에도 내주하시는 주님에 의해 사는 법을 그들에게 보여줄 수 있는가? 딱딱한 형식 없이 가정집에서 예배하는 법을 그들에게 가르쳐줄 수 있는가? 당신은 살아계신 하나님의 교회가 율법주의에 의존하거나 교회를 운영할 조직적인 제도를 두지 않고도 전진하도록 할 수 있는가? 그리고 문제들이 일어날 때 당신은 예수 그리스도의 긍휼과 지혜와 인내심을 갖고 해결할 수 있는가?

당신은 이 모든 것을 할 수 있는가만일 당신이 그럴 수 없다 해도, 나는 다만 이것이 꼭 이루어져야 한다고 말할 것이다. 주님께서 그분의 꿈이 실현되는 것을 보셔야 하기 때문에.

　우리가 하나님의 마음에 합하는 유기적인 교회 생활이 회복되는 것을 보기 원한다면, 위에서 언급한 모든 것이 필수임을 나는 확신한다. 이것은 우리를 준비하는 문제와 정면으로 마주치게 한다. 신약 성경은 사도적 일꾼의 준비과정에 관해 어떻게 가르치는가?

Chapter 03
교회개척의 마스터플랜

THE MASTER PLAN OF CHURCH PLANTING

그것을 할 수 없다고 말하는 사람은 그것을 하는 사람을 방해하면 안 된다.

- 중국 속담

1세기에는 교회 개척자들이 사역을 어떻게 준비했는가? 워치만 니에게서 들어보자.

사람 자체가 올바르지 않으면, 올바른 방법들은 그 사람에게나 그의 일에나 아무 소용이 없다 … 하나님의 일에는 모든 것이 보내심을 받은 사역자가 어떤 사람인지에 달렸고, 또 그에 의해 회심한 사람들이 어떤 사람들인지에 달렸다.2

위의 말은 사실일 뿐만 아니라 심오하기까지 하다. 그리고 그것은 크리스천 사역자들을 세우는 하나님 방식의 핵심과 연결되어 있다. 워치만 니의 말을 풀어쓰면, "사람은 방법을 찾지만, 하나님은 사람을 찾는다"라고 할 수 있다.

이 시대의 많은 그리스도인은 하나님의 일에 적용될 수 있는 기발한 새 '방법'이나 '계획'에 대해 들을 때 열광한다. 그러나 하나님은 방법보다 사람에 훨씬 더 큰 관심을 두고 계신다.

주님은 그분의 일을 위해 그분의 종들을 독특한 방식으로 준비시키신다. 그리고 당신에게 일어난 변화는 언제나 자신을 비우고, 견디고, 손해 보는 것을 포함한다. 인간의 방식은 당신에게 방법론을 제공하지만, 하나님의 방식은 당신에게 십자가를 제공한다.

영원에 뿌리를 둠

하나님이 순회 사역자들을 어떻게 준비시켰는지 이해하기 위해 우리는 크리스천 삶의 출발점인 창세 전 곧 영원으로 가서 거기서 시작해야 한다. 크리스천 삶의 패턴, 교회의 패턴, 그리고 교회 개척자의 패턴은 전부 다 시간이 존재하지 않는 차원에 계신 삼위일체 하나님에 그 뿌리를 두고 있다.

창세 전에는 오직 세 인격의 초월적 공동체인 하나님만 존재했다. 아버지, 아들, 그리고 성령. 신약 성경에서 우리가 알 수 있는 것을 기초로 한다면, 영원 전에 신성 하나님 안에는 세 가지가 벌어지고 있었다.

* 신성한 생명의 교류.
* 신성한 교제의 교류.

* '인류'라고 부를 피조물로 생명과 교제를 확장시키기 위한 신성한 목적.

이것을 좀 더 살펴보자.

첫째로, 신성 하나님의 세 인격은 신성한 생명의 영원한 교류를 누리고 있었다. 그 생명의 특징은 사랑이다. 즉, 삼위일체 공동체 안에서 아버지와 아들과 성령이 서로 열정적이고 조건 없는 사랑으로 풍성한 교제를 나누고 있었다.

하나님은 완전하고 공통적인 사랑으로 하나를 이루는 공동체이다. 이 사랑은 신성한 본질의 근원 그 자체이다. 요일4:8,16 그래서, 사랑은 크리스천 삶의 특징이다. 그래서 우리는 크리스천 삶이 영원 전에 있던 신성 하나님에 그 뿌리를 두고 있다고 말할 수 있다. 요13:34~35; 17:23~25; 갈5:14; 롬13:8~10; 딤전1:5

둘째로, 신성의 공동체는 영원한 교제를 누렸다. 잠8:22~31; 요1:1~3, 18; 15:26; 17:5 아버지와 아들과 성령은 상호 간에 신약 성경이 코이노니아성령 안에서 삶을 나누는 것이라고 부르는 것을 경험했다. 코이노니아koinonia는 유기적인 교회 생활의 특징이다. 성경적으로 말하면, 교회는 지체들이 하나님과 다른 지체들과 함께 상호 간의 교제를 하는, 삶을 나누는 공동체이다. 행2:42; 고전1:9; 고후13:14; 요일1:3

결과적으로, 에클레시아의 가장 태고적 표현은 창세 전에 있었던 아버지와 아들과 성령의 교제 안에서 찾아야 한다. 따라서 우리는 교회가 시간이 생기기 전의 신성 하나님 안에서 유래했다고 말할 수 있다. 신학자인 스탠리 그렌츠는 이것을 다음과 같이 표현했다.

삼위일체 교리가 확증하는바, 영원에서 영원까지 하나님은 공동체이다. 즉, 삼위일체 하나님을 이루는 아버지와 아들과 성령의 교제이다. 그러므로 사람이 하나님의 형상을 따라 창조되었다는 것은 하나님의 대리자로 부르심을 받은 사람이 하나님께서 갖고 계신 관계성의 역동성을 표현한다는 뜻일 것이다 … 신약 성경의 저자들에 의하면, 지금 이생에서의 경험의 초점은 그리스도의 공동체이다.4

교회가 신성 하나님에게서 나왔다는 사실을 이해하게 되면, 그것이 교회를 인간적인 방법론의 세계에서 벗어나게 해준다. 따라서 교회의 부흥은 새로운 양식이나 새로운 방법이나 새로운 조직을 찾는 문제가 아니다. 그것은 하나님의 생명에 참여하는 문제이다.벧후1:4

셋째로, 신성 하나님의 구성원들은 함께 상의해서 영원한 목적을 잉태했다. 그들은 이 목적을 비밀에 싼 다음, 때가 찰 때까지 아들 하나님 안에 감췄다.롬16:25; 엡1:9~11; 3:3~11 그 목적이 무엇이었는가? 그것은 삼위일체 공동체가 언젠가는 그 교제를 다른 존재들로 확장시키는 것이었다.요17:20~26; 갈6:15; 엡2:15; 3:3~6; 골1:25~27; 3:11

여기에 사도적 일꾼의 특징이 있다. 그것은 사람들에게로 신성한 생명과 교제의 영역을 확장시키는 것이다. 사람들이 그리스도에게로 회심하고 유기적 교회들이 태동하면, 신성한 교제가 확장된다. 이것을 제대로 이해했다면, 교회는 신성한 생명에 의해 살고, 신성한 교제에 참여하며, 그 교제를 드러내는 사람들의 공동체이다.요6:57; 갈2:20; 벧후1:4 스튜어트 머레이에 의하면,

이 이야기는 공동체의 이야기이다. 삼위일체 곧 공동체로 존재하시는 하

나님께서 신성 공동체에 참여하는 사람들의 공동체를 만드시기 위해 창조와 구속으로 말미암아 손을 내미셨다 … 교회 개척은 새로운 믿음의 공동체들을 세우는 것에 관한 것이다.

이것에 덧붙여서 스탠리 그렌츠는 다음과 같이 피력했다.

영원에서 영원까지 하나님은 아버지와 아들과 성령이다. 즉, 사랑의 공동체이다. 더 자세히 말하면, 삼위일체의 역학dynamic은 아버지와 아들 사이에 오고 가는 사랑 곧 성령이다. 하나님의 목적은, 사람들이 창조주의 실체를 반영하는 화목해진 창조세계를 이룩함으로 말미암아, 삼위일체 하나님 고유의 본질에 영광을 돌리게 하는 것이다. 삼위일체 하나님은 사람들이 함께 하나님 자신의 영원한 본성을 드러낼 뿐만 아니라, 그분의 성품 벧후1:4에 실제로 참여하기까지 하는 화평의 교제에 이르기를 바라신다.

고로, 우리는 크리스천 삶의 원류신성한 생명, 유기적인 교회 생활의 원류신성한 교제, 그리고 사도적 일꾼의 원류신성 하나님 안에 존재하는 생명과 교제를 확장시키려는 하나님의 계획을 영원한 신성 하나님 안에서 발견하게 된다. 폴 스티븐스가 이것을 멋지게 표현했다.

세상이 생기기 전에 사역이 있었다. 그것은 하나님의 존재하심 안의 사역이다. 사역은 하나님의 공동체적인 생명으로부터 흘러나와, 아직 구원해야 할 세상이 있기도 전에 아버지와 아들과 성령이 서로 사랑으로 섬겼던 하나님의 사역이다.6

나사렛에서의 잉태

우리는 지구 상에 있었던 최초의 크리스스천 삶을 나사렛 예수 안에서 처음으로 접하게 된다. 때가 이르러 하나님의 아들은 영광스런 하늘 문을 열고 나와서 사람이 되셨다. 예수님은 베들레헴에서 탄생하시고 나사렛에서 자라나시면서, 인류를 위한 하나님의 영원한 계획을 실현하셨다. 이것이 주님이 자주 쓰시던 "인자"라는 호칭의 의미이다.

예수님께서 지상에 오심으로, 창세 전의 영원에 뿌리를 두었던 것이 하찮은 마을인 나사렛 목공소에 잉태되었다.요1:46 하나님 아버지께서 그 목공소에서 예수님에게 세 가지를 가르쳐주셨다.눅2:40,49,52; 4:16

* 신성한 생명에 의해 사는 것.크리스천 삶
* 신성 공동체의 교제를 경험하는 것.유기적인 교회 생활
* 신성한 생명과 교제를 다른 사람들에게로 확장시키는 것.사도적 사역

위의 포인트를 한 가지씩 열어보자.

첫째, 하나님 아버지는 아들에게 신성한 사랑에 의해 사는 법을 가르쳐 주셨다.요5:19~20,26,30; 7:16; 8:26, 28; 10:37~38; 12:49~50; 14:10 이것이 본질적으로 크리스천 삶이다. 크리스천 삶은 하나님 자신의 생명에 의해 사는 삶이다.

하나님의 아들은 인류를 위한 하나님의 아이디어를 밖으로 드러내셨다. 하나님의 생각 속에는, 사람들이 하나님께서 창조하신 존재이며, 또 하나님의 생명에 의해 살면서 하나님의 사랑을 나타내도록 부르심을 받은 존재이다. 그래서, 아들은 성육신하기 전에 알고 계셨던 조건 없는 사랑을 이 땅으로 가지고 오셨다.

이런 식으로, 예수 그리스도는 사람으로서 하나님의 형상을 드러내셨다. 주님은 사람들과 천사들에게 사람이 어떻게 살아야 하는지를 계시하셨다: 하나님의 생명에 의해 사는 것. 간단히 말해서, 예수 그리스도는 그분 안에 내주하시는 하나님 아버지의 생명에 의해 사셨다.요6:57 7

둘째, 하나님 아버지는 아들에게 사람으로서 하나님과 어떻게 교제할 것인지에 대해 가르쳐주셨다. 예수님은 육체에 계실 동안 그분의 아버지와 내면적으로 교제하는 법을 배우셨다.

사람으로서, 예수 그리스도는 영원 전에 알고 계셨던 신성한 코이노니아를 계속하셨다. 예수님 안에서, 인성은 신성과 교제를 나누었다. 처음으로 사람이 신성한 공동체에 참여하게 되었다. 이렇게 함으로써, 예수 그리스도는 인류를 위한 하나님의 목적을 실현하셨다.

셋째, 하나님 아버지는 아들을 최초의 사도적 일꾼으로 훈련하셨다.요4:34; 9:4; 히3:1 예수님은 아버지로부터 그분의 교회나중에 자신의 생명을 바쳐 태어나게 할 바로 그 생명체를 어떻게 세울 것인지에 대해 배우셨다.마16:18; 엡5:25

놀랍게도, 예수님은 교회 세우는 법을 종교 전문가들로부터 배우시지 않았다. 당대의 서기관 지망생들은 스승 밑에서 히브리 성경과 구전과 랍비들의 주석을 공부했었다. 제사장 지망생들은 성스러운 종교의식을 마스터하기 위해 예루살렘에서 수련을 받았다. 그러나 예수님은 초라한 목공소에서 육체노동을 하며 최초의 크리스천 사역자가 되기 위한 수업을 받으셨다.

예수님은 신학교나 인간 스승이나 교육 프로그램과는 관련이 없었다. 그 대신, 예수님은 '평신도의' 일터에 흩어져 있는 파편 조각과 톱밥 속에서 아버지와 교제하는 것을 배우셨고, 아버지를 사랑하고 순종하는 것을 배우셨고, 아버지의 가르침을 받으셨다.

그러므로 영원 전에 신성 하나님 안에 뿌리를 두었던 것이 나사렛 목수의 삶에 잉태되었다. 크리스천 삶과 교회와 사도적 일꾼이 전부 다 하나님인 동시에 사람이신 나사렛 예수 안에서 경험되었다. 아들 하나님이 영원에서 알고 있던 것이 변경되거나 편집되거나 개조되지 않고 그대로 지상에 옮겨졌다. 그분이 영원에서 부르던 하늘의 음악이 신성의 조the divine key로부터 인성의 조the human key로 전환되었지만, 노래 자체는 그대로였다.

갈릴리에 있던 태아

표현이 좀 이상할 수도 있지만, 하나님 아버지께서 아들을 최초의 사도적 일꾼으로 준비시키는데 약 30년이 걸렸다. 예수님은 30세쯤 되어 성령의 권능을 입기 전까지 지상에서의 사역을 시작하시지 않았다.눅3:22~23 이것은 예수님이 요단강에서 침례세례를 받으실 때 벌어졌다.마3:16~17 예수 그리스도는 그전까지는 복음을 전하거나, 가르치거나, 병자를 고치시지 않았다.눅4:1,16~18

따라서 하나님 아버지께서는 그분의 일을 성취하시기 위해 예수 그리스도를 부르셔서 30년 동안 준비시키셨고, 마침내 보내셨다.8 우리가 곧 살펴보겠지만, 부르심을 받고, 준비되고, 보내심을 받는 것은 신약 성경의 이야기 전체에 흐르는 확고한 영적 원리이다.

부르심과 보내심에 대해 몇 가지만 더 살펴보자. 하나님의 일에 부르심을 받는 것은 신성한 사역으로의 부르심이다. 그것은 인간의 필요를 채우기 위한 부르심이 아니다. 그리고 이 부르심은 보내심을 전제로 한다.

진정한 크리스천 사역자는 모두 다 보내심을 받아야 한다. 이것은 그들이 하나님의 일에 주도권을 잡지 않는다는 것을 내포하고 있다. 또 자신들이 직접 하나님의 일을 주관하지도 않는다. 보내심을 받지 않고 하나님의 일을 하는 사람은 지원자이다. 하나님은 그분의 일에 이런 지원자를 두신 적이 없다. 보내심을 받은 사람과 스스로 간 사람 사이에는 엄청난 차이가 있다. 나는 부르심과 보내심을 기다릴 새로운 유형의 크리스천 사역자들을 주님께서 일으키시고 있다고 믿는다.

사역자의 부르심은 그/그녀를 보내는 그리스도의 몸의 지체들에 의해 확증되어야 한다. 이 원리는 사역자들이 하나님나라에서 자유계약자처럼 홀로 나그네로 사는 것을 방지해준다.

다시 정리하자면, 사도라는 말은 그리스어로 "보내심을 받은 사람"이라는 뜻이다. 요한복음 전체에서, 예수님은 자신이 보내심을 받았다고 말씀하셨다.4:34; 5:23~24,30,36~38; 6:29,44,57 히브리서는 예수님을 사도라고 했다.3:1 예수님은 사실상 최초의 사도였다.

하나님 아버지께서 아들을 보내셨다는 사실은 오늘날 하나님의 일에 부르심을 받은 모든 사람에게 있어 매우 중요하다. 최초의 크리스천 사역자인 예수님께서 부르심을 받았다면, 그분 이후의 모든 사역자는 얼마나 더 부르심을 받아야 하겠는가? 이것에 대해 워치만 니가 잘 설명해주고 있다.

> 오늘날 크리스천 사역의 비극은 수많은 사역자가 보내심을 받지 않고도 무턱대고 나간다는 데 있다. 신성한 사역으로의 부르심을 위임하는 것은 신성한 명령이다. 개인적인 열망, 부드러운 설득, 장로들의 권면, 그리고 기회의 포착, 이 모든 것이 인간적으로는 당연한 요인들이긴 하지만 결코 영적 부르심을 대신할 수는 없다 ⋯ 신성한 부르심은 하나님에게 정당성을 부여한다. 왜냐하면, 그것이 사역의 창시자가 하나님이라는 것을 확인시켜주기 때문이다.9

이제 12 제자에 대해 살펴보자. 예수님께서 지상에서의 사역을 시작하신 직후, 함께 사역할 열두 사람을 부르셨다.마4:19~21; 9:9; 막1:19~21; 눅6:13 주님은 사역을 위해 그들을 준비시키셨고, 마침내 그것을 감당하도록 그들을 보내셨다.막3:13~14 하나님 아버지께서 아들을 부르시고, 준비시키시고, 보내셨듯이 아들도 12 제자를 부르시고, 준비시키시고, 보내셨다.요17:18 10

예수님께서 제자들을 부르시고 어떻게 훈련하게 시키셨는가? 간단히 답하면, 예수님은 하나님 아버지께서 그분을 준비시키신 것과 같은 방식으로 그들을 준비시키셨다. 하나님의 아들이 12 제자를 훈련하는 데 있어 세 가지 특별한 요소가 있었다. 그리고 그 요소들은 영원 전과 나사렛에서 벌어졌던 일과 어깨를 나란히 한다. 예수 그리스도는 12 제자에게 다음과 같은 것들을 가르치셨다.

* 신성한 생명으로 살아가는 법크리스천의 삶
* 신성한 공동체의 교제를 경험하는 법유기적인 교회 생활
* 신성한 생명과 교제를 다른 사람들에게 확장시키는 법사도적 사역

위의 요소들을 하나씩 살펴보자.

첫째로, 예수님은 12 제자에게 크리스천 삶을 사는 법에 대해 가르치셨다. 이 가르침의 특성은 다음과 같은 말씀에 드러나 있다. "이에 열둘을 세우셨으니그들을 사도로 임명하심 이는 자기와 함께 있게 하시고"막3:14

12 제자는 하나님의 아들과 함께 살았다. 날이면 날마다, 그들은 주님께서 그분 안에 내주하시는 아버지로부터 생명을 공급받으시는 것을 지켜보았다. 그들은, 자신을 부인하고 자신의 생명을 다른 사람들을 향해 쏟

아내시는, 비길 데 없는 주님의 삶의 자세를 주시했다. 그들은 어디서 들어본 적도 없는 주님의 말씀에 감탄했고, 주님의 무한한 긍휼에 압도되었고, 비난에 대한 주님의 현명한 대처에 놀랐고, 핍박에 대한 주님의 은혜로운 대응을 지켜보았고, 마음에서 나오는 주님의 기도를 유심히 살펴보았다. A. B 브루스는 말하기를,

> 사도의 사역을 준비하기 위한 12 제자의 훈련에서, 그리스도의 말씀과 사역에 대해 듣고 보는 것은 필수적으로 중요한 위치를 차지했다. 어디에도 견줄 수 없는 삶의 실체에 대한 눈과 귀의 증거는 장래의 증인의 역할을 위해 필요 불가결한 준비과정이었다.[11]

요컨대, 12 제자는 신성한 생명에 의해 살아가는 사람인자을 지켜보았다. 그리고 이렇게 '지켜보는 것'은 관중석에서 벌어진 것이 아니었다. 그것은 12 제자가 하나님의 아들의 임재 속에서 살아가는 경기장의 한복판에서 벌어졌다.

그래서, 예수님의 교수법은 정보가 한쪽 노트북에서 다른 쪽으로 맥없이 흘러가는 오늘날의 정보 전달 교수법과 완전히 차별화된다. 오늘날의 방법이 고립된 지적 정보의 소비자들을 만들어내는 데 반해, 주님의 훈련 방식은 변화된 제자들을 양성했다.

둘째로, 예수님은 12 제자에게 교회 생활을 소개하셨다. 말하자면, 그들은 형식 없는 토양에서 예수님과의 교제와 다른 사람들과의 교제를 배웠다. 그들은 가정집에서, 호숫가에서, 길가에서, 산 정상에서, 그리고 모닥불을 피워놓고 주님의 발아래 앉아 주님께 질문하고 주님의 질문에 대답하면서 주님의 말씀을 들었다. 막4:10,34; 7:17; 눅8:9; 9:18; 11:1; 요6:3; 9:2 12

제자는 그들 중에 계신 하나님의 아들과 함께 떡을 떼면서 서로 식탁 교제를 지속적으로 나누었다. 마26:26; 눅24:41~43

흥미롭게도, 이런 활동들은 몇 년 후에 태동한 첫 교회의 주된 특징이다. 행2:42 따라서 12 제자가 갈릴리에서 예수님과 함께 경험했던 최초의 단순함은 에클레시아의 태아였다. 그것은 장래에 있을 것의 전조가 되었다. 사람들이 예수 그리스도를 머리로 하는 신성한 교제에 참여하는 것. 한 마디로 표현하면, 갈릴리에서 예수님과 12 제자 안에서 일어났던 일은 유기적인 교회 생활에서 태아의 경험이었다.

셋째로, 주님은 12 제자를 크리스천 공동체들을 시작할 사도로 훈련시키셨다. 그 훈련의 내용은 무엇이었는가? 그것은 우리가 일반적으로 상상하는 그런 것과는 거리가 멀었다. '사역'을 위해 준비시키는 오늘날의 관습과는 대조적으로, 12 제자는 예수님께서 지상에 계셨을 때 영적인 사역을 거의 하지 않았다.

물론 그들이 시범 삼아 보내심을 받은 적이 두 번 있었는데, 그 기간은 아마 몇 주에 불과했을 것이다. 막6:7 이하; 눅10:1 이하 그들은 돌아와서 자신들이 경험한 것을 주님께 보고하고 주님의 평가를 받았다. 막6:30; 눅9:10; 10:17 이하 그렇지만, 12 제자의 활동 대부분은 평범한 일들이었다. 예를 들면, 굶주린 사람들에게 음식을 나눠주는 것, 주님의 순회 사역을 위해 거처를 마련하는 것, 회심한 사람들에게 침례세례를 주는 것, 그리고 그들의 여행을 위해 양식을 준비하는 것 등이다.

예수님은 매일 12 제자 앞에서 본을 보여주시면서 하나님의 일을 어떻게 성취할 것인지를 그들에게 가르치셨다. 자신의 본보기를 통해, 주님은 다음과 같은 실제적인 면을 그들에게 보여주셨다. 기도, 섬김, 자기를 부인하는 것, 병 고침, 긍휼을 베푸는 것, 갈등을 해결하는 법, 그리고 질문하는 법. 하지만, 그들의 훈련에서 가장 중요한 부분은 주님의 직접적인 머리 되심 아래에서 공동체적 삶을 사는 경험이었다.

12 제자가 예수님과 함께 살았을 뿐만 아니라 서로 역시 함께 살았음을 주목하라. 그리고 함께 사는 경험을 통해 그들의 삶이 드러나게 되었음을 주목하라. 그들의 자기주장이 충돌함에 따라, 그들의 마음 그늘 속에 도사리고 있던 육신적인 본성이 적나라하게 드러났다. 12 제자가 서로 이리저리 부딪히게 되자, 인격의 어두운 면이 발가벗겨진 채로 드러났던 것이다. 마8:25~26; 17:19~20; 막6:52; 10:13~14, 35~37,41; 14:29~30; 16:14; 눅 9:46, 54; 22:24

예수님은 제자들의 선입견을 꿰뚫어보시고, 우수한 외과의사처럼 그들의 영혼을 열어 그 안에 있던 숨은 동기를 드러내셨다. 주님은 그들의 별난 성격을 다루셨다. 주님은 하나님, 하나님나라, 능력 등에 대한 그들의 생각을 고쳐서 다시 정리해주셨다. 또한, 서로에 대한 그들의 생각도 재정리해주셨다. 그 주제들 하나하나에 대해서도 자세하게 가르쳐주셨다.

12 제자는 예수 그리스도가 중심인 치열하게 삶을 나누는 공동체 안에서 3년 동안 살면서 노출되었고 검증되었으며 부서졌다. 이런 집합적인 토양에서 그들은 돈으로는 살 수 없는 귀중한 교훈들을 얻게 되었다. 관계성, 관용, 인내, 오래 참음, 겸손, 용서, 신뢰, 긍휼. 그런 교훈들은 극도로 비싼 대가를 요구한다.

갈릴리에서의 경험은 12 제자를 위한 현장 실습이었다. 훌륭하게 짜진 그 경험은 열두 명의 타락한 사람들을, 가룟 유다는 예외지만, 결국 주님께서 쓰시기에 합당한 쓸모 있는 사람들로 만들었다. 간단히 말해서, 갈릴리에 있던 교회의 태아는 12 제자를 위한 신성한 훈련 센터였다. 이런 이유로, 갈릴리의 경험은 결코 과소평가되어서는 안 된다. 그것은 흔들릴 수 없는 패턴을 설정한다. 로버트 콜만은 다음과 같이 말했다.

> 놀랍게 들리겠지만, 이 사람들에게 자신의 방식을 가르치려고 예수님께서 하신 모든 것은 그들을 예수님께 더 가까이 오게 하기 위함이었다. 주님 자신이 학교였고 교과 과정이었다 … 예수님께서 이 몇몇 제자들에게 투자하신 시간은 다른 사람들에게 주어진 시간과 비교해서 압도적으로 더 많았다. 따라서 그것이 계획적인 전략이었다고 말할 수밖에 없을 것이다. 주님은 이 세상의 다른 모든 사람을 합친 것보다 그분의 제자들과 함께 실제로 더 많은 시간을 보내셨다. 전체 사역활동의 대부분을 그들과 함께 잡수시고, 그들과 함께 주무시고, 그들과 함께 대화하시는데 할애하셨다 … 예수님께서 다른 사람들에게 사역하실 때도 제자들이 언제나 예수님과 함께 거기에 있었다는 사실을 간과해서는 안 된다 … 예수님은 팡파르를 울리지 않고, 세상 사람들의 눈에 띄지 않고, 이렇게 말씀하고 계셨다. 주님이 떠나시고 나서 주님의 증인이 될 사람들을 훈련하고 있었노라고.12

나는 개인적으로 우리가 젊은 사역자들을 훈련하는 데 있어 갈릴리를 능가할 수 있다고 생각지 않는다. 주님의 일을 위해 부르심을 받은 각 사람은 그 사람의 경험 속에 갈릴리가 필요하다. 예수 그리스도께서 12 제자에게 하신 것은 크리스천 사역자를 양성하는 하나님의 방식을 투영한다.

예루살렘에서의 출생

12 제자는 3년간 하나님의 아들과 함께 거하며 그분을 지켜보고, 교회 개척 사역을 시작하기 위해 예수님에 의해 보내심을 받았다.마28:18~20; 요

20:21 12 제자가 12 사도가 된 것이다. "보내심을 받은 자."

그리스도는 부활하시고 자신 안에 내주하는 생명 그 자체를 12 제자에게 불어넣으셨다. 그리고 무학자인 12명의 갈릴리 사람들은 내주하시는 주님을 받아들였다.요20:22 12 제자가 온전히 준비되었을 때 예수님은 그들을 그냥 두고 떠나셨다.요14:28 그러나 실은 주님께서 그들을 홀로 두신 것이 아니었다. 주님이 그들을 성령께 맡기신 것이었다.요16:7

그러므로 한때 육신을 입은 상태로 제자들과 교제를 나누셨던 그리스도께서 이제는 성령으로 그들 안에 거하시게 되었다.요14:16~18; 16:13~16 그리고 예수 그리스도께서 내주하시는 아버지에 의해 사셨듯이, 12 제자도 내주하시는 하나님의 아들에 의해 살아가기 시작했다. 통로가 하나님 아버지에서 아들로, 그다음 아들에서 12 제자로 옮겨진 것이다.요17:8; 20:21

오순절에 예루살렘에서 교회가 탄생하여 졸지에 3천 명이 교회에 더해졌다. 이제 하나님의 사명이 12 제자의 손에 주어졌다. 12 사도는 예루살렘교회를 세워서 유대인 불신자들에게 예수 그리스도를 선포하고, 또 내주하는 주님의 생명에 의해 사는 법을 보여주었다.

갈릴리가 예루살렘으로 확장되었고, 12 제자는 그들이 하나님의 아들과 함께 경험했던, 하나님의 아들이 창세 전뿐만 아니라 지상에서도 아버지와 함께 나눴던 바로 그 교제행4:20; 요일1:1~3를 예루살렘의 새 신자들에게 전수했다. 지구 상에 최초로 신성한 생명과 교제가 확장된 공동체, 즉 교회가 태어났다. 신학자 클락 피녹은 다음과 같이 말했다.

교회는 스스로 상호관계적이며 자기 희생적인 존재가 됨으로써 삼위일체의 생명을 닮게 되어 있다. 우리가 서로 나누는 교제는 궁극적으로 아버지와 아들과 우리의 사이에서 벌어지는 교제와 관계가 있다.요일1:3 교제는 신성한 생명과 공동체적 생명을 지칭한다. 왜냐하면, 공동체는 교회의 존재론적 기초가 되는 삼위일체 하나님의 공동체를 투영하게 되어 있다.13

폴 스티븐스는 그것을 이렇게 표현했다.

아버지와 아들과 성령의 공동체인 하나님께서, 하나님의 사랑을 생생하게 드러내는 공동체를 지상에 창조하셨다.14

그다음 4년 동안, 주님은 그분의 일을 위해 예루살렘교회 안에 여러 사람을 일으키셨다. 이 사람들은 집합적으로 몸의 생활을 하는 토양 안에서 노출되었고, 부서졌고, 검증되었고, 그리고 부지중에 훈련되었다. 그리고 그들은 주님께서 쓰시기에 합당한 그릇들로 등장하기 시작했다.

이 사람들 중에 야고보(주님의 형제), 스데반, 빌립, 아가보, 실라, 유다, 그리고 바나바가 있었다. 이들은 나중에 순회 사역을 담당하게 될 일꾼으로서 1세기 드라마의 무대 위에 등장했다. 바나바와 실라와 야고보는 나중에 사도가 되었다.

그렇지만, 이 사람들은 모두 다 먼저 예루살렘교회에서 다년간 경험을 쌓기 전까지는 크리스천 사역을 담당하지 않았다. 따라서 이 일곱 사람이 걸어간 여정은 갈릴리의 12 제자의 그것과 정확히 일치한다. 요약하자면, 12 제자는 예루살렘에서 신자들에게 다음과 같은 것들을 가르쳤다.

* 신성한 생명에 의해 살아가는 법. 크리스천 삶
* 신성한 공동체의 교제를 경험하는 법. 유기적인 교회 생활
* 신성한 생명과 교제를 다른 사람들에게로 확장하는 법. 사도적 사역-특별

히 바나바와 실라와 야고보와 관련이 있음. 빌립은 복음 전도자였고 아가보는 선지자였음

에게해 지역Aegean World에서의 걸음마

영원 전에 신성 하나님 안에서 시작된 것이 나사렛의 한 사람인자 안에 잉태되어, 갈릴리에서 12명의 무리 안에서 태아로 발전했고, 결국 예루살렘에서 회심한 3천 명 안에서 출생했다.

하지만, 이 같은 원리는 신약 성경 전체에 걸쳐 끊임없이 계속되고 있다. 바울은 회심한 지 10년 이상 지나고 교회 개척 사역을 위해 바나바와 함께 성령의 보내심을 받았다. 그리고 이전의 모든 사역자의 경우처럼 바울과 바나바도 그리스도를 배우려고 유기적인 교회 생활의 토양에서 오랜 시간을 보냈다. 그 경험이 순회 사역을 위해 '보내심을 받는 것' 보다 선행되었다. 그들이 보내심을 받기 전에, 바나바는 예루살렘교회에서 약 11년간 있었고, 바울은 안디옥교회에서 약 5년 동안 있었다.15

덧붙여 말하면, 바나바가 예루살렘에서 12 사도와 함께 살며 그들을 지켜보면서 준비했듯이, 바울도 안디옥에서 바나바와 함께 살며 그를 지켜보면서 준비했다.16 바울과 바나바 이 두 사람은 하나님의 일을 위해 하나님의 부르심을 받은 것이 분명하다. 바울은 그의 편지들에서 그가 사도로 부르심을 받았다는 사실을 반복적으로 증언했다.갈1:1; 엡1:1; 골1:1; 딤전1:1; 2:7; 딤후1:11 신약 성경은 바나바 또한 사도였음을 분명히 밝힌다.행14:3~4,14; 고전9:5~6

바울과 바나바는 부르심을 받고, 준비되어, 보내심을 받은 순회 사역자들의 계보를 이어받고 있다. 흥미롭게도, 하나님 아버지께서 아들을 보내셨듯이 ⋯ 하나님의 아들이 12 제자를 보내셨듯이 ⋯ 성령도 바울과 바나

바를 보냈다.행13:4 그리고 오늘날도 계속 사역자들을 보내시는 분도 성령이다.

간단히 말해서, 12 제자는 다음과 같은 것들을 가르쳤다.

* 신성한 생명에 의해 살아가는 법.크리스천 삶
* 신성한 공동체의 교제를 경험하는 법.유기적인 교회 생활
* 신성한 생명과 교제를 다른 사람들에게로 확장시키는 법.사도적 사역

그리고 바나바가 바울에게 가르친 것들은 다음과 같다.

* 신성한 생명에 의해 살아가는 법.크리스천 삶
* 신성한 공동체의 교제를 경험하는 법.유기적인 교회 생활
* 신성한 생명과 교제를 다른 사람들에게로 확장시키는 법.사도적 사역

바울은 나중에 실라와 함께 교회 개척을 위해 그리스로 갔다.행15~18장 바울과 바나바가 그랬듯이 실라도 사역으로 부르심을 받고, 바나바와 함께 예루살렘교회에서 준비되었고, 보내심을 받았다. 신약 성경은 실라실루아노라고도 부름 역시 사도였음을 밝힌다.살전1:1; 2:6

갈릴리가 에베소에서 복제되다

부르심을 받고, 준비되고, 보내심을 받는 이 원리는 바울이나 바나바나 실라로 그치지 않았다. 바울은 갈라디아, 마케도니아, 아가야, 그리고 소아시아에서 교회들을 세웠다.행13~20장 그는 새 신자들에게 크리스천 삶의 본을 보여주었고,고전4:16; 11:1; 살후3:7~9 사도적 일꾼으로 부르심을 받은

사람들을 훈련했다. 행20:1~4; 고전4:17; 딤전1:2; 딤후2:1~2

바울은 그의 말년에 에베소에서 젊은 사역자들을 훈련했는데, 그것은 예수님께서 갈릴리에서 12 제자를 훈련했던 것과 같은 방식이었다. 사실상, 바울은 에베소에서 예수님과 12 사도의 갈릴리 경험을 복제했다. 데이빗 솅크와 어빈 스투츠만에 의하면,

> 바울의 지도자 훈련 전략은 예수님의 그것과 다르지 않다 … 교회 개척자는 누구든지 똑같이 해야 한다 … 이것이 모든 교회 개척자에게 필요한 기본자세다. 교회를 개척하고, 다른 사람들도 똑같이 하도록 훈련하는 것.17

바울이 훈련했던 각 사람이 먼저 지도자나 사역자가 아닌 그냥 형제로서 유기적인 교회 생활을 경험했다는 사실을 주목하라. 더 자세히 말하자면,

* 디도는 시리아의 안디옥에서 여러 해 동안 유기적인 교회 생활을 경험했다.
* 디모데는 루스드라에서 여러 해 동안 유기적인 교회 생활을 경험했다.
* 가이오는 더베에서 여러 해 동안 유기적인 교회 생활을 경험했다.
* 아리스다고는 데살로니가에서 여러 해 동안 유기적인 교회 생활을 경험했다.
* 세군도는 데살로니가에서 여러 해 동안 유기적인 교회 생활을 경험했다.
* 소바더는 베레아에서 여러 해 동안 유기적인 교회 생활을 경험했다.

* 두기고는 에베소에서 여러 해 동안 유기적인 교회 생활을 경험했다.

* 드로비모는 에베소에서 여러 해 동안 유기적인 교회 생활을 경험했다.

이것은 그들의 영적인 준비과정이었다. 이 여덟 사람은 사도가 에베소라는 대도시에서 맨손으로 교회 세우는 것을 지켜보았다.

당신은 아마 예수님께서 훈련하신 12 제자가 예수님과 "함께 거하고" 또 "지켜보면서" 배웠다는 사실을 기억할 것이다. 막3:14; 요1:14; 요일1:1~3 마찬가지로, 바울이 훈련한 여덟 사람 역시 같은 방식에 의해 훈련을 받았다. 행19:1~20:4 다시 데이빗 셍크와 어빈 스투츠만에게 들어보자.

디모데는 여러 해 동안 바울이 사역하는 것을 지켜봄으로써, 또 도우면서 배웠다. 그는 바울이 빌립보의 강가에서 루디아와 다른 여자들을 만났을 때 거기 함께 있었다 … 그는 바울이 매를 맞고 옥에 갇힌 것, 그리고 하나님의 초자연적인 개입으로 지진이 일어난 것을 목격했다 … 이 모든 일을 경험하면서 디모데는 바울을 지켜보았고 또 함께 사역했다. 그는 빌립보뿐만 아니라 그 후에 있었던 다른 도시들에서의 교회 개척에 바울과 동역함으로써 사역을 "보았고"saw 또 "행하였다."did 18

바울 자신의 삶에서도 그랬지만, 바울이 훈련한 사람들도 하나님의 부르심을 받고, 유기적인 교회 생활에서 준비되었고, 바울을 통해 성령의 보내심을 받았다. 행16:1~3; 19:22; 고전4:17; 살전3;1~2 더 자세히 말하자면, 바울의 견습생 여덟 사람은 바울에게서, 그리고 그들이 살았던 교회들에서 다음과 같은 것들을 배웠다.

* 신성한 생명에 의해 살아가는 법.크리스천 삶

* 신성한 공동체의 교제를 경험하는 법.유기적인 교회 생활

* 신성한 생명과 교제를 다른 사람들에게로 확장시키는 법.사도적 사역

따라서 부르심을 받고, 준비되고, 보내심을 받는 신성한 원리는 신약 성경을 통틀어 확고부동하다. 그것은 영원 전의 신성 하나님 안에 그 뿌리를 두고 한결같이 흐르고 있다. 그것은 예수님에 의해 지상으로 옮겨지고 나서, 다시 예수님으로부터 바울과 그의 동역자들에게까지 흘러갔다. 그 패턴은 끊어질 수 없다. 그리고 내 생각엔, 우리가 감히 그것을 뜯어고치려고 망상하지 않는 게 좋을 것 같다.

Chapter 04

사도적 군림 대 사도적 도움

APOSTOLIC COVERING VS. APOSTOLIC HELP

사람들은 때때로 진리에 걸려 넘어진다. 그러나 대부분은 털고 일어나서 아무 일도 없었다는 듯이 서둘러 가버린다.

– 윈스턴 처칠

이 단원에서 우리는 사도적 권위를 해부하게 될 것이다. 사도적 일꾼의 사명은 개인적이지만, 그를 보내는 것은 공동체의 몫이다. 사도적 일꾼은 일반적으로 각 지역의 사역을 위해 하나님께서 직접 부르신 교사, 선지자, 또는 복음 전하는 자이다. 그는 또한 지역 교회에 의해 공식적으로 보냄을 받은 사람이다.

한 사람을 사도가 되게 하는 것이 바로 이 내적 사명감과 외적인 파송이다. 사역자들은 또 그들의 스승인 노 사역자에 의해 파송될 수도 있다.고전 4:17; 고후8:16~23; 12:18; 엡6:21~22; 골4:7~8; 살전3:1~2; 딤후4:12; 딛3:12~13

다시 정리하자면, 보통 '사도'라고 번역되는 그리스어의 *apostolos*는 문자적으로 '보냄을 받은 사람'이라는 뜻이다. 그러므로 신약 성경엔 자기 혼자 결정해서, 스스로 기름 부음을 받고, 스스로 보냄을 받은 자칭 사도는 등장하지 않는다.

신약 성경에서 말하는 개념으로 사도적 일꾼들은 기동성 있게 순회하는 범 지역적인 사람으로서, 문화를 비평하고, 복음을 선포하고, 에클레시아를 개척하고 양육하는 사람들이다. 그들이 어떻게 이 사명을 성취하는지, 그리고 어느 정도의 권위를 가졌는지가 이 단원에서 우리가 살펴볼 주제이다.

사도적 군림에 대한 질문

나는 나의 책 『다시 그려보는 교회Reimagining Church』에서 영적 군림과 '교단적 군림'의 개념에 대해 자세히 다뤘다. 좀 기발하게 표현해서 '교단적 군림' denominational covering과 비슷한 '사도적 군림' apostolic covering*이라는 게 있다.

이 주장을 따르면, 교회는 당대의 사도에게 복종함으로써 교리적 오류로부터 보호받게 된다. 그것은 교회의 일을 감독하고 주도할 공식적인 권위가 사도적 일꾼들에게 있다는 개념이다.

그렇지만, 이것은 성경에 상반되는 개념이다. 우리는 지역 교회의 기초가 올바로 놓이고 나서 사도가 그 교회를 완전히 책임진 경우를 신약 성경 어디에서도 찾을 수 없다. 오히려, 신약 성경의 사도들은 일단 교회가 세워지면 그 교회의 영적 자율성을 인정하고 존중했다.

물론 교회는 기초가 놓이는 동안엔 사도의 책임 아래 있었다. 하지만,

---

* [역주] Covering이라는 말을 우리말로 번역하는 데 있어 적당한 말을 찾기가 어려워서 그냥 '군림'으로 했음. 교회가 교단이나 사도의 밑에 있다는 뜻임.

일단 사도가 떠나고 나면 책임을 교회 전체에 위임했다. 그리고 사도는 언제나 떠났다.

교회가 시작될 때, 교회를 감독할 책임은 사도적 일꾼이나 사도적 사역팀에 속한다. 그 후 장로들이 세워지게 되면 그 책임이 그들에게로 이양된다. 사도적 일꾼들은 그들이 담당하는 지역 일대의 사역에 책임이 있고, 교회는 지역 교회 자체의 일에 책임을 지게 된다.

다시 강조하자면, 사도적 일꾼이 교회를 시작할 때는 교회가 그의 책임 아래 있다. 그 기간은 아기를 보육하는 단계에 비유될 수 있다. 사역자는 신자들에게 그리스도를 공급해주고 그들이 온전하게 섬길 수 있도록 훈련하는데 시간을 보낸다. 바울은 로마에서 연금상태에 있을 때 교회의 모임과 사도적 모임을 하려고 가정집을 세낼 수 있었다.행28:30~31

바울은 에베소에 있었을 때도 비슷하게 했었다. 그곳의 신자들은 가정집에서 모임을 했지만, 사도적 모임은 두란노 서원에서 가졌었다.행19:9; 20:20; 고전16:19 그런 사도적 모임은 사역을 위한 모임이었다. 그리고 그 모임은 성도들이 교회로서의 역할을 감당할 수 있도록 훈련하기 위해 고안된 것이었다. 하지만, 일단 사역자가 교회의 기초를 놓고 그대로 남겨두고 떠나면, 감독권과 책임을 모두 지역 교회의 신자들의 손에 넘겨주었다.

바울이 가끔은 교회 개척을 위해 평소보다 더 오랜 시간을 한 곳에 머문 적이 있었는데고린도에서 18개월, 에베소에서는 3년 있었음, 거기서도 일단 교회의 기초가 놓이면 언제나 교회를 그대로 남겨두고 떠났다. 그리고 떠나고 나서는 교회의 일에 간섭하지 않았다. 물론 도움과 격려가 필요할 때는 언제든지 응했지만.

마찬가지로, 안디옥교회가 바울의 처음 두 차례의 교회 개척 여행 때 전

초기지로 사용되었지만, 바울은 그곳에 있는 동안 교회의 일을 좌지우지 하지 않았다. 바울은 안디옥에서 단지 가르침과 말씀 전하는 은사를 가진 존경 받는 형제였다. 그 교회에는 사도가 아니었다는 말이다.

이것은 신약 성경이 왜 에베소의 장로들, 예루살렘의 장로들, 빌립보의 장로들을 언급했는지 그 이유를 설명해준다. 하지만, 신약 성경은 이 지역들의 사도들에 대해서는 전혀 언급하고 있지 않다. 12 제자가 교회의 시작 초기에 예루살렘을 사역 본부로 삼고 거기서 거주했지만, 신약 성경은 그들을 "예루살렘의 사도들"이라고 부른 적이 없다.

다시 말해서, 사도직apostolic ministry 또는 '사역' the work은 교회와는 분리된 실체로 존재한다. 사역은 범 지역적이고, 교회는 국지적이다. 사역은 과도기적이고, 교회는 정착된 상태이다. 사역이 떠돌아다니는 단체라면, 교회는 상주하는 지역사회라 할 수 있다. 사도적 일꾼들은 여행자이지 거주자가 아니다. 그들은 개척자이지 주둔군이 아니다.

바울은 보통 믿음 공동체의 기초를 세우는데 몇 달을 보내고, 그 교회를 상당한 기간 자체 그대로 남겨두었다. 그리고 교회와 떨어져 있는 동안 도움을 제공할 태세를 갖추고 있었다.고전7:1 그는 또 교회가 얼마나 진보했는지 알아보려고, 교회에 생명력을 더 불어넣고자, 때에 따라 그 교회를 방문하곤 했다. 행15:36; 18:23; 고후12:14; 13:1 그렇지만, 바울은 결코 교회의 일을 주관하려 하지 않았다. 이것에 대해서는 나중에 더 자세히 살펴보게 될 것이다.

유아기 상태의 교회를 남겨두고 떠나는 관례는, 교회가 하나님의 생명력에 의해 자생하는 살아 있는 유기체라는 사실에 대한 바울의 파격적인 믿음을 보여주고 있다. 바울은, 그가 교회를 떠날 때쯤이면 성령이 교회 안에서 활발히 역사 하실, 그런 교회를 어떻게 개척할지 처음부터 알고 있었다.

이것과 동시에, 바울이 개척한 교회들은 다른 교회들로부터 도움을 받았다.행16:2; 살전1:7~8 그 교회들은 또한 한결같이 바울과의 연락이 닿아 있었다. 사실, 빌립보교회는 12년이 지나고 나서도 여전히 그 교회를 세운 사도의 영적 도움이 필요했다.빌1:23~27

오늘날 그리스도인 중에 '사역'과 '교회'의 차이를 알지 못해 혼동하는 사람들이 많이 있다. 우리가 이미 살펴본 바와 같이, 이 둘은 엄연히 구분되어야 하고 각각의 노선이 보존되어야 한다. 예를 들면, 교회 지도자들이 모든 그리스도인은 '선교사'이고 지역 교회의 목표는 흩어져서 많은 새 교회를 세우는 것이라고 가르친 다음 그 결과로 다른 많은 새 교회가 세워졌다면, 교회가 사역에 흡수된 것이다. 그런데 사실은, 모든 그리스도인이 다 사도적 사역을 위해 보냄을 받지 않았고,1단원을 참조할 것 또 모두가 다 사도로 부름을 받지 않았다.고전12:28 이하; 엡4:11 이하

또한, 크리스천 사역자가 지역 교회에 본부를 차리고 그 교회의 삶과 사역을 좌우한다면, 사역이 교회를 대신하는 것이다. 교회가 사역자 개인 사역의 연장선에 지나지 않는다. 사역자가 거기 거주하며 깊게 관여하게 되면, 교회와 사역이 뒤엉켜 건전치 못한 상태가 된다. 사실상 교회가 사역자의 체인점이 되고 만다.

사역은 교회들을 위해 존재하는 것이지 사역 자체를 위해 있는 것이 아니다. 사역은 교회를 낳고, 동시에 교회는 때가 되면 사역자를 배출한다. 사역은 결코 교회와 경쟁하거나, 교회를 대신하거나, 교회를 가리려고 존재하지 않는다. 사역의 목표는 교회를 세워서 튼튼하게 하는 데 있다. 따라서 특정한 지역에서 예수 그리스도를 집합적으로 드러내는 존재로서의 교회는 하나님의 원대한 계획을 이루는 목표이자 수단이다.1 하나님은 이

땅을 하나님의 아들로 가득 채우기를 원하신다.엡1:10,엡23; 4:10 하나님께서 이것을 이루시는 방법은 사도적 사역이라는 수단에 의해 유기적인 크리스천 공동체들을 세우는 것이다.

간단히 말해서, 사도적 일꾼들은 여러 다른 지역에 교회들을 개척하고 양육할 책임을 갖고 있다. 진정한 사도적 일꾼들은 결코 그들이 개척한 교회들 안에 영구적으로 정착하지 않는다. 또는 그 교회들 위에 군림하는 독점적인 권위를 원하지 않는다.

교회 개척자인가, 아니면 교회를 대신하는 자인가?

초기의 사도들이 초기의 교회들에 소중한 일꾼이었지만, 그들이 찬탈자들은 아니었다.고전4:1 그들은 교회에 자리를 틀고 앉아 감독자가 되거나, 또는 떨어져서 하나님의 사람들을 원격조종 하는 두목 행세를 하지 않았다.

달리 표현하자면, 1세기 사도들은 교회 개척자였지, 교회를 대신하는 자들이 아니었다. 그들은 영적인 귀족계급이 아닌, 도움을 주는 사람들이었다. 화려한 유명 인사가 아닌, 기초를 놓는 사람들이었다. 1세기 사도들은 교회들을 교훈하고 가르쳤지만, 결코 그들을 좌지우지하지는 않았다.

오늘날 어떤 사람들은 사도의 직분을 미화시키곤 하지만, 바울은 사도들을 "끄트머리 … 어리석은 자들 … 약한 자들 … 비천한 자들 … 세상의 더러운 것, 만물의 찌꺼기"로 여겼다.고전4:9~13 그러므로 진정한 사역자들은 영광을 좇는 자들이 아니다. 그들은 사람들을 감동시키려 하지 않고,고후11:5~6; 살전2:5~6 이를 탐하지 않는다.고후2:17; 11:9 물론 다른 사람들의 삶을 좌지우지하려 들지도 않는다.고후1:24

진정한 사역자들은 스스로 대단한 자격이나 권리가 있음을 주장하거나,고후3:1~3 우월한 지위를 주장하지 않는다.고후11:21~22 특별한 영적 경험을 했다고 우쭐해 하지도 않는다.고후10:12~15; 11:16~19; 12:1,12

바울에게는, 사도적 일꾼이 자기 스스로 지명하거나 스스로 앞서가는 영적 엘리트가 아니다. 오히려 그들은 행진이 끝나고 오물을 치우는 사람들이다. 그들은 하나님의 집을 위해 자신의 피를 흘리는 사람들이다.

권력을 잡거나 다른 사람들 위에 자신을 높이려고 애쓰는 것은 보냄을 받은 사도의 본분이 아니다. 그것은 압제의 또 다른, 맛이 간 재탕 버전이다. 진짜 사역자들은 무엇보다 먼저 섬기는 자들이다.

따라서 바울은 그가 사역하던 교회들과의 관계를 설명할 때 왕궁에서 쓰는 용어 대신 가족에 관련된 말에서 따왔다. 바울은 교회들에 주인이나 지배자나 왕이 아니라 아버지요, 어머니요, 유모였다.고전3:2; 4:14-15; 고후12:14; 갈4:19; 살전2:7,11

마찬가지로, 바울의 편지들에 배어 있는 이해시키려는 어조는 그가 교회들을 유아가 아닌 장성한 자녀로 대했음을 보여주고 있다. 그는 영적인 아버지로서 교회의 일들을 평가했지만, 일방적인 명령을 내리지는 않았다.

사실상, 바울이 개척한 교회들은 그에 대한 의존도가 점차 줄어들어 갔다. 그들이 날이 갈수록 그리스도를 더 의지했기 때문이다.고전2:1~5 그리고 바울은 그들이 계속 그렇게 나아가도록 독려했다.고전14:20; 엡4:14

바울의 패턴

바울식 교회 개척의 가장 역동적인 특징 중 하나는 그가 한결같이 다른 그리스도인들을 의지했다는 점이다. 바울은 회심했을 때부터 다른 형제들을 의지했는데, 그가 최초로 몸에 의지하는 것을 터득한 것은 아나니아로부터였다. 아나니아는 바울에게 성령의 충만을 받게 하고 그의 부르심을 확인시켜준 형제였다.행9:17~19; 22:12~16

그 후로, 바울은 베뢰아에서 신자들에 의해 보냄을 받았고,행17:14 고린도에서는 그의 동역자들에 의해 힘을 얻었고,행18:5 에베소에서는 성도들에 의해 제지를 당했고,행19:30 예루살렘에서는 형제들의 충고를 들었다.행21:23 한 마디로, 바울은 다른 그리스도인들로부터 어떻게 도움과 격려를 받는지를 알았다.롬15:32; 고전16:18; 빌2:19; 딤후1:16

물론 바울이 영적 유산을 골고루 받았고 능력 있는 은사를 많이 갖춘 것은 사실이었지만, 그는 자기 권위를 공식적이거나 성스러운 것으로 여기지 않고 역할의 수행으로, 또 관계적인 것으로 여겼다. 바울에게 있어 영적 권위는 형식적인 직책이 아닌 주님께서 인정하시는 것에 뿌리를 두고 있었다.고후10:18

이것은 바울이 왜 거의 언제나 교회들에 일방적인 명령을 내리지 않고 하나님의 마음을 가질 것을 호소했는지 그 이유를 설명해준다. 사실, 바울이 성도들에게 말할 때 선호했던 두 낱말은 *parakalein*과 *erotao*였다. *Parakalein*은 호소라는 뜻이고, *erotao*는 동등한 위치에서 부탁하는 것을 말한다.

동일 선상에서, 바울은 자신에게 순종하라고 권면 할 때 강한 어감을 주는 *epitage*명령의 사용을 자제했다.고전7:6,25; 고후8:8; 몬8~9

바울이 신자들에게 어떤 행동이나 자세를 취할 것을 독려할 때, 우리는 그가 권위적인 명령을 내리기보다 '설득', '간구', '간청', '호소' 그리고 '부탁' 하는 것을 볼 수 있다. 바울의 편지들은 이런 협력적인 어조로 넘쳐난다. 롬12:1; 15:30; 16:2,17; 고전1:10; 4:16; 16:12, 15; 고후2:8; 5:20; 6:1; 8:6; 9:5; 10:1~2; 12:18; 갈4:12; 엡3:13; 4:1; 빌4:2~3; 살전2:3,11; 4:1,10; 5:12,14; 살후2:1;

3:14~15; 딤전 1:3; 2:1, 몬9~10,14

바울에게는, 수신자들의 자발적인 동의와 진리를 소화함이 그가 쓴 내용에 대한 명목상의 순종보다 훨씬 더 바람직하였다. 어떤 때는 필요에 따라 바울의 어조가 날카로운 적도 있었는데, 그 자신이 아닌 그리스도께 순종할 것을 권하려고 신자들을 권면 했던 경우이다. 롬1:5; 16:19,26; 고후2:9; 빌 1:12

아주 가끔 바울은 그가 쓴 내용을 순종하라고 권면했다. *paraggello* 살전 4:11; 살후3:4,6,10,14 하지만, 순종의 대상은 사람으로서의 바울이 아니라 그리스도였다. 당시에 바울은 그분의 마음을 드러내고 있었다.

달리 표현하자면, 바울이 그리스도의 마음을 드러냈을 때마다 그가 하는 말은 권위가 있었다. 그러나 바울 자신은 결코 권위주의자가 아니었다. 아래의 구절들을 고찰해보라.

> 결혼한 자들에게 내가 명하노니 명하는 자는 내가 아니요 주시라 _고전 7:10

> 만일 누구든지 자기를 선지자나 혹은 신령한 자로 생각하거든 내가 너희에게 편지하는 이 글이 주의 명령인 줄 알라 _고전 14:37

> 우리는 수많은 사람처럼 하나님의 말씀을 혼잡하게 하지 아니하고 곧 순전함으로 하나님께 받은 것 같이 하나님 앞에서와 그리스도 안에서 말하노라 _고후 2:17

> 우리는 우리를 전파하는 것이 아니라 오직 그리스도 예수께서 주되신 것과 또 예수를 위하여 우리가 너희의 종 된 것을 전파함이라 _ 고후 4:5 고후 11:19; 13:3~4; 살전 2:13; 4:2,15; 살후 3:12 참조

고로, 바울은 권위주의적인 사람이 아니었다. 독립적인 자유계약자도 아니었다. 그는 자신의 사도적 부르심을 교회의 일을 좌지우지하는 면허로 여기지 않음을 분명히 밝혔다. 그리고 바울은 그가 섬기는 사람들로부터 재정적 후원을 받으려고 사도로서의 권리를 절대 남용하지 않았다.고전 9:1~19

사실, 바울이 고수한 원칙은 당시에 그가 섬기고 있던 교회들로부터 재정적 도움을 받기를 거절하는 것이었다. 그는 자신의 도움을 직접적으로 받고 있던 사람들에게 부담을 주지 않으려고 오직 다른 지역의 신자들에게서만 돈을 받았다.고후11:7~9

사실상, 사도적 권위에 대한 바울의 견해는 다음과 같은 말에 구체적으로 표현되어 있다. "우리가 너희 믿음을 주관하려는 것이 아니요 오직 너희 기쁨을 돕는 자가 되려 함이니"고후1:24 유진 피터슨은 이 구절을 다음과 같이 의역했다. "우리는 의심의 눈초리로 비판하고 경계하면서 너희가 믿음으로 사는지 아닌지를 주관하려는 것이 아니다. 우리는 즐겁게 기대하며 너희 옆에서 함께 일하는 동료이다. 나는 너희가 우리에 의해서가 아닌 너희 자신의 믿음에 의해 섰음을 알고 있다." 이것으로 볼 때, 바울은 그를 적대시하는 사람들과는 달라도 한참 달랐다.고후11:19~21

바울이 가진 권위의 원천

바울이 소유했던 권위는 그가 세운 교회들에 주님의 말씀을 전하는 그의 능력에 달렸었다. 이것에서 그것이 왜 무너뜨리기보다는 일으켜 세우도록 고안된 권위인지를 알 수 있다.고후10:8; 13:10 그러므로 바울은 언제나 자신에게 주어진 권위를 단 하나의 목적인 성도들을 온전케 하는 것만을 위해서 사용했다. 그는 결코 명성이나 권세나 재물을 얻으려고 권위를 남용하지 않았다.

바울은 그가 가진 권위의 원천이 그가 복음을 구현할 때 드러나는 그리스도 자신임을 인식했다. 이것은 바울이 왜 교회들로 하여금 그가 말한 것을 판단하도록 끈질기게 권했는지 그 이유를 설명해준다.고전10:15; 11:13; 살전5:21 바울은, 만일 그가 전한 메시지가 복음과 일치하지 않는다면 그것을 거부하도록 그들에게 권하기까지 했다.갈1:8~9

마찬가지로, 신약 성경의 모든 저자는 교회들에 예수 그리스도 안에 있는 복음의 순수한 진리를 순종하라고 끊임없이 권면 했다. 단순한 사람의 말을 액면 그대로 순종하면 안 된다.롬6:17; 갈3:1; 5:7; 딛1:14

바울은 그의 말이 그리스도의 복음을 드러내는 한,갈1:9 그리고 그 말이 하나님의 성령과 조화를 이루는 한,고전7:40 교회들이 그 말에 귀 기울일 것을 기대했다. 한편, 바울이 경우에 따라서는 교회들을 책망해야 했던 적도 있었지만, 그는 언제나 이것을 힘들어했다.

바울이 책망할 때 말을 아낀 것이 고린도교회에 보낸 그의 편지들에 잘 나타나 있다. 우리는 그 편지들에서 바울이 책망의 말보다는 온유한 마음으로 하나님의 사람들을 대하려 했음을 발견할 수 있다.고전 4:21 이하 하지만, 그가 단호하게 말해야 했을 때는 마음의 큰 눌림과 걱정으로 했다.고후2:4 2 고린도 교인들에 대한 아버지의 긍휼을 품은 바울의 사랑이 얼마나 넘쳐났던지, 그는 그들에게 편지를 쓰고서 자신의 말이 너무 강하지 않았나 해서 후회하기도 했다.고후7:8 의심할 여지 없이, 바울로 하여금 교회들을 위해 끈질기게 수고하고 견디도록 폭발적인 의욕을 불러 일으킨 것은 하나님의 사람들을 향한 그의 넘치는 사랑이었다.고후12:15; 빌2:17~21; 골1:24; 살전2:8

바울은 자주 주님의 말씀을 전했기 때문에 그의 말을 거부하는 사람들이 그가 아닌 그리스도를 거부한 것이라고 말할 수 있었다.살전4:8 바울에게는, "너희에게 그의 성령을 주신 하나님"이었다. 하지만, 그렇게 주님의 말씀이 그의 입에 있었을 때라도, 바울은 그가 말한 것이 자기 자신의 생각이 아닌 주님의 생각임을 신자들이 깨닫기를 원했다.고전14:37~38 바울이 그의 충성스런 섬김을 그를 신뢰할 근거로 받아들일 것을 성도들에게 호소한 사실은 정말 잘한 일이다.고전4:1~5; 7:25; 15:10; 고후1:12; 4:1~2 그런 섬김은 교회들에 좋은 본보기였다.고전4:16; 갈4:12; 빌3:17; 4:9; 살후3:7

이 모든 사실은 다음과 같은 확고한 진리를 구체화해준다. 영적 권위의 원천은 그리스도이다. 영적 권위의 수단은 하나님의 말씀이다. 영적 권위를 행사하는 것은 부서짐과 섬김의 정신이다. 영적 권위의 목표는 온전하게 세우기 위함이다.

하나님의 생각에는, 권위와 십자가 정신이 밀접한 관계가 있다. 이 원리는 바울의 사도적 사역을 통틀어 잘 나타나 있다.

바울과 다른 사도들에 의해 기록된 정경성경의 글들은 영감을 받았고 그 자체로 권위를 가질 자격이 있음을 이해해야 한다. 그 글들은 성경 안에서 하나님의 음성을 구체적으로 표현한다. 하지만, 이 단원에서 우리는 사역자와 교회 사이의 관계를 이해하려는 눈으로 바울의 편지들을 살펴왔다. 우리가 이런 눈으로 바울의 편지들을 볼 때 그가 권위주의자가 아님을 확인하게 된다.

하나님께서 물론 바울에게 그가 개척한 교회들을 여러 가지 방법으로 돌볼 책임을 부여하셨지만, 그는 그 모든 방법을 사용하는 데 있어 지배적이거나 강압적이지 않았다. 로버트 뱅크스에 의하면,

> 바울은 그의 견해를 받아들이도록 그의 공동체들을 설득함으로 권위를

행사했다. 그는 신자들에게 압력을 가하려 하지 않았다. 그의 설득은 그가 그들에게 바라는 것이 오직 복음이 요구하는 것뿐이라는 사실을 그의 말과 본보기에 의해 이해시키는 그의 역량에 기초하고 있다 … 하나님은 성령에 의해 계속 권위 있게 말씀하시고 역사 하신다. 사람들의 강압적인 성격에 의해서가 아닌, 진리로 그들의 마음을 이해시키고 그들이 그것을 자유롭게 받아들이도록 사랑으로 그들의 마음을 따뜻하게 함으로써 하신다.

교회는 누구에게 속하는가?

교회를 돌보고 보호하기 위해 바울이 했던 모든 것은 영적인 아버지와 어머니의 역량으로 행한 것이다. 그의 말을 들어보자.

> 우리는 그리스도의 사도로서 마땅히 권위를 주장할 수 있으나 도리어 너희 가운데서 유순한 자가 되어 유모가 자기 자녀를 기름과 같이 하였으니 우리가 이같이 너희를 사모하여 하나님의 복음뿐 아니라 우리의 목숨까지도 너희에게 주기를 기뻐함은 너희가 우리의 사랑하는 자 됨이라 … 너희도 아는 바와 같이 우리가 너희 각 사람에게 아버지가 자기 자녀에게 하듯 권면하고 위로하고 경계하노니 이는 너희를 부르사 자기 나라와 영광에 이르게 하시는 하나님께 합당히 행하게 하려 함이라 _살전 2:7~12

> 내가 구하는 것은 너희의 재물이 아니요 오직 너희니라 _고후 12:14

하지만, 바울은 그가 세운 교회들을 돌보는 데 있어 아버지와 어머니의 책임을 가졌을지라도, 그 교회들을 그가 소유한 체인점처럼 여기지 않았다. 신약 성경의 편지들을 놓고 판단해볼 때, 바울은 교회에 편지를 쓰면서 자신이 그 교회에 대해 공식적인 소유권이 있음을 단 한 번도 말하거나 암시한 적이 없다. 교회들은 하나님께, 그리스도께, 그리고 신자들에게 "속한다." 교회는 오직 자녀가 부모에게 속한다는 측면에서 바울에게 속했다고 할 수 있다. 다음을 고찰해보라.

갈라디아서
* 바울은 교회가 그리스도께 속한다고 두 번 말했다.
* 그는 교회가 신자들에게 속한다고 한 번 말했다.
* 그는 열한 번씩이나 교회를 "형제들"이라고 불렀다.
* 그는 자신을 교회를 위해 해산의 수고를 하는 어머니로 묘사했다.

데살로니가전서
* 바울은 열일곱 번씩이나 교회를 "형제들"이라고 불렀다.
* 그는 아버지가 자녀를 대하듯 지체들을 대했다고 말했다.
* 그는 그들 중에 있었을 때 어머니가 자녀에게 하듯 유순했다고 말했다.

데살로니가후서
* 바울은 교회를 "형제들"이라고 일곱 번 불렀다.

고린도전서
* 바울은 스물여덟 번씩이나 교회를 "형제들"이라고 불렀다.

* 그는 교회가 하나님께 속한다고 두 번 말했다.
* 그는 교회가 그리스도께 속한다고 한 번 말했다.
* 그는 지체들을 그의 자녀라고 불렀다.
* 그는 그가 그들에게 속한다고 말했다.
* 그는 자신이 그들을 섬기는 자라고 말했다.
* 그는 그가 그들에게 젖을 먹이는 엄마라는 비유를 사용했다.
* 그는 자신이 복음으로 그들을 낳은 유일한 아버지라고 말했다.

고린도후서
* 바울은 교회를 "형제들"이라고 여덟 번 불렀다.
* 그는 지체들을 그의 자녀라고 불렀다.
* 그는 부모가 자녀를 위해 저장하듯 그가 그들을 위해 저장했다고 말했다.
* 그는 자신이 교회를 순결한 처녀처럼 그리스도께 바치는 아버지라고 말했다.
* 그는 자신이 그들을 주관하는 사람이 아니라 그들의 기쁨을 돕는 자라고 말했다.

로마서
* 바울은 교회를 "형제들"이라고 열네 번 불렀다.
* 그는 지체들이 그리스도께 속한다고 말했다.

골로새서
* 바울은 교회를 "형제들"이라고 두 번 불렀다.

에베소서

* 바울은 교회를 "형제들"이라고 두 번 불렀다.

빌립보서

* 바울은 교회를 "형제들"이라고 여덟 번 불렀다.

권위적이지 않은 다른 사도들

디모데도 바울처럼 권위적이지 않았다. 바울은 그의 젊은 동역자에게 성도들 위에 공식적인 힘을 행사하는 자격증을 결코 준 적이 없다. 오히려 그는 디모데에게 온유함으로 그들을 '경계' 하라고 격려했다. 바울은 또한 디모데로 하여금 교회와의 사이에 가족 같은 관계를 맺을 것을 교훈했다. 딤전5:1~2; 딤후2:24~25; 4:2

바울은 한 곳에서 다음과 같은 말로 디모데를 교훈했다. "너는 이것들을 명하고 paraggello 가르치라" 딤전4:11 하지만, 바울이 디모데에게 "명하라"고 권면 한 것들은 성령의 말씀이다. 4:1 그리고 성도들은 건전한 가르침에 의해 양육을 받아야 한다. 4:6 디모데도 바울처럼 하나님의 사람들 위에 군림하지 않고 그들과 함께 일했다.

디도를 향한 바울의 권면도 비슷하다. 디도서 2:15의 "이것을 말하고 권면 하며 모든 권위 epitage로 책망하여"라는 바울의 권고는 그 앞에 나오는 그의 명령을 배경으로 이해해야 한다. 그 명령은 "오직 너는 바른 교훈에 합당한 것을 말하여"이다. 딛2:1 달리 표현하자면, 디도는 예수 그리스도의 올바른 가르침을 반영하는 교훈으로 권위 있게 말하고, 책망하고, 권면하는 데 있어 자유로웠다. 왜냐하면, 예수 그리스도의 올바른 가르침에 권위가 부여되었기 때문이다.

요한의 편지들도 같게 권위적이지 않은 분위기를 풍기고 있다. 바울과 마찬가지로, 요한도 교회의 일에 간섭하지 않았다. 그리고 성도들을 다스릴 권리를 주장하지도 않았다. 한 교회에서 디오드레베가 권위를 찬탈했을 때, 요한은 그를 내쫓으려 하지 않았다. 그 대신, 그는 성도들에게 악을 행하는 자를 따르지 말라고 권면 했다.요삼9~11

요한은 그가 줄 계명이 없음을 시인했다.요일2:7; 요이5~6 그 대신, 그는 그리스도의 새 계명인 사랑을 가리켰다. 이 모든 것을 종합해 볼 때, 권위에 대한 요한의 견해도 바울의 그것과 다르지 않다.

재차 강조하자면, 이 모든 것의 불가피한 결론은 사도적 일꾼들이 교회들 위에 공인된 권위를갖고 있지 않다는 것이다. 그들은 공식적으로 교인들을 소유하려 하지 않으며, 그들을 자신의 특정한 사역의 체인점처럼또는 사실상의 교단 만들려 하지 않는다.

사도적 일꾼들은, 만일 그들이 믿을만한 사람들이라면, 교회를 섬기려고 자신들의 직분을 사용한다. 그들은 그들의 직분을 세우려고 교회들을 사용하지 않는다.

따라서 1세기 사도들의 직분은 지배가 아니라 섬김이었다. 이것은 바울이 그가 개척한 교회들을 부를 때 왜 노골적으로 계급적이지 않은 말들을 사용했는지의 이유를 설명해준다. 그는 그들을 "형제들" 또는 사역의 "동반자들"이라고 불렀다.고후5:20~6:1; 7:3; 빌1:5, 7; 2:17 그가 그들에게 말했을 때, 그들보다 높다거나 그들 위에 있는 사람이 아닌 그들 중의 동등한 한 사람으로서 말했다.고전5:2~3; 골2:5

이로 보건대, 신약 성경의 사도들은 교회들을 좌지우지하지 않았다. 그렇다고 교회들이 사도들을 좌지우지했던 것도 아니다. 갈라디아서 4:12

에 나오는 바울의 표현은 그의 협력적이고 관계적인 사고방식의 진수를 보여준다. "내가 너희와 같이 되었은즉 너희도 나와 같이 되기를 구하노라."

교회들에 대한 바울의 신뢰

바울은 그가 개척한 교회들을 크게 신뢰했다. 그가 없더라고 그들이 제대로 기능을 발휘할 것을 확신했다. 아래의 구절들을 보라.

> 나는 너희가 아무 다른 마음을 품지 아니할 줄을 주 안에서 확신하노라 _갈 5:10

> 너희에 대하여는 우리가 명한 것을 너희가 행하고 또 행할 줄을 우리가 주 안에서 확신하노니 _살후 3:4

> 너희 모두에 대한 나의 기쁨이 너희 모두의 기쁨인 줄 확신함이로라_고후 2:3

> 내가 범사에 너희를 신뢰하게 된 것을 기뻐하노라 _고후 7:16, 8:22; 롬 15:14; 몬 21; 빌 1:6; 히 6:9 참조

교린도교회의 무질서한 모임에 대해서조차, 바울은 단 한 번도 모두가 참여하는 교회의 열린 모임을 계속하지 못하도록 막지 않았다. 형제들의 은사 사용 역시 금하지 않았다. 그 대신, 그는 모임을 질서 있게 갖도록 하는 개괄적인 지침을 그들에게 주었다. 그리고 그는 그들이 그 지침을 지킬 것이라고 확신했다. 고전14:1 이하

바울은 그의 사역에 대해 분명한 확신을 하고 있었다. 그의 확신이 얼마나 컸는지는 바울 자신을 포함해서 사람의 주도함 없이 모두가 참여하는 열린 모임을 하도록 교회들을 신뢰한 것에서 알 수 있다. 이렇게 해서 바울은 올바로 세웠던 것이다. 그는 성도들이 그가 없어도 기능을 발휘할 수 있도록 그들을 온전하게 하는데 힘썼다.

바울과 그의 동역자들과의 관계

바울과 그의 동역자들과의 관계로 관심을 돌려보자. 바울은 그의 사도적 사역 팀원들을 어떻게 대했는가?

영적 권위는 사도적 사역의 안의 범위에서 표현되었다. 그리고 바울은 그의 사역자 팀의 중심이었다. 바울과 다른 사역자들이 독립적인 자유계약자가 아니었음을 주목하라. 그들은 동역자로서 언제나 전체가 함께 움직였다. 사실상 이것은 자기 홀로 행하는 오늘날의 "사도들"과는 전혀 다른 경우이다.

바울은 사역의 방향에 대한 책임을 분명하게 감당했다. 그는 또한 그의 동역자들의 활동을 관리하는 데 있어 아무런 문제가 없었다. 행16:1~4, 9~10; 17:15; 19:21~22; 20:3~5, 13~15; 고전4:17; 고후8:18~23; 엡6:21~22; 빌2:19,23,25,28; 골4:8~9; 딤후4:9~13, 20~22; 딛1:5; 3:12~13 하지만, 고정된 성직 계급제도는 바울의 사람 중에서는 통하지 않았다. 바울은 사역의 사장이거나 CEO가 아니었다.

그래서, 우리는 바울이 그의 동역자들에게 무턱대고 순종하라고 요구한 것을 결코 본 적이 없다. 그가 동역자들에게 무엇을 요청할 때는 언제든지 교회들에 했던 것처럼 자발적인 동의를 구했다. 고전16:10~12; 고후8:6, 16~18; 9:5; 12:18; 빌2:22~23

이따금, 바울은 그의 동료 사역자들이 바라는 것에 의존했다.고전16:12 바울은 또한 그들이 그와 동의하지 않아도 되도록 허용했다.행15:36~41 고린도후서 8:17에 언급된 디도의 파견은 바울과 그의 동역자들 사이에 동역 하는 관계를 강조하고 있다. "그가 권함을 받고 더욱 간절함으로 자원하여 너희에게 나아갔고"

바울이 사역자 팀의 인도자 역할을 한 것은 단지 그가 그의 동역자들보다 영적으로 좀 더 진보했기 때문이지 그가 교회의 피라미드조직에서 더 높은 위치에 있었기 때문이 아니다. 권위주의가 아닌 협력이 자신의 동역자들을 대하는 바울의 태도를 잘 나타내주고 있다.

바울이 사역하는데 영적 권위를 행사했기 때문에, 바울의 사람들 안에서 나타난 복종은 인격적이고 자발적이었다. 그것은 결코 제도적이거나 공식적이지 않았다. 놀랍게도, 바울은 최초의 12 사도를 자신보다 계급이 높은 권위를 가진 상관으로 여기지 않았다. 또는 무슨 '사도적' 지위로 여기지도 않았다.갈2:6~9 본질적인 진리의 문제가 걸려 있을 때 바울이 가장 독보적인 사도 중 한 사람을 공개적으로 책망했던 적이 한번 있었음을 기억하라.갈2:11~21

사도들은 몸을 의지한다

사도적 일꾼들에게 지역 교회를 지배하는 권위가 있다는 논리는 성립할 수 없다. 어떤 사역자들은 다른 사역자들 위에 공식적인 권위를 갖고 있다는 개념도 마찬가지이다. 이런 논리는 사람들이 고안해낸 것이고 바울이 실제로 행한 것과도 조화를 이루지 않는다.

사도적 일꾼들은, 그리스도의 몸 안에 있는 다른 모든 사역과 마찬가지로, 그리스도의 충만함을 받고자 몸을 의지한다. 이것은 바울이 로마서의 서두에서 한 말에 분명히 나와 있다. 거기에서 그는 자기 은사들로 성도들을 축복할 뿐만 아니라,1:11 그들을 통해 도움받기를1:12; 15:32 간절히 원한다고 말했다.

우리는 하나님께서 항상 독립적인 성향과 개인주의를 책망하심을 잘 알고 있다. 하나님을 의지하는 것이 결코 우리를 서로 독립적으로 만들지 않는다. 주님은 주님의 사람들이 "각기 소견대로"신12:8 하는 것을 허락하시지 않는다. 그리고 "무리에게서 스스로 갈라지는 자는 자기 소욕을 따르는 자라 온갖 참 지혜를 배척하느니라"잠18:1라고 말씀하신다.

그러므로 하나님은 사역자들을 포함해서 그 누구에게도 우리 맘대로 선택하는 우리 자신만의 작은 칸막이 방을 위탁하시지 않았다. 오로지 나와 예수님 단둘만의 수직적인 관계만 생각하는 사람들은 속는 것이고 잠언 기자의 말 그대로 미련한 사람들이다. "미련한 자는 자기 행위를 바른 줄로 여기나 지혜로운 자는 권고를 듣느니라"잠12:15

아무리 영적인 그리스도인이라 해도, 그 사람은 그리스도 안에 있는 형제 자매들의 영적인 공급을 받아야 할 필요에서 결코 예외일 수 없다. 왜냐하면, 막강한 모세조차도 힘든 시기에 그의 양손을 붙들어 올려주는 아론과 훌의 도움이 필요했기 때문이다.출17:10~13

물론, 앞에서 말한 모든 것이 사도적 일꾼들에게 영적 권위가 있음을 부정하는 것은 아니다. 그들은 영적 권위를 소유하고 있다. 하지만, 재차 강조하건대 영적 권위는 지위 또는 계급의 권위와는 한참 다른 것이다.

주 안에 권위가 존재하지만, 그것은 지위가 아닌 역할과 밀접한 관계가 있다. 역할을 대하는 것과 지위를 대하는 것에는 엄청난 차이가 있다. 지위는 형제들을 분리시키지만, 성령이 준 역할은 형제들을 하나로 묶는다.

우리가 이미 살펴본 바와 같이, 바울의 편지들은 권위적이지 않은 마음을 분명히 드러내고 있다. 또한, 협력적인 어조로 가득하다. 하지만, 현대의 많은 그리스도인은 사도들에게 상당한 권위가 위임되었다는 선입견을 품고 신약 성경을 읽기 때문에, 바울의 편지들에 면면히 흐르는 권위적이지 않은 어조를 놓치고 만다. 그래서, 사도적 권위에 대한 오늘날의 일반적인 인식은 의심의 여지 없이 바울과는 상관없다.

오늘날의 사도적 사역

오늘날 그리스도의 몸 안에서 주름잡는 자기만의 색깔을 가지고, 자기 스스로 천거해서, 스스로 기름 부음 받은 바울 이후의 '사도들'이 널려 있다. 그런 사람들은 권위적인 명령을 내리고, 추종자들을 두고, 왕국을 건설한다. 그 결과, 양식 있는 많은 그리스도인은 사도들이 더는 존재하지 않는다는 결론을 내렸다.

그렇지만, 하나님께서 이 시대에도 진정한 사도적 일꾼들을 일으키신다는 사실을 알아야 한다. 이 사람들은 바울의 정신으로 행했고 또 행하는 사람들이다. 이 사역자들도 바울처럼 크리스천 왕국을 건설하거나 무슨 운동을 시작하는 것에는 관심이 없다. 또 명성을 쌓아 지위가 올라가거나 자신의 유산을 지키는 것에도 아무런 관심이 없다. 고전1:13; 3:7,21

그렇다면, 오늘날의 사도적 일꾼은 어떻게 생긴 사람들일까? 만일 당신이 제도권 교회 계통의 사람이라면 아마 그런 사역자를 한 번도 본 적이 없을 것이다. 아니, 당신은 사도라고 주장하는 사람들을 틀림없이 봐왔다. 적어도 추종자들에 의해 사도라는 말로 불리는 사람들에 대해 들어봤을 것이다. 하지만, 그런 사람들에게는 종종 순수한 사역자의 증거가 빠져있다.

이와는 대조적으로, 진정한 사역자들은 자신을 내세우기보다는 자신을 숨기는 사람들이다. 그들의 사역은 잘 보이지 않고, 그들의 활동도 거의 감지하기 어렵다. 진정한 사역자는 교단을 만들거나, 프로그램을 도입하거나, 선교센터를 세우거나, 건물을 짓거나, 기독교 단체를 조직하거나 하지 않는다. 그들은 오직 예수 그리스도의 에클레시아를 세운다. 그리고 하나님은 마음이 겸손한 사람들로 하여금 그분의 집을 세우게 하신다.사 66:1~2

더 나아가서, 그들은 자신이 사도라고 광고하며 돌아다니지 않는다. 사실, 그들이 이 말을 꺼내는 것조차 좋아하지 않을 가능성이 크다. 그리고 그들이 기독교의 최신 경향에 어두워서 당신은 그들이 어떤 제도권 교회나 운동에 소속되고 가담하는 것을 보기 어려울 것이다. 또일반적으로 그들을 기독교계의 뉴스 미디어에서 보기도 쉽지 않을 것이다.

그들이 이 시대의 돋보이는 대단한 '대 사도들' 보다 수적으로 열세이긴 하지만, 참된 사역자들은 그리스도 안에 있는 하나님의 영원한 목적을 향해 깊이 침투한다. 이것은 그들이 하나님의 방식으로 하나님의 교회를 세우고 있기 때문이다.

이 모든 것이 다음과 같은 간단한 처방을 내려준다. 그리스도인들은 사도적 사역이 그들에게 필요하다는 것을 잘 알고 있어야 하고, 또 사도적 일꾼들을 후원하는 데 있어 관대해야 한다. 단, 사도적 지위를 주장하는 사람들은 조심해야 한다.

Chapter 05

현대 가정교회운동

THE MODERN HOUSE CHURCH MOVEMENT

주님의 방식에 대한 불타는 비전 없이는, 그리고 순종하게 하는 성령의 자극이 없이는, 어떤 패턴도 실없는 허풍으로 남게 될 것이다.

— 존 W. 케네디

우리는 '초기 교회로의 회귀 현상'이 나타나는 시대에 살고 있다. 지구상의 수많은 그리스도인이 오늘날의 '교회' 관습은 성경에서 말하는 근거가 없고 영적으로 비효과적이라는 것을 새롭게 깨닫고 있다. 그 결과, 많은 사람이 제도권 교회를 떠나 단순한 형태의 교회 생활로 돌아가기를 시도하고 있다.

어떤 사람들은 이런 현상을 '가정교회 운동'이라고 명명했다. 그러나 이것은 두 가지 이유에서 잘못된 명칭이다. 첫째, 그것은 가정집이라는 그릇된 것에 강조점을 두고 있다. 물론 교회의 모임 장소가 중요하지 않은 것은 아니지만, 하나님께서 추구하시는 것은 성도들의 모임 장소를 훨씬 뛰어넘는 것이다. 솔직히 말하자면, 가정집에서 모이는 것에는 그 자체로서 신비할 것이라곤 아무것도 없다. 가정집에서 모이는 것이 대개는 큰 교회당에서 모이는 것보다 훨씬 낫다는 주장을 펼 수는 있겠지만, 그것이 교회가 교회 되게 하는 보증은 될 수 없다.

둘째, 운동이라는 말은 한 무리의 사람들 안에서 벌어지는 통일된 움직임을 시사한다. 하지만, 식물의 종류만큼이나 가정교회의 형태도 많이 있는 게 사실이다. 가정집에서 모이는 사람들의 면면을 보면, 다양한 무늬와 색깔을 지닌 그리스도인들이 포진되어 있고, 상상할 수 있는 온갖 교리적 배경을 대표하고 있다. 따라서 모든 가정교회를 다 반영하는 단일 체제의 운동은 존재하지 않는다. 그래서, '가정교회 운동'이라는 표현은 오도하는 것이다. 가정교회들은 많은 다른 이유에 의해 모이고 또 다양한 주제에 초점을 맞춘다. 그리고 이런 차이점들이 너무 크기 때문에 그것들이 가정교회들을 천양지차가 되게 한다.

제도권 교회 구조 밖에서 주님을 찾는 신자들이 많다는 사실에 내가 고무된 것은 사실이지만, 그리스도를 교회 생활의 중심으로 놓을 수 있도록 하는 길잡이가 그런 많은 교회에 필요하다고 확신한다.

가정교회의 하위문화subcultures

내 경험으로는, '가정교회', '형식 없는 교회' 또는 '신약 성경적 교회'의 기치를 건 그룹들은 대부분 다음과 같은 카테고리 중 하나와 딱 맞아떨어진다.

성경공부에 치중하는 그룹. 이런 식의 가정교회는 일반적으로 이전의 성직자 또는 성경 선생을 동경하는 사람이 주도한다. 그 사람은 보통 둘러앉아서 성경을 놓고 토론하는 모임을 주관한다. 그 모임은 성경 강해 위주로 진행되고, 종종 열매 없는 논쟁으로 전락한다. 이렇게 성경공부에 치중하는 모임에서는, 신학적 배경이 약한 사람들의 참여도가 낮다. 그들이 인식하든지 하지 못하든지, 성경공부를 주관하는 사람이 교회를 감독하는 것이다.

특별한 관심을 위해 모인 그룹. 이런 가정교회는 모임의 초점을 다음과 같은 공통적 관심사에 둔다. 홈 스쿨, 가정집에서의 출산, 유대인의 절기 지키기, 특정한 종말론말세에 관한 것에 대한 견해, 교회 모임의 형식, 유기농사, 개인적 예언, 성령에 의한 거룩한 웃음, 전도, 또는 다른 이슈들, 일시적 유행, 또는 어떤 것. '가정교회' 자체도 될 수 있다.

제도적 가정교회. 이것은 단순히 가정집에서 모이는 전통적인 교회이다. 목회자가 주도하고, 교회 모임은 종교적인 분위기를 띠고, 예배 인도자가 예배를 인도하는 것 등 일반 전통 교회와 다른 점은 교인 수가 적고 모임 장소가 교회당 건물이 아니라 가정집이라는 것뿐이다. 내 친구 중 하나는 그런 그룹을 "교회가 줄었어요!"Honey, I shrunk the church!라고 표현했다.*

개인을 우상화하는 집단. 이런 그룹의 사람들은 뛰어난 은사의 소유자를 중심으로 결속되어 있다. 그가 이미 이 세상 사람이 아닐 수도 있지만, 그의 가르침이 그 그룹의 정체성과 신조와 관습에서 절대적 위치를 차지하는 그런 그룹이다. 주로, 관심의 대상은 교회를 개척하고 거기서 계속 거주하는 사람이다. 아니면 그 교회가 참여하는 운동을 결속시킨 지도자이다. 그 뛰어난 은사의 소유자가 종종 교회가 스스로 세워지기를 바라는 순수한 열정이 있다 할지라도, 그의 지배하려는 성향이 영적인 역동성을

---

* [역주] 이것은"애들이 줄었어요(Honey, I shrunk the kids)라는 제목의 할리우드 영화를 풍자한 것임

방해한다. 그가 자기도 모르는 사이에 사람들로 하여금 자신을 의존하게 하는, 건전치 못한 분위기를 조성하고 있다는 사실에는 눈이 멀어 있기 쉽다. 그 그룹에 속한 사람들 이외의 다른 사람들은 이것을 꽤 정확히 볼 수 있지만, 그들은 그것을 감지하지 못한다.

축복을 지향하는 클럽. 근본적으로, 이것은 자아도취에 빠진 그룹이다. 영적인 빈민가이다. 모임은 고립되고 내향적이다. 이런 그룹은 감정의 치유를 요구하는 쇠진한 그리스도인들을 위해 영적인 주유소 역할을 한다. 이런 부류의 교회들은 자기만족에 빠진 개인주의자들에 의해 좌지우지된다. 사람들은 매주 함께 먹고 '시간을 보내기' 위해 모인다. 모임 대부분은 '만찬'에 지나지 않는다.1

예수 그리스도는 이런 그룹의 중심이 아니고, 하나님의 영원한 목적에 대한 이해는 잘 봐줘서 빈혈상태이다. 아울러, 교인들은 일반적으로 그 그룹이 어려움에 부닥칠 때 회피해버린다. 문제가 발생하거나 메마른 상태가 지속하면, '가정교회'의 개념을 가장 열렬하게 지지했던 사람들을 포함해서 많은 사람이 프로그램 위주의 전통적인 교회의 세련된 매력에 도로 빠져버린다.

목적 없는 친목단체. 이런 가정 그룹은 보통 다과를 나누며 대화하기 위해 아무 때나 거실에서 모이는 네 명에서 여덟 명 정도로 구성된다. 그들은 비전이나 목적이 빠져 있으므로 최소한의 헌신한 사람들을 얻기가 몹시 어렵다. 그들은 '두세 사람이 내 이름으로 모인 곳에는' 예수님이 함께 계시다는 것을 즐겨 말하곤 한다. 하지만, 그들은 보통 그룹이 왜 존재하는지 이해하기도 전에 모임을 접어버린다. 만일 그 그룹이 계속 존재한다면, 그들의 모임은 점차 메말라 버릴 것이다.

상처 입은 불평분자 집단. 교회에서 떨어져 나온 사람들과 재활용 그리스도인들로 구성된 그룹으로서, 모여서 상처를 싸매주고 '영적으로 남용하는' 제도권 교회를 신랄하게 비판하는 사람들이다. 그들의 모임은 비관주의, 냉소주의, 그리고 감추어진 쓴 뿌리의 분위기가 가득하다. 비극적인 것은, 제도적인 교회를 공격하는 것에 지치고 나면 그들이 서로 물어뜯는다는 사실이다. 결국, 그들은 그들이 그토록 싫어했던 것과 똑같은 태도를 보이는 자신들을 발견하게 된다. 이런 형태의 가정교회는 상처가 깊고 다른 사람들에 대한 신뢰를 전혀 경험한 적이 없는 그리스도인들에게 매력이 있다.

예배의식이 고착된 교회. 이런 그룹이 전통적인 기독교의 흐름 바깥에 있는 것은 분명하지만, 대개 집에서 모이지 않고 빌딩이나 공회당 같은 곳을 세 내어 모임을 한다. 그 모임의 치명적인 약점은 불문율이 되어버린 예배의식이 잠재해 있다는 것이다. 그 누구도 매주 기계적으로 행해지는 고착된 예배의식에 결코 이의를 제기하거나 도전하거나 할 수 없고, 그것을 변경할 수도 없다. 사실, 만일 예배의 진행이 어떤 식으로든 끊어진다면, 교회의 지도자들이 그 위반한 사람을 불러놓고 그의 불경스런 행동에 대해 책망한다.

유기적 교회. 이것은 예수 그리스도만을 추구하는, 활기찬, 얼굴과 얼굴을 마주 대하는, 살아 있는 공동체이다. 지체들은 머리이신 그리스도에게로 '함께 지어져' 가고, 예수님의 십자가를 경험하고, 내주하는 예수님의 생명으로 사는 법을 발견하고, 교회가 하나님의 가족이라는 성경적 비전을 구체화한다. 그런 교회들은 나사렛 예수가 진실로 그분의 교회에 머리가 되시기에 충분할 정도로 살아 계시다는 것을 세상에, 서로에게, 그리고 통치자들과 권세들에 증거한다. 그리스도는 교회의 중심이다. 그분은 그녀그리스도의 신부인 교회의 열정이다. 이를테면, 그는 그녀를 완전히 사로잡았다. 지체들의 전공은 오직 그리스도뿐이다. 그들의 목표는 예수님을 그들의 공동체 안에 드러내는 것이다. 그들을 보증하는 것은 주님을 아는 것에 자라나는 그들의 지식이다. 그들의 증거는 그들이 모든 하나님의 사람을 향해 열려 있다는 것과 그들의 겸손과 서로 향한 그들의 확실한 사랑이다. 이런 영적 특징들을 갖고 있지 않은 가정교회들은 스텝이 맞지 않는 춤을 추고 있을 뿐만 아니라, 엉뚱한 춤을 추는 것이다.

가정교회의 짧은 수명

많은 가정교회가 짧은 기간에 붕괴한다는 사실이 시사하는 바가 크다. 그 평균수명은 6개월에서 2년 정도이다.

6개월에서 2년 안에, 가정교회는 보통 화해할 수 없는 분열에 이르거나 해결할 수 없는 위기에 의해 사라져버린다. 위기상황은 보통 극렬한 권력 다툼, 지속적인 신학 논쟁, 또는 고집스러운 성격을 견디기 싫은 마음에서 기인한다.

만일 어떤 그룹이 그런 위기상황을 통해 결속한다면, 일반적으로 제도권 교회의 '작은 것이 아름답다' 버전으로 규모가 축소되어 전전하게 된다. 말하자면, 그 그룹 안에서 누군가가 현대교회의 성직자에 버금가는 존재로 등장한다.

또 다른 흔한 결과는 스스로 '장로'라는 이름을 붙인 사람들의 그룹이 등장해서 과두정치 스타일로 교회를 다스린다. 다른 모든 사람의 감정은 생각지 않고 함부로 한다. 이런 형태의 교회에서는, 교회를 감독하는 장로들의 권한에 하나님의 사람들을 철저히 감시하는 것이 포함된다는 개념을 받아들인다. 옷 입는 것, 투표하는 것, 먹는 것, 그리고 다른 여러 가지를 좌지우지한다.

물론 2년이 지나도록 성직자나 권위주의적인 장로들이 없는 가정교회들도 있다. 감사하게도, 그런 교회들이 오늘날 점점 늘어나 일반화되고 있다. 나는 이것이 어느 정도는 우리가 교회 회복의 새로운 시대에 접어들었기 때문이라고 생각한다. 이것에 대해서는 나중에 자세히 살펴보기로 하자.

요약하자면, 제도권이 아닌 교회의 중심이 예수 그리스도가 아닐 때 그 교회를 움직일 수 있는 유일한 연료는 매력적인 이슈, 탁월한 능력을 지닌 사람, 아니면 괜찮은 교리이다. 하지만, 이 연료는 전부 다 연비가 낮다. 그리고 그것들이 다 소모되었을 때 그 그룹은 붕괴하고 만다.

신자들의 교제는 예수님과의 지속적인 만남이 지배적인 요소가 될 때에만 유익하게 이루어질 수 있다. 근본적으로, 만일 그리스도가 비전통적인 교회의 접착제 역할을 하지 않는다면, 그 교회의 모임은 얄팍하고, 무미건조하고, 궁극적으로 존재가 불투명하다.

시편 기자는 언젠가 이렇게 말했다. "터가 무너지면 의인이 무엇을 하랴"시11:3 어째서 그렇게 많은 가정교회가 실패하는가? 그것은 대부분 그 교회들이 예수 그리스도의 계시 위에 세워지지 않고 저급한 어떤 것 위에 세워졌기 때문이다. 예수님 위에 세워지지 않는다면 그리스도 중심성에서 벗어나 그분의 자리를 다른 어떤 것으로 대체해버린다.

잘못 인식된 재 집합점 Misguided Rallying Points

오늘날, 그리스도인들을 하나로 모으는 것이 헤아릴 수 없이 많다. 물론 그리스도와 관계된 고상한 것들도 있다. 교리와 관습과 견해가 오늘날 서구의 많은 가정교회에서 중심을 차지하고 있다. 그 예로 홈 스쿨, 가정집에서의 출산, 특정한 정치적 견해, 종말론 등을 들 수 있다. 이 목록은 끝도 없다.

  이런 요소들이 그런 교회들을 결속시켜주지만, 주님에 관한 어떤 것을 중심으로 모이는 것과 주님 자신을 중심으로 모이는 것에는 엄청난 차이가 있다. 그것을 중심으로 모이는 것과 그분을 중심으로 모이는 것 사이에 망망대해가 가로놓여 있다는 말이다.

  당신이 초기 교회들이 어떻게 세워졌는지를 발견하기 위한 눈으로 신약성경을 읽는다면, 그 교회들이 예수 그리스도의 확고부동한 계시 위에 견고하게 세워졌음을 알게 될 것이다.마16:16~18 바울이 개척한 모든 교회가 이 계시 위에 세워졌다.고전3:11 그리고 이렇게 그리스도를 강하게 나타내면서, 교회들이 자연스럽게 태동했다.

  사도들이 예수 그리스도를 선포한 내용에 공동체를 세우는 속성이 있음을 아는 것이 중요하다. 성경에 의하면, 교회는 하나님의 말씀을 선포함으로써 세워진다. 하지만, 그런 말씀의 선포는 일단 교회의 기초가 놓이면 중단되어야 한다. 그리고 나서 그것은 필요에 의해 다시 주기적으로 계속되어야 한다.

  사도가 말씀을 너무 많이 전하게 되면, 또는 그 누구라도 마찬가지로 교회의 생명을 죽이게 된다. 말씀을 너무 적게 전하는 것 또한 교회에 해를 끼치게 된다. 교회 개척자들의 순회 사역은 매우 강력한 것이다. 만일 순회 사역이 제대로 시행된다면, 그것이 교회를 과도하게 지배하지는 못하게 될 것이다. 왜냐하면, 순회 사역은 늘 시행되는 것이 아니기 때문이다. 하지만, 그것은 교회의 기초를 제대로 놓으려면, 그리고 그 교회가 주님 안에서 계속 진보하기 위해 중요하다. 이 점에서, 교회를 개척하는 것은 마치 비둘기를 손에 쥐고 있는 것과 같다 하겠다. 만일 교회 개척자가 너무 꽉 쥐게 되면 교회가 죽게 될 것이고, 너무 느슨하게 쥐면 교회가 날아가 없어지게 될 것이다.

교회가 주 예수 그리스도 위에 세워질 때, 그것은 극심한 고통과 시험을 이겨낼 수 있다.고전3:6~15 바람이 세게 불고 홍수가 사납게 덮쳐도 집이 반석 위에 세워졌으므로 무너지지 않을 것이다.마7:24~27; 눅6:46~48 달리 표현하자면, 예수 그리스도와 그분의 십자가만이, 그것을 근거로 하나님의 사람들이 정당하게 모일 수 있는, 움직일 수 없는 유일한 기초이다. 내가 '그분의 십자가'라고 할 때, 그것은 예수님의 구속 사역뿐만 아니라 십자가에서 자아가 죽는 경험을 의미한다. 교회는 갈보리 때문에 존재한다. 하지만, 교회는 하나님의 사람들이 십자가를 지고 자아가 죽을 때 살게 되고 유지된다.마6:24~25; 막8:34~35; 눅14:27; 고전15:31; 고후4:11~12

그러므로 인간의 계급제도라는 완강한 버팀목 없이 교회 생활을 경험하고자 하는 그리스도인들은 주 예수 그리스도와 그분의 십자가 위에 공동체를 세워야만 한다. 그렇게 하지 않는다면, 그들이 살아남을 확률은 아주 낮다. 건전한 사도적 사역의 투입이 교회의 수명을 보장해줄 수는 없지만, 그것은 중요한 도움이다.

가정교회의 첫 번째 물결

미국에서는 1960년대 후반과 1970년대 초반에, 처음으로 제도적 종교 밖에서 하나님의 역사가 일어났다. 이 시기에 수많은 사람이 회심했는데, 그들 중 상당수가 성직자 없이 가정에서 형식 없는 원색적인 모임을 하기 시작했다. 이렇게 막 싹이 난 '교회들' 대부분이 젊은 사람들로 가득 찼다.

많은 기독교 지도자가 이 성장하는 운동을 확고하게 할 책임이 자신들에게 있다고 느끼게 되었는데, 그들 중 상당수가 제도권 교회의 성직을 내려놓고 떠나 하루아침에 새로운 운동의 지도자로 둔갑해버렸다.

아주 짧은 기간, 이 사람들은 그 단순하고 순진한 사람들의 그룹에 제자훈련을 소개해서 결국생명을 질식시키고 죽여버렸다. 그들의 의도는 좋았지만, 하나님의 순수한 역사에 막대한 해를 끼쳐버렸다. 한때 인간 주도의 지도체제를 알지 못했던 젊은 회심자들은 국제적인 운동들을 낳는데에 사용되곤 했다. 이 운동들에서 시작하여 나중에 대 교단이 된 단체도 있다. 그 운동들은 율법주의와 권위주의 위에 세워졌고, 살아 숨 쉬는 수많은 유기적 교회와 크리스천 공동체를 삼켜버렸다. 크리스천 삶이 비뚤어진 권위주의 교리라는 암초에 부딪혀 파선하고 말았다. 하나님의 사역이 사람의 손에 의해 숨이 막혀버렸다.

어떻게 이런 일이 일어날 수 있었는가? 그 대답은 매우 간단하다. 그 지도자들이 사역자를 세우시는 하나님의 방식에 무지했기 때문이다. 지도자가 아닌 상태로 유기적인 교회 생활을 해본 경험이 그들에겐 단 하루도 없었다. 그들에게 은사가 있었던 것은 사실이지만, 준비되거나 보내심을 받은 적은 없었다.

가정교회의 두 번째 물결

1980년대 후반과 1990년대 초반에, 미국에서 전통적인 교회 밖의 두 번째 물결이 일어났다. '가정교회 운동'이라는 말이 생겨난 것이 바로 이때였다. 과거에 일어났던 하나님의 역사와는 달리, 두 번째 물결에서는 대부분이 젊은 사람들이 아니라 중년이었다. 그리고 새로운 회심자는 많지 않았다. 대부분이 제도권 교회에 불만을 품은 사람들이었다. 사실, 그들 중 상당수는 첫 번째 물결 때 그리스도인이 된 사람들이었다. 그들은 성스러운 교회당을 떠났고, 목사들을 버렸고, 가정에서 모이기 시작했다.

첫 번째 운동의 잘못에 대한 반작용으로, 가정교회의 두 번째 물결에 가담한 사람들은 교회 개척을 위한 모든 형태의 순회 사역을 싸잡아서 의심의 눈으로 쳐다보았다. 그 운동은 절대적 평등주의의 포로가 되어 외부의 도움을 받을 어떤 필요도 다 배제해버렸다. 지도력이라는 말은 입에 담을 수 없는 더러운 말이 되었고, '지도자들'은 천덕꾸러기로 비쳤다.

첫 번째 '가정교회 운동'의 문제는 하나님의 사람들이 순회 사역을 받아들이는 데 있어 분별력이 없었다는 데 있다. 그들은 성경적으로 말해서 검증되지 않고 훈련되지 않은 영적 지도자들을 받아들였다. 그 지도자 중 유기적 교회의 토양 안에서 시간을 보내며 준비된 사람은 아무도 없었다. 그 대신, 그들은 자신의 성직자 신분을 계속 유지했고, 단지 그들의 사역 범위를 교회당에서 가정집으로 변경한 것뿐이었다. 흥미롭게도, 요한 2서는 바로 이 문제에 대해 다루고 있다. 요한은 그 편지에서, 검증되지 않은 사역자들을 받아들이지 말 것을 지역교회에 경고하고 있다. 요2:10~11

유감스럽게도, 두 번째 '가정교회 운동'은 정반대의 문제 때문에 해를 입었다. 그 운동은 하나님께서 보내신 진정한 사역자들을 받아들이는 데 실패했다. 정말 흥미로운 것은, 요한 3서의 메시지도 바로 이런 이슈를 다루고 있다는 사실이다. 요한이 디오드레베에 대해 언급하고 있는데, 그는 요한이 교회에 사역하라고 보낸 순회 사역자들을 받아들이지 않았다. 요3:1~11

새로운 물결

오늘날, 유기적 교회의 세 번째 물결이 우리 앞에 있다. 조지 바나 같은 사람들이 '혁명'이라고 부르는 그것이다.2

매년 미국에서만 백만 명의 성인이 제도권 교회를 떠나고 있다. 미셔날 교회missional church의 권위자인 레지 맥닐에 의하면, "새로운 이유에 의해 제도권 교회를 떠나는 사람들이 늘어나고 있다. 그들이 믿음을 잃어버렸기 때문에 떠나는 것이 아니고, 자신들의 믿음을 보존하기 위해 교회를 떠나고 있다."

우리는 새로운 시작을 알리는 시대에 살고 있다. 그것은 하나님의 집을 회복하기 위한 새로운 계절이다. 하나님은 교회의 형태와 사역과 관습에서 새로운 토양을 만들고 계신다. 많은 그리스도인이 교회의 유기적인 표현을 학수고대하고 있다. 왜냐하면, 이것이 그들의 영적 본능에서 나오는 절규이기 때문이다. 유기적인 교회 생활은 우리 고유의 거주지이다. 그것은 우리의 자연환경이다. 그것을 위해 그리스도의 몸 안에서 큰 파도가 일고 있다.

그러므로 우리가 두 번의 운동에서 실패했던 과거의 실수를 되풀이하지 않는 것이 절대적으로 중요하다. 교회가 이렇게 새롭게 표현되는 데 있어 예수님이 첫 번째 위치를 차지하시도록 주님께서 우리에게 열린 마음과 영적 분별력을 주시기를 바라는 바이다.

Chapter 06

회복인가?
혁명인가?

RESTORATION OR REVOLUTION?

대개 하나님의 가장 위대한 것이 사람의 눈에는 아주 하찮게 보였던 적이 많다.

— T. 오스틴 스팍스

20세기 후반에 가서, 사도적 사역의 회복에 관해 쓴 책들이 심심치 않게 등장했다. 이 책 중 상당수는 1990년대가 '사도의 시대'가 될 것이라고 주장했다. 그들은 절대적인 확신을 하고 하나님께서 그리스도의 몸에 대규모로 사도적 사역을 회복시키시기 위해 '수천 명의 사도'를 일으키실 것이라고 단언했다.

1990년대는 지나갔고 큰소리쳤던 그들의 주장은 아무것도 실현되지 못했다. 그럼에도, 그들 중 어떤 저자들은 불확실한 미래의 언젠가에 사도와 다른 '다섯 가지 사역' 직분*의 '회복'이 일어날 것이라고 계속해서

---

* [역주] 에베소서 4:11의 은사들을 뜻함

큰소리치고 있다. 흥미롭게도, 이 같은 '예견'은 1948년 이래로 계속되어 온 것이다.1 1948년에 나온 글들, 주장들, 문체, 그리고 '예언들'은 오늘날 회자하는 것들과 똑같다.

어떤 사람들은 이런 사역 은사의 회복을 강조하는 운동을 '회복 운동'이라고 불렀다. 이 운동이 시도는 되었지만 성공하지 못했다는 게 나의 판단이다. 그리스도의 몸에 필요한 것은 회복이 아니다. 그것은 부흥도 아니다.2 진정 필요한 것은 혁명이다. 위에서부터 아래까지, 즉 철두철미하게 완벽하고 혁신적인 변화, 예수 그리스도와 그분의 교회를 보는 새로운 시각, 그리고 사고방식과 관습 둘 다의 변화이다.

쉽게 표현하자면, 우리가 크리스천의 삶을 이해하는 데 있어 혁명이 필요하고, 교회의 관습에서 혁명이 필요하다. 그리고 우리가 교회 개척에 접근하는 데 있어 혁명이 필요하다. 회복과 혁명 사이의 핵심적인 차이를 보여주는 다음 쪽의 표를 잘 살펴보라.

회 복	혁 명
'사도들'은 목사와 회중 위에서 공식적인 권위를 부리는 사람들로 인식된다. 그들은 일반적으로 그들을 추종하는 팬클럽을 만들어내고, 유명인사 취급을 받으며, '사도'라는 직함을 선호한다.	'사도들'은 직함을 좋아하지 않는, 대부분 감춰져 있고 깨어진 그릇들이다. 바울처럼 그들도 보통 생계를 위해 일을 한다.3 대부분은 사도라는 말을 혐오하고 자신을 가리키는 말로 전혀 사용하지 않는다.4
크리스천 개인의 승리하는 삶을 강조한다.	공동체적 삶과 신자 공동체의 그리스도 중심적인 경험을 강조한다.
'영적 은사', '능력', '표적과 기사'를 강조한다.	하나님의 영원한 목적, 십자가가 주는 깊은 의미, 예수 그리스도의 중심성을 강조한다.
수천 명을 모으는 대규모의 세미나와 그들의 '운동'에 참여하는 교회들의 수에 의해 성공을 평가한다.	양보다 질에 의해 평가한다. 숫자의 크기를 무시한다.(바울의 사역을 통틀어 볼 때, 그는 열네 개 정도의 교회를 개척했다. 바울은 양보다 질에 더 관심이 있었다.)
하나님이 앞으로 '행하실' 놀라운 일들에 중점을 둔다.	지금 그리스도 안에 있는 측량할 수 없는 풍성함에 중점을 두고, 그것을 오늘날 어떻게 경험할 것인지를 하나님의 사람들에게 보여 준다.
영적 싸움과 마귀를 물리치고 승리하는 것에 초점을 맞춘다.(마귀가 거의 주님 못지않게 주목을 받는다.)	예수 그리스도의 영광에 초점을 맞춘다. 마귀는 패배한 것으로 여겨지고, 대개 무시된다.
교회가 사실상 말씀 사역을 도맡아 하는 목사나 막강한 사도나 힘 있는 장로들에 의해 좌우된다.	교회가 그리스도 안의 모든 형제 자매들에 의해 인도된다. 지체들은 그들을 그대로 남겨놓고 떠날 외부의 사역자들에 의해 기능을 발휘하고 교회를 돌볼 수 있도록 훈련된다.
알 수 없는 미래의 섬김에 대비해서 "성도를 온전케 하는 것"에 대해 많은 말을 한다.	"성도를 온전케 하는 것"은 전문용어가 아니라 현실의 실재이다. 하나님의 사람들은 지금 교회의 모임에서, 그리고 불신자들을 향해서 섬긴다.
교회를 전쟁하는 군대로 인식한다. 그러나 실제로는 교회가 교회당 건물과 목사와 주일 아침 예배순서를 요구하는 제도적 조직이다.	교회를 자유를 만끽하는 아름다운 여자 곧 새로운 종족으로, 또 예수 그리스도 자신과 떼려야 뗄 수 없는 '제3의 인류'로 인식한다. 성스러운 교회 건물이나 현대의 목사 직분이나 주일 아침 예배의식은 전부 다 포기되었다.
서구 개인주의와 1700년간 지속하여온 기독교 전통에 뿌리를 둔 구태의연하고 따분한 사고방식을 받아들인다.	신약 성경의 이야기와 신성 하나님 안의 교제에 뿌리를 둔 총체적으로 새로운 사고방식을 받아들인다.

2부

땅을 갈다
질문에 대한 답변

Chapter 07

오늘날에도 **신약성경의 모델**이 적용될 수 있을까?

CAN THE NEW TESTAMENT EXAMPLE BE APPLIED TODAY?

　반론: 1세기 환경과 오늘날의 서구사회의 환경은 너무나도 다르다. 그때는 이 세상 모든 사람이 구원받지 못했었고, 제도권 교회도 없었다. 바울 같은 교회 개척자들은 전통적인 교회들에서 거듭난 그리스도인들을 취해 신약성경적인 방식으로 모임을 하도록 가르치지 않았다. 그래서, 오늘날의 교회 개척자들은 바울을 그들의 사역 모델로 삼을 수 없다.

　물론 1세기의 사도적 사명은 미개척지에 복음을 전하는 선구자적이었다. 예수 그리스도의 복음은 갓 태어난 것이었고, 제도권 교회도 없었다. 따라서 바울에 의해 회심한 사람들은 모두 다 다음의 두 부류에 속했다. ⑴ 이교도였다가 곧바로 나온 사람들, ⑵ 유대인의 회당에 의해 제도적으로 인정된 하나님을 경외하는 이방인들. 두 부류 다 '미개간지' virgin soil 상태였다.

그러나 바울의 사명에는 두 가지 목표가 있었다. 첫째 목표는 잃은 영혼을 회심시키는 것이고, 둘째는 첫째 목표와 연결된 것이었다. 그것은 하나님나라를 집합적으로 증거하는 지역 공동체들을 세우는 것이었다. 유감스럽게도 우리는 오늘날 순서를 뒤집어 놓아버렸다. 우리는 잃은 영혼의 구원을 교회의 목표로 삼았는데, 실은 그 반대이다. 영혼 구원의 목표는 하나님께서 신부, 집, 가족, 그리고 몸을 가지시도록 에클레시아를 세우는 것이었다. 이것이 하나님의 궁극적인 목적이다.1

예수 그리스도의 교회라는 토양 밖에서 영혼을 구원하려는 오늘날의 관습은 성경과는 동떨어진 것이다. 1세기 그리스도인들은 그런 개념을 가진 적이 없다. 그들에게 있어 구원받은 것은 신자들의 지역공동체에 더해진다는 의미였다. 그리고 신자들의 지역 공동체에 더해지는 것이 곧 구원받는다는 의미였다. 이 둘은 분리될 수 없었다. 이것은 신약 성경이 왜 교회에 더해지는 것이 주님께 더해지는 것이고 주님께 더해지는 것이 곧 교회에 더해지는 것이라고 말하는지 그 이유를 설명해준다. 행5:14; 11:24

다르게 표현하자면, 복음을 전하는 데 있어 바울의 주된 목표는 주 예수 그리스도를 집합적으로 드러내는 성령에 사로잡힌 교회들을 세우는 것이었다. 다음을 고찰해보라.

> 신약 성경은 그저 개인의 회심에만 몰두하는 전도전략을 별로 지원해주지 않는다. _스튜어트 머레이 2

> 바울은 다른 개인 전도자들과는 달리, 악을 버리라는 개인적인 도전을 최우선에 두지 않고, 그가 전하는 복음에 반응하는 사람들의 공동체를 세우는 것에 주력했다. _에이브러햄 말러비 3

이미 언급한 바와 같이, 바울은 단순히 사람들을 개별적으로 회심시키는 선교사로 나가지 않은 것이 분명하다. 그는 교회를 세우고 그 교회로부터 발산된 빛이 나라 전체를 골고루 비추게 하려고 갔다. _ 롤란드 알렌 4

신약 성경을 통틀어 유일하게 개인 구원에 대해 기록한 예외가 있는데, 그것은 에디오피아 내시를 주님께로 인도한 빌립의 경우이다. 행8:26이하 이것을 제외한 모든 곳에서는, 사람들이 신자들의 공동체에 속하려고 구원을 받았다.

한 문장으로 정리하자면, 바울을 자극했던 사역의 목표는 잃은 영혼을 구원시키는 것이 아니었다. 그것은 또 사람들을 고통과 가난에서 해방하는 것도 아니었다. 그 대신, 그것은 하나님의 영원한 목적을 이루는 크리스천 공동체를 세우는 것이었다. 다른 모든 것은 그런 공동체의 생명에서 흘러나오게 되는 것이다.

바울은 그가 사역하는 그리스도인들에게 아버지와 어머니와 유모의 역할을 함으로써 크리스천 공동체를 세웠다. 살전2:7~12; 고전4:15 그는 교회에 어떻게 주님과 교제할 것인지, 그리스도 안에서 어떻게 성숙해나갈 것인지, 모임에서 어떻게 기능을 발휘할 것인지, 그리고 공동체 생활을 하는 데 있어 고질적인 문제들을 어떻게 해결할 것인지를 보여주었다.

비극적인 것은, 이런 것들은 제도권 교회의 대다수일 수도 있는 많은 그리스도인이 거의 알지 못하는 것들이다. 쉽게 표현하면, 신앙생활을 오래 했다고 유기적 교회의 토양에서 기능을 발휘할 수 있게 훈련된 것은 아니다. 또 그것이 교회 공동체에 이바지하도록 준비시켜주지도 않는다. 덧붙여 말하자면, 2천 년의 기독교 역사와 5백 년을 이어온 종교개혁의 대로에서 있다 해서 그런 사명을 위해 준비된 것은 아니라는 말이다.

A. W. 토저는 언젠가 이렇게 지적했다. 현대 교회는 "영적 지진아들을 위한 보호시설이다." 그것은 비정상적으로 크게 자란 영적 아기들을 위한 보육원이다. 그들 대부분이 어떻게 동료 형제들과 함께 합심해서 영적으로 기능을 발휘할 것인가에 대해 오리무중인 그런 사람들 말이다. 그렇다면, 이것의 이유는 무엇인가? 그것은 그들이 어떻게 할 것인지에 대해 전혀 본적이 없기 때문이다. 그 대신, 그들은 입을 다물고 수동적으로 지내는 것에 길들어 왔다. 물론 불신자에게 전도할 경우는 예외이다. D. L. 무디의 시대 이후로 설교자들은 이것을 그리스도인들의 머릿속에 사정없이 집어넣었다. 그러므로 하나님의 사람들은 해방되어 하나님의 집에서 섬길 수 있도록 힘을 공급받아야 한다.

이런 이유로, 바울의 교회 개척 사역은 오늘날 정말 절실하게 필요하다. 다시 강조하자면, 사람들을 주님께 인도하는 것보다 교회를 세우는 것이 훨씬 더 힘든 작업이다. 영혼을 구원하는 것은 단지 첫 걸음을 뗀 것에 불과하다. 하나님과 동료 형제들과의 친밀한 교제를 할 수 있도록 그들을 가르치고, 그들을 훈련하고, 그들에게 힘을 공급하는 것이 남은 여정을 장식하게 된다.

베드로의 표현을 빌리자면, 죄인을 그리스도께 인도하는 것은 죽은 돌을 산 돌로 바꾸는 것이다. 벧전2:5 하지만, 산 돌을 모으는 것이 하나님의 목적은 아니다. 오늘날 이 땅에 산 돌은 많이 있지만, 그것들이 흩어져 있고 고립되어 있다. 하나님의 목표는 그 모든 돌이 하나님 자신이 사실 거주지인 집으로 지어지는 것이다. 엡2:22 여기에 크리스천 사역자의 주된 부르심이 놓여 있다. 고전3:9~10 그것은 단지 죽은 돌이 산 돌로 바뀌는 작업이 아니다. 그것은 그 돌들로 살아계신 하나님의 집을 짓는 작업이다. 그리고 이것은 그저 일주일에 하루 이틀 설교해서 될 일이 아니다. 그것은 교회 모임에서 기능을 발휘할 수 있도록, 서로 돌볼 수 있도록, 똘똘 뭉친 그리스도 중심의 공동체로서 세상 사람들 앞에 그리스도의 영광을 증거할 수 있도록 하나님의 사람들을 훈련하는 것을 의미한다.

따라서 만일 바울이 오늘날 서구사회에서 살고 있다면, 잃은 양뿐만 아니라 고립된 양도 찾아 나설 것이 틀림없다. 물론 바울이 불신자들에게 복음을 전하겠지만, 전통적인 교회의 갈급한 그리스도인들 또한 의심할 여지 없이 바울의 사역에 이끌리게 될 것이다. 그들이 "이미" 회심한 사람들이라는 이유로 바울이 그들에게 사역하기를 거부했겠는가? 절대 그렇지 않을 것이다.

바울의 목표는 하나님나라 공동체였다. 그것은 신성한 생명에 의해 살고, 다른 것엔 관심 없이 오직 예수 그리스도에 의해 하나가 되어 삶을 나누는 모임이었다. 따라서 바울은 의심할 여지 없이 자신에게 다가오는 모든 그리스도인새로 회심한 사람들과 제도권 교회의 신자들에게 사역을 했을 것이다. 그는 그리스도를 알도록 그들을 가르쳤을 것이고, 집합적으로 주님을 표현하도록 그들을 훈련했을 것이고, 그리고 합심해서 기능을 발휘할 수 있도록 그들에게 힘을 공급해주었을 것이다.

오늘날에도 진정한 사역자들은 이렇게 할 것이다.

노골적으로 말하자면, 바울의 열정은 모든 지체가 기능을 발휘하고 또 예수 그리스도의 풍성함을 표현하는 것이 두드러진 크리스천 공동체를 세우는 것이었다. 물론 이것이 포함되긴 하지만, 그것은 영원한 심판에서 사람들을 개별적으로 구출하는 것이 아니었다. 만일 바울이 오늘날 우리와 함께 있다면, 이런 총체적인 사명을 이루는데 방해받지 않을 것을 우리는 확신할 수 있다.

Chapter 08
바울은 예외였는가?

WAS PAUL AN EXCEPTION?

반론: 교회가 순회 사역자에 의해 세워지고 도움을 받는다는 개념은 바울의 사역에서만 독특하게 볼 수 있는 주제이다. 바울과 관련이 없던 교회들은 외부의 도움이 필요하지 않았다. 사실, 그 교회 중에 사도적 일꾼 없이 세워진 교회도 있었다. 그래서, 당신이 오늘날 모든 교회가 외부의 도움을 받아야 한다고 말할 때 그건 과장된 주장인 것 같다.

바울이 쓴 글이 신약 성경 이야기의 상당한 부분을 장식하고 있기 때문에, 교회를 세우고 그 후에 도움을 주는 외부 사역자의 원리는 그의 사역에 아주 잘 나타나 있다.

그렇지만, 신약 성경에 언급된 30개가 넘는 모든 교회를 살펴본다면,1 사실상 그 교회들 전부가 다 순회 사역자에 의해 세워졌거나 세워지고 나서 그런 사역자에 의해 도움받은 것을 발견하게 될 것이다.

바울과 그의 동역자, 바나바, 실라, 디모데, 디도, 에바브라 등 만이 교회를 개척하고, 튼튼하게 하고, 고쳐주기 위해 돌아다닌 것은 아니었다. 베드로와 요한, 그리고 교회 역사의 의하면 다른 12 제자도 교회를 세우는 사역을 위해 보내심을 받았다. 이것이 바로 그들이 왜 "보냄을 받은 자들" 사도들이라고 불리게 되었는지의 이유이다. 베드로와 요한의 편지들도 그들이 돌보던 교회들에 쓴 것이었다.

어떤 사람들은 이렇게 반론을 제기한다. 신약 성경에 언급된 몇몇 교회들은 외부 사역자들에 의해 세워지지 않았기 때문에 그런 사역자들은 불필요한 유물일 뿐이다. 이런 주장을 펴는 사람들은 일반적으로 예루살렘에서 흩어진 사람들에 의해 세워진 교회들을 지적한다. 그럼, 그때 정말 무슨 일이 벌어졌는지를 다시 살펴보자.

12 사도는 예루살렘교회를 세웠다. 그들은 4년에 걸쳐 교회의 기초를 놓았고, 그 후에 예루살렘교회는 유대와 사마리아와 갈릴리로 흩어졌다. 그 신자 중 구브로로 간 사람들도 있었고, 멀리는 시리아까지 간 사람들도 있었다. 그 새로운 지역들에 흩어진 그리스도인들은 예루살렘에서 했던 것과 같은 방식으로 모임을 하기 시작했다. 그리고 그들이 불신자들에게 자연스럽고 유기적으로 복음을 전했을 때 하나님께서 교회에 지체들을 더하셨다.

우리가 제1단원에서 이미 살펴본 것처럼, 예루살렘교회가 다른 지역들로 이식된 것이다. 누가는 사도행전 9:3에서, 유대와 갈릴리와 사마리아에서 교회단수형가 평안하여 든든히 서 갔다고 말하고 있다. 바꾸어 말하면, 예루살렘교회가 단지 다른 지역들에 재배치된 것이다.

이렇게 이식된 교회들의 일원이 된 형제들이 (1) 처음 4년 동안 12 사도의 도움을 받았고, (2) 그 기간 예루살렘교회에서 공동체적인 삶을 경험했다는 사실을 기억하라.

바꾸어 말하면, 예루살렘의 그리스도인들은 사도들의 도움을 받아 익혔던 교회 생활의 경험을 이식한 것이다. 그들이 회당을 떠나자마자 그 다음 날 곧바로 교회들을 시작한 것이 아니었다.

더 중요한 것은, 새롭게 이식된 이런 교회들이 세워지고 그 교회들이 사도들의 도움을 받았다는 사실이다. 12 사도가 새 교회들을 순회하며 사역을 했는데, 행8~12장 이 점이 대개 간과되고 있다.

이런 맥락에서, 유기적 교회가 생긴 후에 금방 급속도로 증식되어야 한다는 오늘날의 논리는 이론적으로는 가능하겠지만, 세 가지 문제점을 안고 있다. 첫째, 유기적 교회의 지체들이 예수 그리스도를 깊이 있게 알고 비교적 긴 기간에 살아남을 수 있도록 그들을 훈련해서 교회의 적절한 기초를 놓는 데는 오랜 시간이 걸린다. 둘째, 급속도로 증식된 그룹들은 대부분 역시 급속도로 쇠퇴하고 만다. 그리고 쇠퇴하기 전에도 그들은 아주 얄팍한 수준을 넘지 못한다. 그 이유는 그 그룹이 뿌리를 내리는데, 충분한 시간을 주지 않았기 때문이다. 셋째, 급작스런 증식은 신약 성경 이야기의 뒷받침을 받을 수 없다. 예루살렘교회는 4년 동안 사도들의 강도 높은 사역을 받고, 하루가 멀다고 만나서 얼굴과 얼굴을 마주 대하는 공동체의 경험을 한 후에야 증식되었다.

신속한 증식을 강조하는 사람들은, 하나님의 영원한 목적에 따라서 예수 그리스도를 집합적으로 표현하는 것보다도, 교회를 복음전도의 수단으로 이용하는데 더 관심이 있는 듯하다. 그리고 내가 관찰한 바로는, 이런 생각은 애당초 효과적인 복음전도의 수단이 될 수 없다. 갓난아기들을 태어나자마자 세상에 보내는 것은 말도 되지 않는다. 성인이 되어 새로운 가정을 이루려고 다른 곳으로 이주할 때까지 기다리는 것이 순리이다.

요약하자면, 순회 사역자의 도움을 거부하는 독립적인 가정교회는 성직자가 주도하는 제도적인 교회와 한가지 면에서 공통점이 있다. 그들 둘 다 신약 성경과는 거리가 멀다는 것이다.

Chapter 09
교회개척이 엘리트들의 몫일까?

IS CHURCH PLANTING ELITIST?

반론: 순회 사역자의 개념은 엘리트주의 사고에서 나온 것이다. 그것은 한 사람을 다른 사람들 위에 올려놓는 것이다. 그것은 '평범한' 신자들을 훈련하는 구별된 엘리트계급을 만들어 낸다. 그것은 제도권 교회를 움직이는 성직자와 다르지 않다. 우리에게 필요한 것은 예수님뿐이다! 우리를 도와줄 사람은 필요치 않다. 그리고 우리가 이미 아는 것을 가르칠 '초대형 스타' 교회 개척자들은 우리에게 더더욱 필요치 않다. 사실, 교회 개척자를 갖는 것은 위험한 일이다. 왜냐하면, 하나님 대신 사람을 따르는 것이기 때문이다.

이 반론의 주된 문제점은 신자들의 만인 제사장주의를 '보호'하겠다는 명목으로, 하나님께서 그리스도의 몸에 주신 사역을 거부하는 데 있다. 철학에서는 이런 것을 허수아비 논법이라고 부른다. 그것은 불공평하게 사역자 모두를 엘리트주의자로 낙인 찍은 다음, 이렇게 만든 이미지를 효과적으로 공격한다. "사람이 아닌 예수님만 필요하다"는 경건한 수사법 뒤에 숨어서 말이다.

물론 양을 강탈하고자 하는 거짓 사도들도 있다. 하나님의 사람들 위에 군림하는 검증되지 않는 위험한 사역자들이 있다. 지배하고 싶어 안달하는 사람이라고나 할까? 그리고 분파적이고, 엘리트주의적이고, 독선적인 교회 개척자들도 있다.

따라서 만일 크리스천 사역자가 자신과 자신이 주도하는 운동에 가담하는 사람들만이 지상에서 유일하게 진짜 사역자들이라고 믿는다면, 얼른 거기를 떠나라. 이것이 극단적인 엘리트주의이다. 게다가, 만일 사역자가 자신이 개척한 교회들만이 정당하다고 믿는다면, 그는 분파적이고 독선적인 사람이다. 아니면 맛이 간 사람이다. 이럴 때에도 다시, 얼른 거기를 떠나라. 창문 위에서 뛰어내릴지라도!

그러나 이런 식으로 모든 사역자를 욕하는 것은 절대적으로 불공평하고 부정확한 일이다. 나에겐 하나님의 사람들에게 정직하고, 순수하고, 안전한 크리스천 사역자 친구가 많이 있다. 그들이 각각 강조하는 것이 다르고 또 은사도 다양하지만, 그들 모두가 하나님의 나라를 이루는 데 쓰임 받고 있다.

그렇다 할지라도, 만일 우리가 신약 성경의 이야기에 대해 위의 반론을 제기한다면, 오류가 뚜렷이 드러난다. 위의 논리를 성경에 적용하면 다음과 같은 결론에 도달하게 된다. 바울, 바나바, 실라, 디모데, 디도, 에바브라를 위시한 1세기 모든 교회 개척자는 불쌍하고 '평범한' 신자들을 훈련하기 위해 따로 분리시킨 '구별된 엘리트계급'에 속한 '초대형 스타' 그리스도인들이었다.

우리는 또 다음과 같이 결론지어야만 한다.

갈라디아, 그리스, 그리고 소아시아에 있던 교회들은 바울, 바나바, 실라, 디모데, 에바브라에게 다음과 같이 담대하게 말했어야 한다. "우리는 당신들이 필요 없다. 당신들은 그저 사람일 뿐이다. 우리는 예수님만 필요하다. 당신 같은 사람들은 모든 신자가 제사장이라는 사실에 해를 끼칠 사람들이다."

만일 당신이 "교회 개척자들이여, 물러가라. 우리는 예수님만 필요하다"라는 사고방식을 받아들인다면, 당신은 부지중에 다음과 같이 말하는 것이다. "12 사도여 물러가라. 바울이여, 물러가라. 바나바도, 실라도, 디모데도 다 물러가라."

덧붙여 말하자면, 교회는 도움을 줄 어떤 사람도 필요로 하지 않는다는 생각은 초기 교회의 기록과 조화를 이룰 수 없다. 이렇게 말하는 사람들은 아마 예수 그리스도께서 피와 살을 가진 육체로 이 땅에 계셨을 때 이런 식으로 당당하게 말했을 것이다. "우리는 예수님 외에는 아무도 필요 없습니다."

그러나 주님이 승천하시고 성령을 보내신 이래로 예수 그리스도는 이 땅에서 그분의 사명을 이루시기 위해 사람들을 택하셨다. 주님은 복음 전파를 위해, 그리고 교회들을 개척하고 양육하기 위해 살과 피를 가진 타락한 사람들을 사용하신다. 주님은 제자로 삼고 그들을 훈련하기 위해 타락했지만, 구속받은 사람들을 사용하신다. 그리고 지역 교회들을 훈련하고 온전하게 하려고 사람들을 사용하신다.

따라서 당신이 아무리 깎아내리려 해도 하나님은 사람들을 택하셔서 사용하신다. 그래서, 도가 넘을 정도로 "우리는 사람을 필요로 하지 않는다. 우리는 오직 예수님만 필요하다"라며 밀어붙이는 사람들은 신약 성경의 계시를 부정하는 것이다.

　물론 하나님의 사람들은 그들을 이용하려는 거짓 사도들을 주의할 필요가 있다. 그러나 우리가 영적 충만을 향해 나아가는 것에 진지하다면, 하나님께서 그분의 몸 안에 두신 순회 사역자들의 역할을 포함해 모든 사람의 도움을 잘 분별해서 받아들이게 될 것이다.

　만일 순회 사역자들이 진국이라면, 영적 엘리트주의자들일 수 없다. 그들은 타 그리스도인들과는 다른 특별한 신분을 갖고 있지 않다. 그 대신, 그들은 다른 모든 그리스도인같이 평범하고 아주 불완전한 사람들이다. 다만, 부르심이 다를 뿐이다.

　그들은 지역 교회들을 좌지우지하거나 원격조종 하는 우두머리가 아니다. 하나님만이 유일한 우두머리이시다. 사역자들은 단지 그들이 돕는 교회들을 섬기는 자들이다. 신자들과의 사이에서 가족적이고 친밀한 관계로 사역하는 것이지, 공식적이고 계급상으로 하는 것이 아니다.

　사실, 그리스도의 몸 안에 있는 어떤 사람들은 교회 안에서 잠자는 다양한 은사와 분별력을 알아보고 접목시키는 은사를 갖고 있다. 그들은 교회의 약점을 은혜롭게 바로잡고 교회의 기운을 빼는 것들에 의해 시달리지 않도록 교회를 지켜주는 재능을 갖고 있다. 그들은 또한 교회가 사랑의 투쟁에서 진보하기 위해 필수적으로 거쳐 가야 할 힘든 지뢰밭을 통과할 수 있게 하는 솜씨를 지니고 있다.

　사역자들은 이런 것들을 설교하거나 의식을 집전하는 것으로 성취하지 않는다. 그 대신, 그들은 하나님의 사람들로 하여금 다른 사람들의 단점을 넘어 형제 자매로서 함께 할 있다는 것을 알게 하려고, 참을성 있고 끈기 있게 사역하고, 상담해주고, 대화하고, 들어주고, 양육하고, 격려하고, 긍휼히 여기고, 생각해낼 수 있는 다른 모든 것을 동원한다.

사역자들은 화학반응의 촉매제와 같다. 그들은 그리스도의 몸 안에 있는 다른 지체들이 기능을 발휘할 수 있도록 촉진하고 격려하는 은사를 갖고 있다. 그들은 교회의 맥박이 약해지기 시작할 때 교회에 신선한 생명을 불어넣어 준다. 그들은 교회가 자연스럽게 성장할 수 있도록 이질적인 요소들을 제거해준다. 그들은 교회가 야망을 품은 사람들에 의해 좌우되거나 개성이 강한 사람에게 끌려가지 않도록 막아준다. 그들은 신자들의 눈이 그리스도로부터 멀어져서 시시한 것들로 향할 때 다시 그리스도로 향하도록 바로잡아준다. 그들은 하나님의 사람들을 다시 세워주고, 다시 바꿔주고, 그들의 방향을 틀어주고, 그들을 훈련시키고 나서 그들을 떠난다. 결과적으로, 그리스도의 몸에 있는 모든 은사가 그렇듯이 그들의 공헌도 중요하다.

의심할 여지 없이, 어떤 사람들은 교회 개척에 관한 주제가 대두할 때 적대시한다. 그것을 그냥 언급하기만 해도 감정이 상하고 심히 불쾌한 반응을 일으키는 것 자체가 어딘가에 신경이 날카로워져 있음을 암시하는 것이다. 이런 반응들의 이면에 숨겨져 있는 다양한 의도를 일일이 살피는 것은 거의 불가능하겠지만, 좀 더 흔한 것들 몇 가지만 파헤쳐보자.

어떤 사람들은 쓴 뿌리와 반발심을 일으켜놓은 크리스천 사역자와의 나쁜 경험 때문에 아픈 상처가 있다. 그래서 지금 그들은 모든 사역자를 싸잡아서 똑같이 오염된 사람 취급을 하고 있다. 고트홀드 레싱의 말을 빌리자면, 현대 CEO 목사들처럼 신뢰할 수 없는 사역자들은 "역사에 우연히 사고로 생겨난 실재"이다. 그리고 역사적인 우연은 절대로 모든 영적 지도력을 평가하는 표준이 될 수 없다.

외부의 도움에 반발하는 또 다른 이유는 1970년대 초의 예수 운동 때 생겨난 특정한 남용에 그 뿌리를 두고 있다. 어떤 사람들은 이런 남용에 대해 '반 지도자 운동'을 위한 투사가 되어 대항했다.

유감스럽게도, 많은 하나님의 사람이 권위주의 지도자 모델 아래에서 괴로움을 당하고 있다. 하지만, 정반대의 극단으로 가서 '반 지도자 운동'의 기치를 내건 사람들도 그들 고유의 압제 수단을 만들어 영구화하는 것이다.

'반 지도자 운동'은 신약 성경에서 모든 지도력에 관한 말을 깡그리 제해버린다. 그것은 지도자들을 반대하는 '태도를 보이는 것'으로 우리가 뭔가 의롭고 고귀한 일을 했다고 믿게끔 자신을 착각하게 한다.

어떤 '반 지도자들'은 활동적이고 호전적이며, 하나님 사람들의 삶에 영향을 끼치는 모든 사람의 화를 돋운다. 또 어떤 사람들은 그 누구도 인도할 수 없다고 주장함으로써 어떤 교회든 꼼짝 못하게 하는 데 뛰어난 능력을 갖춘 수동, 공격적 성향의 소유자들이다.

이것은 일반적으로 다른 사람들이 인도하지 못하도록 막는 사람에 의해 교묘하고 파괴적으로 '인도 당하는' 교회를 낳게 된다. 그리고 대체로 "나중 형편이 처음보다 더 심해진다."

비관적인 것은, 어떤 사람들의 마음속에는 다른 사람들로부터 도움을 받기를 거부하는 무엇이도사리고 있다. 그런 사람들은 교회를 개척하는 사람들을 비방함으로써 그들이 반대하는 진짜 이유를 감춘다. 당신이 그들의 반쪽만 드러내는 허튼소리를 주의 깊게 듣는다면, 진짜 의도가 궁극적으로 그들의 입에서 새어 나오게 될 것이다.

신약 성경에 보면, 사역자들을 받아들이기 거부했던 사람에 대해 언급한 곳이 있다.요삼5~11 그 사역자들은 사도 요한이 보낸 사람들로서, 그가 돌보던 교회들을 튼튼하게 하려고 보냄을 받았다. 요한은 하나님께서 보내신 사역자들을 거부하는 이면에 도사리는 이 사람의 숨은 의도를 드러냈다. 그것은 그가 교회에서 '으뜸가기를 좋아했기' 때문이다.

　이 사람은 "우리에겐 이 사역자들이 필요 없다. 우리는 예수님만 필요하다"라는 상투적인 말 뒤에 자기 이름을 드러내려는 야망을 숨긴 것이 틀림없다. 그러나 이런 말 뒤에 숨어서 그가 진짜 하는 말은 "나는 그 누구도 다른 사람의 사역을 따르는 것을 원치 않는다. 나는 교회 지체들의 눈앞에서 내가 가진 영향력과 명성의 위치를 잃는 것이 두렵다. 나는 지체들이 다른 사람 말고 나에게서 지시받기를 원한다." 내 경험으로는, 교회에 어떤 모양의 지도자도 필요치 않다고 주장하는 사람들은 스스로 지도자가 되기를 바라는 사람들이다.

　여기서 아이러니한 것은 외부 사역자의 역할 중 하나가 하나님 사람들의 관심을 끌고자 하는, *apostleitis*라는 병에 시달리는 지역교회의 교인들로부터 교회를 보호하는 것이다. *Apostleitis*는 사도가 되고 싶어하는 비현실적인 갈망을 말한다. 이 병에 시달리는 사람들은 사도적 부르심이 무엇을 뜻하는지 전혀 알지 못한다. 왜냐하면, 만일 그들이 알았다면 절대로 추구하지 않을 것이기 때문이다. 대체로 사도가 되기를 동경하는 야망으로 가득한 젊은이들이 이 병에 걸리곤 한다. 이 사람들은 남을 지배하고 싶어 안달하는 사람들이거나, 아니면 현실과 동떨어진 몽상가들이다. 사도로의 부르심은 사망선고이다. 그것은 개인에게 일어날 수 있는 가장 괴로운 일 중 하나이다. 고전4:9~13; 고후1:8~10; 4:1~12; 6:3~10; 11:1~12:10

　워커 퍼씨는 그의 책 *Lost in the Cosmos*에서 다음과 같은 질문들을 던지면서 인간의 문제들을 요약했다. 당신은 곤란한 처지에 처했는가? 만일 그렇다면, 당신은 도움을 청했는가? 만일 도움이 왔다면, 당신은 그것을 받아들였는가?

　퍼씨는 많은 현대인이 곤란을 당하고도 그것을 알지 못한다는 것을 예리하게 관찰했다. 그들은 결코 도움을 청하려는 시도조차 하지 않는다. 그리고 도움이 왔을 때 그것을 받아들이려고 하지 않는다. 이 점을 냉정하게 고찰해봐야 한다. 전통적인 교회를 떠난 사람들은 이 주제에 관하여 겸손하게 주님을 찾을 때가 되었다. 우리가 처음 가졌던 반발심을 억누르고, 쓴 뿌리와 선입견과 이론들도 내버리고 하나님께서 우리에게 빛을 주시기를 그리고 필요하다면 치유해주시기를 구할 때가 무르익었다.

간단히 말해서, 사역자의 임무는 스스로 직장job을 버리려고 노력하는 사람이다. 크리스천 사역자의 사역은 사역 자체를 신성시하지 않으면서도 지도력의 가치를 인정하는 영적 문화에서 번성한다. 오늘날의 사역자들도 바울처럼 교회를 태동시키는 데 있어, 그리고 그들이 개척한 교회의 계속되는 삶에서 눈에 띄는 역할을 감당한다.

Chapter 10
누구든지 유기적 교회를 시작할 수 있지 않은가?

CAN'T ANYONE START AN ORGANIC CHURCH?

반론: 누구나 교회를 시작할 수 있다. 당신이 이것을 하는 데 있어 교회 개척자가 도와주기를 수동적으로 기다릴 필요가 없다. 내게는 자녀가 여러 명이 있는데, 나는 자녀를 갖기 전에 아이들을 길러본 경험이 없었다. 그러나 나는 닥치면서 배웠다. 나는 내 아이들을 낳고 기르는데 다른 사람의 도움이 필요하지 않았다. 그러므로 나에겐 교회를 어떻게 시작할 것인지에 대해 가르쳐줄 사람이 필요치 않다. 내가 그냥 시작하면 된다. 그리고 다른 모든 사람도 그렇게 할 수 있다.

가정교회 운동을 하는 내 친구 중 교회를 개척하는 것이 케이크를 굽는 것보다 쉽다고 가르치는 사람들이 있다. 물을 타서 저은 다음 전자레인지에 넣고 2분 동안 기다리면, 보라, 진짜 에클레시아가 탄생한다.

그리고… 누구든 할 수 있다.

내가 이런 생각에 동의할 수 있는가? 글쎄, 경우에 따라 다르다. 한 편으론 동의가 되지만, 다른 한 편으론 동의할 수 없다.

　그동안 살아오면서 나는, 사람들이 특정한 주제를 놓고 의견이 일치하지 않을 때 그런 의견 차이가 때때로 말의 의미를 이해하는 문제에서 기인한다는 것을 알게 되었다. 사용되는 정의definitions와 이론적 틀paradigms이 현저하게 다르기 때문이다. 잠언의 형식을 빌리자면 타당하게 보이는 개념 두 가지가 상충하면, 차이점을 끌어내라.

　나는 교회 개척에 관한 의견 차이 중 어떤 것은 후자의 경우라고 믿는다. 만일 그렇다면, 차이점을 끌어내려고 질문을 다시 구성하는 것이 의견 차이를 좁힐 수도 있을 것이다.

　그렇다면, 나는 누가 교회를 개척할 수 있는지에 관한 질문에서 한발 물러나 더 기초적인 질문을 던질 것을 제안한다. "우리가 개척하려는 교회가 애당초 어떤 식의 교회인가?"

　예를 들면, 만일 '교회'가 일주일에 한 번 집에 모여서 음식을 나누고, 다과를 나누고, 찬송 몇 장 부르고, 기도하고, 성경공부를 하는 크리스천 그룹을 뜻한다면, 나는 사실상 그리스도인이라면 누구든지 그런 교회를 시작할 수 있다고 말하는 사람들과 동의할 것이다.

　영적인 일들에서는, 당신이 경험했던 것들만 복제할 수 있다. 예를 들어, 만일 당신이 구원을 경험했다면 다른 사람들을 구원의 경험으로 인도할 수 있다. 만일 당신이 기도를 경험했다면 다른 사람들에게 기도하는 방법을 가르쳐줄 수 있다, 등등.

　다시 강조하자면, 만일 '교회'에 대한 당신의 견해가 단지 일주일에 한 번 집에 모여서 음식을 나누고, 기도 좀 하고, 찬송 몇 장 부르고, 약간의 성경공부를 하는 것이라면, 나는 그리스도인 대부분이 그런 교회를 시작할 수 있다고 말할 수 있다. 왜냐고? 대부분 그리스도인이 이런 것들을 경험해왔기 때문이다.

그러나 '교회'에 대한 어떤 사람의 견해가 위의 것과는 뭔가 다르다고 가정해보라. 우리가 의미하는 '교회'가 예수 그리스도의 머리 되심 아래 삶을 나누는 공동체로 살아가는 크리스천 그룹이라고 가정해보라.

이런 식의 교회가 함께 예수 그리스도를 지속적으로 만나고 경험하기 위해 모이는 공동체라고 가정해보라. 이런 공동체는 일주일에 한 번뿐이 아닌, 자주 모임을 한다. 그리고 지체들이 모일 때 사람이 인도하거나 주도하지 않는다. 달리 표현하자면, 호칭을 하든지 않든지 목사나 성직자나 전도사가 존재하지 않는다. 그 대신, 지체들이 오직 그리스도의 머리 되심 아래 모임을 한다.

그들의 모임을 들여다보면, 성경공부가 아니고, 기도모임도 아니고, 찬양모임도 아니고, 만찬도 아니고, 뭔가 다르다. 즉, 교회가 주님과의 실제적이고, 경험적이고, 생명이 흐르는 만남에서 나온 예수 그리스도를 함께 드러내고 표현하기 위해 모인다. 그리고 모든 지체가 대등하게 각자의 구실을 한다. 아무도 혼자 좌지우지하지 않는다. 그리고 수동적인 사람이 거의 없다.

이것이 신성한 생명에 의해 함께 사는 것을 배워나가는 지체들의 교회이다. 그리고 그들은 매주, 매달, 그리고 해를 거듭하며 그 생명을 드러내는 창조적인 방식을 개발하고 있다. 그들은 하나님의 영원한 목적을 이 세상에 구체화하는 원대한 계획을 위해 살아가고 있다.

교회의 지체들은 자신을 형제 자매로 여긴다. 그리고 그들은 개인적으로나 공동체적으로 일주일 내내 주님을 추구한다. 덧붙여 말하자면, 그들은 가족으로서 함께 살아가며 서로 돌본다. 그들이 그저 공동체에 관해 말만 하는 것이 아니라 그것을 삶 속에서 직접 경험한다.

교회는 또한 일치된 의견에 따라 결정한다. 그들을 다스리거나 지배하는 목사나 엘리트 그룹이 존재하지 않는다. 몸 전체가 함께함으로 방향을 설정한다. 지체들은 조화를 이루면서 기능을 발휘하는 것을 터득한다.

또한, 그들은 문제가 생기는 족족 그것을 다룬다. 말이 난 김에, 그리스도인들이 일주일에 한 번 모여서 성경공부하고, 찬송을 부르고, 식사를 나눌 때, 그들에겐 문제가 별로 생기지 않는다. 그러나 그들이 진정한 공동체로 살아갈 때 문제들이 끝도 없이 발생한다.

그렇다면, 앞 질문으로 돌아가서 그 질문을 바꿔서 던져보자. 내가 바로 위에서 설명한 교회와 같은 교회를 아무나 개척할 수 있을까? 그리고 그들이 하나님의 사람들에게 법과 규칙을 부과하지 않고 이런 교회를 세울 수 있을까? 더 나아가서, 그들이 일단 기초를 놓고 나서 인간 지도자가 없는 교회를 그 상태로 놔두고 떠날 수 있을까?

그 대답은 확실하게 "아니다" 이다.

그리고 신약 성경의 증거가 이것에 동의하고 있다.

성경의 기록에 의하면, 하나님께서 이런 식의 교회 생활을 일으키시기 위해 그리고 유지되도록 도움을 주시려고 그리스도의 몸에서 특정한 지체들을 부르시고, 훈련하시고, 은사를 주셨다.

지난 21년간의 내 경험이 이것을 또한 확인시켜준다.1

요약하자면, 나는 누가 가정교회를 개척할 수 있는지의 주제를 흑백논리가 아닌 상대적인 것으로 바꿔 질문했다. 한 부류는 이쪽 편 "누구나 교회를 개척할 수 있다", 그리고 다른 부류는 저쪽 편 "특정한 사람들만 교회를 개척할 수 있다" 이런 식으로 나누지 않았다.

이 이슈는 실로 흑백논리가 아니다. 그것은 농도가 다른 회색을 어떻게 보느냐의 문제이다. 또 정당한 교회와 그렇지 않은 교회의 정의를 내리는 이슈도 아니다. 우월한 교회와 열등한 교회를 구분코자 함도 아니다. 그것은 표현의 문제이다. 그래서, 내 친구들과 나 사이의 다른 점은 상대적이다. 바라기는, 시간이 지나면서 이런 차이는 저절로 없어질 것이다.

고린도전서 12장과 로마서 12장에 나와 있는 바울의 멋진 논증은 모든 그리스도인이 똑같은 은사를 받지 않았다는 것이다. 따라서 우리는 하나님께서 우리에게 주신 적이 없는 은사나 부르심에 왈가왈부하는 것을 매우 조심해야 한다. 바울에 의하면,

> 하나님이 교회 중에 몇을 세우셨으니 첫째는 사도요 둘째는 선지자요 셋째는 교사요 … 다 사도이겠느냐 다 선지자이겠느냐 다 교사이겠느냐 _고전 12:28~29

위의 질문들에 대한 바울의 명백한 대답은 "아니다" 이다. 모든 사람이 다 사도나 선지자나 교사로 부르심을 받지 않았다는 것이다. 하나님께서는 그분의 사람들에게 각기 다른 은사와 기능을 주셨다. 그리고 그것은 교회를 개척하고 양육하기 위해 외부로부터 "보냄을 받은" 사람들을 포함한다.

그래서, "나는 아기를 낳아봤기 때문에 신약 성경 스타일의 교회를 낳을 수 있다" 라는 논리는 타당하지 않다. 당신은 어쩌면 교회를 시작할 수도 있을 것이다. 그리고 한동안은 유기적인 교회 생활을 경험할 수도 있을 것이다. 그러나 유기적인 교회 생활은 언제나 사라져버린다. 그럴 때, 그것을 부활시키고 생명을 이어가게 할 방법을 아는 사람들이 요구된다.

사람들은 순회 사역자가 도움되느냐 아니면 방해가 되느냐에 대해 온종일 탁상공론 할 수 있다. 그러나 그 이슈는 실제로 당신이 어떤 식의 교회

생활을 원하느냐로 요약된다. 바울의 말을 숙고해보라.

> 만일 온몸이 눈이면 듣는 곳은 어디며 온몸이 듣는 곳이면 냄새 맡는 곳은 어디냐 그러나 이제 하나님이 그 원하시는 대로 지체를 각각 몸에 두셨으니 만일 다 한 지체뿐이면 몸은 어디냐 _고전 12:17~19

아래에 외부로부터의 어떤 도움도 거부했던 가정교회 사람들로부터 내가 받은 두 개의 이메일을 소개한다. 앞의 것은 남자로부터, 뒤의 것은 여자로부터 받은 것이다.

작년 초에, 우리는 가정교회를 시작하고자 시도했습니다. 당신의 글에 쓰여 있는 모든 경고의 말들이 사실로 나타났습니다. 우리는 당분간 영광을 경험했지만, 그 이상의 쓰라린 고통을 겪었습니다. 우리는 모두 다 그리스도인이므로 그리스도인인 우리가 서로 잘 지내야 하지 않을까요? 글쎄요.

우리 다섯 가정은 약 1년 동안 함께 모임을 했습니다. 내 아내와 나는 처음 시작할 때부터 외부의 도움을 받자고 간절히 말했지만, 목소리 크고 자존심이 센 형제들을 당하지 못했습니다. 우리는 도움이 필요하다는 것을 이해시키려고 정말 애를 많이 썼지만, 대다수가 외부의 도움을 원치 않았습니다.

12개월이 지나고 가정교회는 잿더미 속에 남았습니다. 하지만, 주님께서 새로운 교회를 일으켜주시기를 기도 가운데 바라고 있습니다. 배우고 싶어하고 겸손한 사람들을 통해서.

＊＊＊

나는 사람들이 어떻게 그냥 장소가 옮겨졌다고 해서 주님을 충만하게 경험할 수 있다는 생각 자체를 할 수 있는지, 이것을 이해해보려고 몸부림치고 있습니다. 사역자/개척자도 없이 말입니다. 우리는 우리의 서구적 사고방식에 너무 물든 나머지 그런 사고방식의 깊이에 대해서는 아무런 개념이 없습니다.

 주님을 아는데 갈급한, 피해의식을 갖고, 환멸을 느끼고, 상처받고, 남용 당한 그리스도인들이 넘쳐나고 있습니다. 그런데 그런 사람들이 십자가에서 자아가 죽는 것의 의미도 이해하지 못한 채 함께 모임을 하다가 결국 서로 상처를 주고 끝난다는 사실을 생각만 해도 겁이 납니다.

당신과 나는 교회 생활을 하는 게 어렵다는 것을 알고 있습니다…. 가정교회 운동에 만연된, 그리스도인이면 누구나 하나님의 일을 위해 부르심을 받고 훈련될 수 있다는 억측에 대해 당신이 그토록 말해 왔는데도 불구하고, "가정교회, 그것이 힘들면 얼마나 힘들겠는가? 어째서? 우리에겐 이미 가정교회 '하는' 방법을 아는 사람들이있지. 예수님에 대해 배우는 것이 어려우면 얼마나 어렵겠는가? 어째서 우리에게 사역자가 필요하단 말인가? 우리는 모두 다 성숙한 그리스도인인 것을" 이라고 생각하는 사람들이 있기 마련입니다.

당신은 개인주의 문제를 제기하는 데 있어 정곡을 찔렀습니다. 우리는 교회 안에서조차 이 개인주의에 사로잡혀 있습니다. 왜냐하면, 우리 대부분은 예수 그리스도를 알려고 대가손해를 치를 수도 없거나 기꺼이 대가를 치를 마음이 없기 때문입니다. 시작부터 교회 개척자를 갖는 것의 중요성을 간과할 사람들 때문에 내 마음은 벌써 슬퍼합니다.

나는 이런 식의 편지들을 더 많이 예로 들 수 있다. 사실, 바로 지난주에 나는 작년 일 년 동안 가정교회 모임을 한 여자로부터 이메일을 받았다. 그 교회가 최근에 그녀의 표현으로 '폭발' 해버렸는데, 전혀 아름답지 못했다. 그 이유는 대다수가 외부의 어떤 도움도 원하지 않았기 때문이다. 그들은 스스로 "모든 것을 알고 있었다."

그럼 이것이 교회 개척자들이 언제나 성공한다는 뜻인가? 절대로 그렇지 않다. 교회 개척자들도 다른 모든 사람과 마찬가지로 깨지기 쉽고 연약한 사람들이다. 다시 말해서, 베드로가 대표적인 예이다. 교회 개척자들도 다른 신자들과 똑같이 약점이 있고, 별나고, 나약하다. 더구나, 모든 유기적 교회는 문제에 처하게 될 것이고 실패를 경험하게 될 것이다. 그것은 그들이 순회 사역자에 의해 세워지고 도움을 받는 것과 상관없다.

사실상 바울이 개척한 모든 교회가 문제를 갖고 있었다. 그냥 그의 편지들을 읽어보라.

결과적으로, 순회 사역자의 존재가 결코 교회를 문제와 실패로부터 보호하지는 못할 것이다. 하지만, 그들이 도착했을 때 그 문제와 실패를 어떻게 다루느냐에 차이가 있다. 외부의 도움을 거부하는 유기적 교회는 위기에 직면했을 때 속수무책이다. 그것은 사나운 바다에 갇혀 있는 노 없는 배와 같다. 스스로 고치는 것도 한도가 있다. 이것은 사실상 모든 경우에 그 그룹에 있는 사람들 자체가 어떤 면으로든 문제 일부분이기 때문이다.

그렇지만, 순회 사역자의 도움을 받게 되면 교회가 그 교회를 잘 알면서 문제 일부분이 아닌 외부의 자원을 소유하게 되는 것이다. 이렇게 교회를 잘 알고 문제 일부분도 아닌 이 두 가지 특징은, 사역자의 영적 경험과 실제적 경험과 어우러져서 그 사역자로 하여금 어려움을 겪는 교회에 아주 귀중한 유익이 되게 한다.

만일 교회가 충고와 격려와 방향을 줄 수 있는 외부의 자원을 경험하게 된다면, 광야에서의 오랜 방황은 면하게 될 것이다. 그런 도움은 언제나 교회가 궁극적으로 스스로 세워지도록 훈련하는 것을 전제로 주어진다. 따라서 순회 사역자들이 만병통치약은 아니지만, 그들이 없으면 교회가 될 수 없는 자원이다.

Chapter 11

바울이 마지막 사도가 아니었는가?

WASN'T PAUL THE LAST APOSTLE?

반론: 바울은 자신이 마지막 사도라고 말하지 않았는가? 그리고 사도라는 증거 중의 하나가 예수 그리스도를 본 것이라고 하지 않았는가? 그러므로 사도들(교회 개척자들)은 사라지고 없다, 그렇지 않은가?

바울은 자신이 마지막 사도라고 말한 적이 결코 없다. 그리고 신약 성경에 사도의 직분이 사라지고 없다는 기록은 없다.

고린도전서 15:8~9에서, 바울은 그가 가장 작은 사도라고 했지 마지막 사도라고 하지는 않았다. 그는 또한 오백여 명이 예수 그리스도를 본 후에 그분을 육체적으로 본 맨 나중 사람이 자신이었다고 했다. 그러나 바울은 결코 자신이 부활하신 주님을 본 마지막 사람이라고 한 적이 없다. 그런 주장들은 성경 구절에 자기 생각을 집어넣고 읽어서 나온 것이다. 그런 주장들은 바울이 직접 한 말에서는 찾을 수 없다.

바울은 하나님께서 그리스도의 몸 안에 "보내심을 받은 사람들" 곧 사도들을 두셨다고 했다. 고전12:28; 엡4:11 성경 어디에도 이것을 뒤집고, 파기하고, 취소시키는 말은 없다. 그런 식의 제안은 성경이 말하고 있지 않은 것을 주장하는 것이다.

만일 그것으로 충분하지 않다면, 신약 성경의 마지막 책이 거짓 사도들을 테스트하는 것에 관한 예수님의 말씀을 기록하고 있다. 거짓 사도의 표는 다음 둘 중 하나이다. 그가 재물 또는 명예를 탐하거나, 아니면 다른 사도들의 사역을 가로챘다. 만일 교회가 어떤 사람이 진짜 사도인지 아닌지 테스트해야 한다면, 이것은 필연적으로 진짜 사도가 존재한다는 뜻이다. 계2:2 하워드 스나이더가 말하기를,

> 처음 사도들이 워낙 독특하기 때문에 어떤 사람들은 오늘날에 사도들이 더는 존재하지 않는다는 논리를 제기한다. 그러나 이 결론은 성경적 증거를 거스르고, 처음 사도들과 그들에 이어 교회 지도자가 된 사람들과의 사이를 너무 뚜렷하게 갈라놓는다.[1]

다음은 신약 성경에 언급된 모든 사도의 목록이다.

예수 그리스도 히 3:1

12 사도 마10:2~4; 막3:14~19; 눅6:13~16 [2]

* 안드레
* 바돌로매 나다나엘이라고도 부름
* 야고보, 세베대의 아들
* 야고보, 알패오의 아들

* 요한

* 가룟 유다맛디아가 그 자리를 대신함, 행1:16

* 유다다대오라고도 부름

* 마태레위라고도 부름

* 베드로시몬이라고도 부름

* 빌립

* 셀롯인 시몬가나안인 시몬이라고도 부름

* 도마디두모라고도 부름

12 사도 외에 또 "사도들"이라고 불린 사람들그리스어로 *apostolos*

* 아볼로고전4:6~9

* 안드로니고롬16:7

* 바나바행14:3~4,14; 고전9:5~6

* 에바브로디도빌2:25

* 야고보, 주님의 형제고전15:7; 갈1:19

* 유니아롬16:7 3

* 바울갈1:1; 엡1:1; 골1:1, 그리고 다른 곳들

* 실라살전1:1; 2:6

* 디모데살전1:1; 2:6

* 디도고후8:23

의심할 여지 없이, 신약 성경은 바울이 마지막 사도가 아니었음을 분명히 하고 있다. 덧붙여 말하면, 사도가 예수님을 육체적으로 봐야 한다는 개념도 신약 성경과는 거리가 먼 것이다. 어떤 사람들은 사도들이 부활하

신 주님을 육체적으로 봐야 한다는 것을 증명하기 위해 바울이 고린도전서 9:1에서 "내가 예수 우리 주를 보지 못하였느냐" 라고 한 말을 제시한다. 그러나 바울은 사도가 그리스도를 봐야 한다고 말하고 있지 않다. 그는 이 부분에서 아울러 다음과 같은 말도 했다. "내가 자유인이 아니냐" 자유는 사도가 되는 데 있어 독특한 자격 요건이 아니다. 사도들만이 아닌, 모든 그리스도인은 그리스도 안에서 자유인이다.

만일 당신이 그 구절을 계속 읽어내려 간다면, 그의 사도권이 자신이 자유인이나 주 예수님을 본 것에 의해서가 아니라 자신의 수고한 열매에 의해 증명된다는 논리를 바울이 펼치고 있다. "주 안에서 행한 나의 일이 너희가 아니냐" 12 사도가 모두 다 부활하신 주님을 육체적으로 본 것은 맛디아를 포함해서 사실이지만, 12 사도 이후의 많은 다른 사도에겐 그렇지 않다. 그럼에도, 모든 크리스천 사역자들에게 사실인 것은 그들 전부가 예수 그리스도의 깊이 있고 신선한 계시를 공유한다는 것이다.갈1:16; 고전2:7 이하; 빌3:10 이런 계시 위에 교회가 세워지는 것이다.마16:16~18; 고전3:11

Chapter 12

사도들은 **표적과 기사**를 행해야 하는가?

DON'T APOSTLES PERFORM SIGNS AND WONDERS?

반론: 바울이 표적과 기사가 진짜 사도의 증표라고 하지 않았는가? 그러므로 교회 개척자라고 주장하는 사람이 표적과 기사를 행하지 않는다면, 이것이 그가 진짜 사도가 아니라는 의미가 아닌가?

표적과 기사가 사도의 사역에서 증표가 된다는 개념은 20세기에 들어선 이래 강하게 주장됐다. 특정한 사고방식을 낳은 운동이 퍼져 나가기 시작한 것도 이때이다. 그 사고방식이 표적과 기사에 큰 가치를 부여했는데, 위의 반론이 그 사고방식을 반영하고 있다.

바울은 그의 사도권이 공격을 받았을 때 사도의 참된 증거 한 가지로 대응했다. 바울에 의하면, 사도의 가장 확실한 증거는 영광 중에 태동하는 유기적 교회를 시작하는 것이다. 고전9:1~2; 고후3:1~3; 13:3~6 고린도 후서 12:12에서, 바울은 사도의 다른 증거들을 나열했다.

사도의 표가 된 것은 내가 너희 가운데서 모든 참음과 표적과 기사와 능력을 행한 것이라

이 구절은 다음과 같이 해석됐다.

사도라는 것을 보증하는 특징들이 너희 가운데서 벌어졌다. 내가 반복해서 한계점을 넘고 또 넘었지만 주저앉지 않는 삶을 사는 것을 너희가 보았고, 또 너희가 표적과 기사에 의해 하나님의 능력이 나타나는 삶을 보았다.

이 구절에 의하면, 사도적 일꾼의 표는 두 가지 요소로 압축될 수 있다. 영적 능력과 초자연적인 능력. 바울이 말하는 사도의 자격 요건 목록의 맨 위에 영적 능력을 특징짓는 참음perseverance이 있다.

'참음'이라고 번역된 그리스 단어다른 번역엔 '인내' patience라고 되어 있음는 hupomone이다. 그것은 곤경에 처했을 때 견뎌내는 능력을 뜻한다. 그것은 주저앉지 않고 한계점을 통과하는 것이다. 그것은 큰 환란과 고통이 닥쳐도 자신의 목적에서 벗어나지 않는 사람의 특징이다. 워치만 니가 부연해서 설명해준다.

분명한 사도적 부르심이 있다면 사도의 증표는 결코 모자람이 없을 것이다 … 견디는 것이 영적 능력의 가장 큰 증거이고, 그것은 사도의 증표 중 하나이다. 그것은 사도적 부르심의 실재를 테스트하는 계속적인 압박 아래서 흔들리지 않고 견뎌내는 능력이다.[1]

사도들은 못 말리는 물건이다. 그들은 찔리고, 끊어지고, 밟히고, 자빠져도 다시 일어나서 아직 옷에서 연기가 나는 상태로 앞을 향하여 전진하는 사람들이다.

진정한 사도를 막을 수 있는 유일한 길은 그를 죽이는 것이다!

에베소 장로들을 향해 바울이 한 말은, 끝까지 견뎌내어 하나님께서 그에게 달리라고 하신 경주를 마치려 하는 그의 집요한 열망을 잘 드러내고 있다. 그간 한 말은 그의 거짓말 같은 인내를 볼 수 있는 통찰력을 우리에게 준다.

> 오직 성령이 각 성에서 내게 증언하여 결박과 환난이 나를 기다린다 하시나 내가 달려갈 길과 주 예수께 받은 사명 곧 하나님의 은혜의 복음을 증언하는 일을 마치려 함에는 나의 생명조차 조금도 귀한 것으로 여기지 아니하노라 _행 20:23~24 2

초자연적인 능력은 사도의 또 다른 증표이다. 초자연적인 능력은 자연의 영역에서 상황을 역전시키는 하나님의 능력이다. 1세기 사도들은 주님과 주님의 이름에 도전하는 임박한 상황에 직면해서 하나님의 능력을 붙잡았다. 사도는 때때로 병자를 위해 기도했다. 그리고 긴장된 상황에서 성령의 능력을 나타나게 했다.

하지만, 초자연적인 능력은 오늘날 너무나도 자주 오해되고 있다. 놀랍게도, 신약 성경에 언급된 모든 사도 중에서 단 세 명만이 표적과 기사를 행했다고 기록되어 있다. 예수님과 베드로와 바울이 바로 그들이다.3

바울의 사역만 보더라도, 기적은 단 여덟 군데만 기록되어 있다. 바보, 이고니온, 루스드라, 빌립보, 고린도, 에베소, 드로아, 그리고 멜리데.4

그래서, 바울이 그가 방문했던 모든 곳에서 기적을 행했다고 결론짓는 것은 잘못된 가설이다. 롤란드 알렌이 잘 설명해준다.

> 따라서 바울의 사역에서 기적의 중요성이 과장되기 쉽다는 것을 볼 수 있다. 기적은 그의 선포사역에서 필수적이지 않았고, 회심자들의 관심을 끄는 기적의 영향 역시 우리가 종종 상상하는 것과는 다르다 … 기적의 중요성은 쉽게 과대평가될 수 있는데, 바울은 이 위험성을 보고 그것과 싸웠다고 되어 있다. 그는 성령의 은사 중 기적을 베푸는 은사를 가장 위에 두지 않았다. 그는 자기 사역자 중 최고인 사람들이 그 은사를 소유한 것처럼 말하지 않았다. 그의 눈에 중요한 것은 기적을 행하는 능력이 아니었다. 그것은 삶을 감동시키는 성령이었다.5

초자연적인 역사는 현대의 교회 개척자의 사역에 나타날 것이지만, 하나님의 마음과 뜻에 따라 꼭 필요할 때만 나타나게 될 것이다.

3부

토양을 개간하다
교회의 시작을 위한 실제적 방법론

Chapter 13

유기적교회의 발견

DISCOVERING ORGANIC CHURCH

> 정말 큰 문제는 교회가 너무 부자라는 사실에 있지 않고, 자체유지를 위한 지나친 투자와 함께 너무 많이 제도화되었다는 데 있다. 그것은 공룡과 전함battleship의 특징들을 갖고 있다. 그것이 스스로 감당할 수 없는 과도한 시설과 프로그램이 있어서 공급하는 문제에 골몰하게 되고 살아남으려고 안간힘을 쓰게 된다. 구조장치에 타성이 붙어서 재정의 분배, 법적 의무, 조직의 계통, 마음의 태도가 전부 다 현상유지 상태를 지속시키고 강화하는 방향으로 고정되어 있다. 만일 누군가 진로를 바꿔 전진하고자 하면, 적진에 당도하기도 전에 에너지 거의 전부가 소모되고 만다.
>
> — 존 A. T. 로빈슨

몇 년 전, 내가 전국 가정교회 회의에 참석했을 때, 몇몇 사람이 나에게 개인적인 면담을 요청해왔다. 깜짝 놀란 것은, 그 사람들 전원이 똑같은 질문을 했다는 사실이다. 그것은 내가 편지와 이메일로 수도 없이 받은 질문이다. 이것이 바로 그 질문이다.

> 나는 내가 사는 지역에서 유기적인 교회 생활을 경험하는 교회를 찾으려고 애썼지만 하나도 찾지 못했습니다. 가정교회의 웹사이트 여러 곳을 살펴보고 교회 대여섯 군데를 직접 방문해보았지만, 그 교회들 전부가 기본적으로 제도권 교회의 축소판이었습니다. 그들은 직함이 없는 목회자의 인도 아래에 가정에서 모이는 전통적인 성경공부 또는 교회 예배와 다름없었습니다. 나는 주님께서 보내신 적이 없어서 교회를 개척할 준비가 되어 있지 않음을 알고 있습니다. 그리고 나 자신이 유기적 교회 생활의 경험이 전혀 없습니다. 나는 개인적인 형편 때문에 지금 당장 유기적 교회가 있는 다른 지역으로 이사할 수는 없습니다. 그럼 나 같은 사람은 어떻게 해야 합니까?

물론, 어떤 사람들은 다음과 같이 말할 것이다. "그냥 당신이 있는 곳에서 교회를 개척하십시오. 그것이 땅콩버터와 젤리를 발라 샌드위치를 만드는 것처럼 쉽답니다."

그러나 다시 질문하자면, "우리가 어떤 식의 교회를 얘기하고 있는가?" 우리가 단지 성경공부, 찬양모임, 또는 만찬에 대해 얘기하고 있다면, 당신은 그런 그룹을 얼마든지 시작할 수 있을 것이다. 그러나 만일 교회에 대한 당신의 비전이 살아 숨 쉬는 하나님의 에클레시아 곧 신성한 생명에 의해 살아가는 진정한 공동체라면, 글쎄, 그것은 다른 문제이다.

그렇지만, 자신이 사는 지역에서 유기적 교회를 찾을 수 없고 다른 지역으로 이사 갈 수도 없는 사람들에게 희망이 있다.

잊힌 브리스길라와 아굴라의 사역

우리가 이미 살펴보았듯이, 바울은 고린도전서 3장에서 사도적 사역을 설명하기 위해 두 가지 비유를 들었다. 하나는 밭을 경작하는 비유이고, 다른 하나는 건물의 기초를 놓는 비유이다. 그래서, 사도들은 종종 '교회 개척자' 와 '기초를 놓는 자' 라고 불린다.

놓이는 기초와 심겨진 씨는 예수 그리스도이다. 따라서 사도적 사역으로 부르심을 받은 사람들은 그리스도를 잘 알아야 한다. 그들은 또한 다른 사람들에게 어떻게 하면 그리스도를 잘 알 수 있는지를 보여주어야 한다.

이것이 왜 중요한가? 그것은 예수 그리스도가 교회의 유일한 기초이기 때문이다. 그래서, 건강한 유기적 교회가 세워지려면 그리스도에 대한 분명한 계시가 거기 있어야 한다. 이것이 1세기 모든 교회가 개척된 방법이다. 그리스도가 능력과 삶을 통해 선포되었고 계시가 되었다. 행13~20장; 고전3장; 마16장; 엡2장

다시 말해서, 사도적 일군들은 어머니 뱃속에서 나올 때부터 교회 개척을 하는 것이 아니다. 그들은 하나님의 부르심을 받고, 그다음 지도자가 아닌 상태로 유기적인 교회 생활의 영광과 피땀을 경험함으로써 준비되는 것이다. 그리고 마침내 그들은 교회 개척 사역을 위해 보내심을 받게 된다.

그럼 이제 다음 질문들을 생각해보자.

건물의 기초가 놓이기 전에 선행되어야 할 어떤 작업이 있는가?

땅에 씨가 제대로 심어지기 전에 선행되어야 할 어떤 작업이 있는가?

이 두 질문에 대한 답은 확실하게 "그렇다" 이다.

건물의 기초가 놓이기 전에 터가 먼저 준비되어야 한다. 건축에 선행되

어야 할 이 과정은 다음과 같은 것을 포함한다. 흙이 테스트 되어야 하고, 땅에서 이물질이 제거되어야 하고, 터가 고르게 다져져야 한다. 기초를 든든히 하려면 기반이 다져져야 한다. 그리고 건축 재료가 갖춰져야 한다.

마찬가지로, 밭에 씨가 심겨지기 전에 개간되지 않은 땅을 뒤집어엎어야 한다. 흙을 갈아야 하고, 땅을 개간해야 하고, 잡초를 제거해야 한다.

이것을 영적인 차원에 적용하게 되면, 사도가 기초를 놓고 교회를 개척하기 전에 뭔가 선행되어야 할 작업이 있다.

브리스길라와 아굴라가 이런 작업을 했다.

이 활기 넘치는 콤비는 바울이 교회들을 개척할 수 있도록 길을 예비했던 '터를 닦는 자들' 과 '땅을 경작하는 자들' 이었다.

이런 이유로, 바울은 이 부부를 "동역자들"이라 여겼고, 롬16:3 이방인 교회들은 그들에게 빚을 졌다. 롬16:4 브리스길라와 아굴라는 사도들도 아니고 상주하는 목사들도 아니었지만, 교회들을 세우는 사역에 없어서는 안 될 중요한 역할을 감당했다.

이런 생각을 염두에 두고, 우리의 처음 질문으로 돌아가 보자. 만일 당신이 유기적인 교회 생활을 원하지만, 이사는 갈 수 없고, 또 교회를 개척하기 위한 부르심을 받거나, 준비되거나, 보내심을 받지 않았다면, 브리스길라와 아굴라가 되라.

당신 자신을 '터 닦는' 사역에 바치라. 그리고 교회 개척자가 새 교회의 적절한 기초를 놓을 수 있도록 길을 예비해서, 하나님의 사람들이 그리스도의 머리 되심 아래 기능을 발휘하고 하나님나라 공동체로 살도록 훈련받을 수 있게 하라.

터를 닦는 사역의 상당한 부분은 예수 그리스도의 교회가 태어날 수 있게 하는 태자궁를 제공하는 것이다.

하나님나라 안에는 '시작하는 사람들' initiators이 있다. 이들은 다른 사람들을 함께 모이게 하는 재주를 지닌 사람들이다. 그들은 모임을 시작하거나, 앞의 비유를 다시 적용하면, 건축 재료를 모으는 사람들이다. 이것은 잃은 영혼들을 그리스도께 인도하는 것과 찾은 영혼들을 함께 세우는 것을 포함한다.

브리스길라와 아굴라의 사역이 바로 그것이었다. 그들은 교회를 세우는 작업에서 시작하는 사람들이었다.

새 교회의 개척은 시작하고, 다른 사람들을 함께 모이게 하고, 교회 개척자가 그의 사역을 하도록 길을 예비하는 사람들을 필요로 한다.

교회 개척자가 새 그룹을 방문하게 되면 그가 할 일은 누구나 다 시작하는 사람들이 되게 하고, 주 예수 그리스도 외에는 아무도 그룹을 '인도' 하지 못하게 하는 것이다.

그러나 그런 일이 벌어지기 전에는 적어도 한두 사람이 시작을 하고 터를 닦을 필요가 있다.

중요한 관찰: 만일 시작하는 사람들이 두 번째 과정으로 가지 않고, 사도적 일꾼이 와서 기초를 놓고 새 교회가 그리스도의 머리 되심 아래 구실을 하도록 훈련할 수 있게 그를 초청하지 않는다면, 그 시작하는 사람들은 의무를 이행하지 않고 그 그룹의 성직자가 될 것이다. 고의적으로 했던지 부지중에 벌어졌든지 상관없이 그렇게 될 것이다. 그 결과는? 그 그룹은 제도권 교회의 축소판이 될 것이다.

내가 관찰한 바로는, 위의 시나리오가 우리 시대에 너무 자주 벌어지고 있다.

교회 개척자들은 순회하며, 교회의 외부로부터 자원을 공급하는 사람들이기 때문에 이런 시나리오가 생기지 않도록 막을 의무가 있다.

내가 안전하고 믿을만한 교회 개척자들에 대해 말하고 있음을 주목하라. 거짓 "사도들"도 많이 있다. 율법적이거나, 부패하거나, 교만하거나, 편협하거나, 엘리트주의적인 사역자들은 하나님나라에 해를 크게 끼치고 만다.

터를 닦고 땅을 경작하기

바울이 교회를 세울 수 있도록 브리스길라와 아굴라가 어떻게 길을 예비했는지 살펴보자.

바울은 에베소에 교회를 개척하러 가기 전에 거기에 교회의 터를 닦을 브리스길라와 아굴라를 먼저 보냈다.행18:19 브리스길라와 아굴라는 마음이 열린 사람들을 찾고자 회당을 방문했다. 그리고 그들은 새로 개척될 교회의 '건축 재료'를 모으고자 그들의 집을 개방했다.행18:26 바울이 교회를 개척하기 위해 에베소에 돌아왔을 때,행19장 지체들이 브리스길라와 아굴라의 집에서 모이고 있었다.고전16:19 바울은 이 편지를 에베소에서 썼다.

나중에, 브리스길라와 아굴라는 원래 살던 곳인 로마로 돌아가서 새 교회가 모임을 할 수 있도록 그들의 집을 개방했다.롬16:3~5 우리가 이미 살펴본 바와 같이, 바울은 로마를 방문하기 전에 일찍이 이 부부를 그곳으로 돌려보내서 에베소에서 했던 것처럼 길을 예비하게 했다.제1단원을 참조 신약 성경의 뒷부분에 가면, 또다시 에베소에 돌아가 있는 브리스길라와 아굴라를 발견하게 된다.딤후4:19 바울이 이 편지를 쓸 때 디모데는 에베소에 있었다.

브리스길라와 아굴라의 준비 작업은 침례세례 요한과 같은 방식을 따랐다. 요한은 최초의 사도이신히3:1 예수 그리스도께서 사역하실 수 있도록 "길을 예비했다." 주님의 제자 중 여러 명이 먼저 침례세례 요한의 제자였다는 사실은 특기할 만하다. 결과적으로, 요한은 예수님께서 최초로 갈릴리에서 12 제자와 여자들로 구성된 교회의 태아를 만드시기 전에 '터를 닦고', '땅을 경작' 했다.

마찬가지로, 최초의 이방인 회심자 중 하나인 고넬료도 베드로가 오기 전에 건축 재료를 모아 가이사랴교회의 기초를 놓았다. 성경은 이렇게 기록하고 있다.

> 이튿날 가이사랴에 들어가니 고넬료가 그의 친척과 가까운 친구들을 모아 기다리더니 _행 10:24

예수님이 "평안을 받을 사람"에 대한 말씀하신 것도 같은 맥락이다. 눅 10:6

최소한의 사람들을 모으기 위한 도움말

어쩌면 주님께서 당신을 지금 사는 곳에서 브리스길라와 아굴라처럼 터를 닦는 작업을 하라고 부르셨는지도 모른다. 또는 당신을 다른 지역으로 보내셔서 그곳에 새 교회를 개척하기 위해 길을 예비하라고 하실 수도 있다.

어느 쪽이든, 유기적 교회를 향한 공통된 비전을 가진 사람들이 함께 모이는 데 있어 몇 가지 실제적인 제안을 여기에서 하고자 한다.

1. 주님께서 당신이 있는 곳에 유기적 교회를 세워주시도록 정기적으로 기도하라. 주님께서 당신으로 하여금 유기적인 교회 생활에 관심이 있는 사람들을 만날 수 있도록 해주시기를 구하라.

2. 만일 당신이 복음 전도의 은사를 가졌다면, 새 교회의 시작 때 주축이 될 사람들을 주님께 인도하기를 힘쓰라. 불신자들과 친구가 되어 성령이 인도하시는 대로 그들에게 그리스도를 소개하라.

3. 유기적인 교회 생활에 관해 쓴 책들을 친구들에게 소개하여 읽히도록 하라.

4. 사람들을 식사나 소풍에 초청하라. 책을 읽은 사람들을 당신의 집으로 초청하여 유기적 가정교회로 모일 가능성을 타진하라. 필요하다면 이 작업을 정기적으로 하라.

5. 당신이 사는 지역에 책 읽기 클럽을 시작하라. 일주일에 한 번 모여서 다과를 나누며 유기적 교회에 관한 책을 함께 읽고 토론하라.

6. 당신이 사는 지역에 교회 개척자를 초청하여 세미나를 개최하라.

이 책의 뒷부분은 모임을 하기 원하는 그리스도인들에게 시작단계에서 알아야 할 것들에 관해 조언을 주고자 할애되었다. 그 내용은 지난 21년 동안 유기적 교회와 함께해온 나의 경험에서 기초한 것이다. 내가 터득한 교훈은 상당한 실험을 거쳐, 뼈아픈 실패를 맛보고, 하나님의 은혜로 허락된 적지 않은 뜻밖의 발견에서 나온 것들이다.

교회가 그리스도의 토양에 개척될 때 그것은 살아있는 유기체생명체이다. 따라서 교회 개척자들은 관측 식물학자이다. 그들은 교회의 생명이 뿌리를 내리고, 번성하고, 계절을 지나고, 생명을 위협하는 해충을 물리치고, 걷기 때 생명을 유지하려고 몸부림치고, 싹이 트고, 다시 씨를 내는 것을 지켜보며 배운다.

내가 여기에 제시한 개념들이 더는 개선될 수 없다는 주장을 펼칠 생각은 없다. 그 개념들은 단순히 하나님의 사람들이 시작할 수 있게 하려고 내가 발견한 것을 구체화한 것이다. 그 시작은 그리스도의 몸을 경험하는 것에 대해 발견하기 시작하는 것을 말한다. 달리 표현하면, 이 책의 뒷부분은 주어진 지역에서 예수 그리스도의 교회를 태어나게 할 태를 만들려고 디자인된 것이다.

더 자세히 말하면, 여덟 사람 또는 그 이상의 신자들로 구성된 헌신한 그룹이 6개월 동안 또는 그 이상 기반을 닦도록 디자인된 것이다.1

나는 이 책의 이 부분제3부을 그룹의 지체들이 4주에서 5주 정도 함께 읽을 것을 강력하게 권하고 싶다. 당신은 아래의 두 가지 중 하나를 택해서 할 수 있을 것이다.

1. 함께 모였을 때, 돌아가면서 각 사람이 한 페이지 정도씩 읽어라. 한번 모일 때 한두 단원 정도를 읽어라.

2. 매주 집에서 각자 한두 단원 정도를 읽어라. 그리고 함께 모였을 때, 읽고 온 내용을 토론하라.

어느 쪽이든, 나는 이것을 실시할 구체적인 계획을 세우라고 권하고 싶다. 따라서 모임에 달력을 비치하는 것도 좋은 아이디어일 것이다.

주님께서 이 책에 생기를 불어넣어 주셔서 그 내용이 이 지구 전역에서 몸의 생활이 회복되는 데에 촉매 역할을 했으면 하는 것이 내 바람이다.

Chapter 14
부동의 원리 다섯 가지
FIVE UNMOVABLE PRINCIPLES

새로운 아이디어에 대한 지나친 조심이 과감한 실험보다 결과적으로 더 큰 실패를 가져온다. 하나님나라의 국경은 절대로 조심하는 사람들에 의해 넓혀지지 않는다.

— 오스왈드 샌더즈

   당신이 이 책을 여기까지 읽었다면, 어쩌면 당신의 인생에서 가장 위대한 영적 모험이 될 것을 시도하고 있는지도 모른다. 즉, 예수 그리스도의 머리 되심 아래 유기적인 방식으로 모이는 것을 발견하는 것이다.
   이 단원에서, 나는 부동의 원리 다섯 가지를 소개하려 한다. 당신이 그것들을 받아들이고 기억해둔다면, 이것이 당신을 기다리는 온갖 문제들과 실망스런 일들로부터 당신을 지켜줄 것이다.

원리 1: 아이들과 같이 되라

몸의 생명을 죽음으로 몰고 갈 한 가지 확실한 것은 개인으로서 당신이 그룹의 다른 사람들보다 더 성숙하고, 더 은사가 많고, 더 영적이라는 믿음이다.

어쩌면 당신이 이전의 교회에서 영적 거인으로 여겨졌을 수도 있다. 또는 어떤 모양으로든지 사역을 감당했을 수도 있다. 또는 여러 해 동안 제도권 교회의 밖에 있으면서 초자연적인 역사를 경험했을 수도 있다. 아니면 당신이 과거에 유기적 교회에 있었기 때문에 그룹의 다른 사람들보다 더 많은 경험을 쌓았다고 생각할지도 모른다.

만일 그렇다면, 이것을 마음에 새기라. 당신이 전혀 경험하지 못한 것이 하나 있다. 그것은 당신에게 전적으로 새로운 경험이다. 그것은 당신이 속한 현재의 그룹 안에서 모든 형제 자매와 함께 지어져 가는 경험이다. 그것은 그룹의 유일한 머리이신 예수 그리스도와 함께하는 얼굴과 얼굴을 마주 대하는 공동체 안에서 살아가는 경험이다. 이것이 극적으로 경기장the playing field을 바꿔놓기 때문에 모든 사람을 초보자로 만들어버린다.

당신이 예수 그리스도를 집합적으로 신선하게 발견하고 싶다면, 어린 아이와 같이 되라. 당신이 갖고 있던 선입견을 버리라. 당신의 야망을 버리라. 주 안에서 당신이 뭐가 된 줄 알았던 생각을 버리라. 당신이 갖고 있다고 생각하는 은사들을 버리라. 그리고 그리스도 안에서 겸손한 형제 또는 자매가 되라.

새로운 유기적 교회의 개척에서 가장 큰 그리고 가장 일반적인 비극 중 하나는 지체들이 그들의 종교적 배경에서 생겨난 제도권 교회의 보따리를 새로운 그룹에 그대로 가져오는 것이다. 이런 일이 일어날 때, 교회는 특정한 무늬를 지닌 제도권 교회의 축소판, "작은 것이 아름답다"에 지나지 않는다.1 더 나아가서, 만일 그룹 안에 각기 다른 종교적 배경을 가진 사람들이 있다면, 그 그룹이 함께할 수 있는 유일한 가능성은 오직 지체들 전원이 과거의 경력을 깨끗이 털고 오는 것에 달렸다.

이것을 염두에 두고, 주님께서 당신의 그룹을 인도하시면, 당신은 그동안 배워온 많은 것을 버리게 될 것이다. 당신은 당신을 억누르는 과도하게 많은 보따리를 폐기하게 될 것이다. 이 보따리는 우리가 기도하는 방식에, 노래하는 방식에, 어떤 장르의 노래를 부를지에, 사용하는 용어에, 우리 자신을 보는 견해에, 주님을 보는 견해에, 성경에 접근하는 방식에, 나누는 방식 등에 영향을 끼친다. 요컨대, 그것은 가벼운 짐을 무겁게 만들어버린다.

새로운 유기적 교회의 가장 중요한 요소는 오직 그리스도께만 옷을 벗는 것이다. 그렇게 하는 것이 새로운 방식으로 자신을 당신에게 계시하실 기회를 주님께 드리는 것이다. 주님은 자연스럽고, 유기적이고, 전통적인 보따리에 물들지 않은 방식으로 자신을 자유롭게 표현하실 것이다.

그러므로 원점에서 다시 시작하라. 당신의 은사들과 '사역' 과 야망을 십자가 밑으로 가져가라. 그리고 하나님께서 그분의 시간에 무엇이든지 그분이 세우시고자 하는 것을 세우시게 하라.

나는 수면에 떠오르는 것은 무엇이든지 과거에 있었던 것과는 아주 다르게 보일 것임을 당신에게 약속할 수 있다. 이것이 부활의 원리이다. 오직 죽음에 의해서만 새 생명이 탄생할 수 있다. 그리고 죽은 것은 다른 모양으로 돌아온다.

만일 당신이 이것을 할 준비가 되어 있지 않다면, 당신은 교회의 생명을 심히 손상하게 될 것이다. 그래서, 나는 당신이 함께 교회를 이룰 형제 자매들과 처음부터 다시 주님을 발견하기 위해 기꺼이 응하기를 간절히 바란다. 왜냐하면, 이렇게 어린 아이와 같이 되는 사람들에게 하나님나라가 주어지기 때문이다.

당신은 그룹에 속한 사람 대다수가 한 번도 가본 적이 없는 세계에 발을 들여놓고 있다. 당신은 모임과 교회의 모든 일에 책임을 지게 될 것이다. 개인으로서가 아닌 공동체로서.

그래서, 당신의 그룹에서는 아무도 성직자의 역할을 하지 않는 것이 중요하다. 그리스도 몸의 지체로 기능을 발휘하는 것을 배워가면서 모두가 다 참여해야 한다. 지도력은 성령에 의해 몸을 통해서 나타나게 될 것이다. 어떤 때는 그것이 가장 약한 지체로부터 나올 수도 있다. 또 다른 때는 가장 강한 지체로부터 나올 수도 있다. 모든 결정은 의견의 일치에 의해 내려질 것이다. 머지않아 특별한 은사와 기능이 자연스럽게 생겨날 것이다.

이것을 당신의 뇌리에 아로새기라. 그룹의 모든 사람은 동등한 자격을 가져야 한다. 지역의 지체 중에 지도자나 주도자가 지명되어서는 안 된다. 이것을 실천하지 않으면, 지금 당신이 읽는 책은 당신에게 거의 도움이 되지 않을 것이다.[2]

원리 2: 당신의 감정은 상하게 될 것이다

제도적인 종교는 우리의 약점들을 숨기는 방법을 갖고 있다. 그것은 또한 우리를 다른 사람들로부터 방어하고 고립시키는 방법도 갖고 있다. 유기적 교회에서는, 우리가 서로 아주 잘 알게 되는데, 이것은 우리 본래의 모습이 노출되는 것을 의미한다. 진정한 교회 생활은 거울로 가득 찬 집과 같다.

얼굴과 얼굴을 마주 대하는 공동체에서 당신이 배우게 될 가장 심오한 것 중 하나는 타락이 당신의 영혼에 남긴 흔적의 심각성이다. 결과적으로, 그룹의 지체들이 서로 상처를 주는 것을 피할 수 없게 된다. 이것은 내가 21년 동안 몸의 생활body life을 하면서 발견한 기본 법칙 중 하나이다. 존 오트버그가 쓴 『모든 사람은 당신이 그들을 알게 될 때까지는 정상이다 Everybody's Normal Till You Get to Know Them』라는 책의 제목이 몸의 생활을 아주 잘 요약해주고 있다.

이 법칙에 다음 문장을 첨가해보라. 당신은 교회 안에서 당신 마음대로 할 수 없을 것이다. 그러므로 포기하는 것을 배우라. 지배하려는 것을 내려놓고 당신의 방법을 버리는 영적인 비밀을 발견하라. 십자가라고 부르는 것이 있는데, 그것이 몸의 생활에서 위력을 발휘한다. 십자가는 자아의 죽음을 의미한다. 그것은 손해를 의미하고, 고통을 의미한다. 당신은 다른 지체들과의 사이에서 십자가를 만나게 될 것이다. 그것은 피할 수가 없다.

몸의 생활은 영광과 피땀, 환희와 고통으로 얼룩진 거룩한 결혼이다. 이 여정은 당신의 인생에서 가장 힘든 모험이 될 것이다. 하지만, 그것은 어쩌면 가장 영광스러운 것이 될지도 모른다.

십자가의 원리는 당신을 변화시키기 위해 고안된 것이다. 그것은 그리스도 안에 있는 당신의 형제 자매들에게 생명을 주려고 고안된 것이다. 만일 당신이 언제나 당신 마음대로 한다면, 주님께서 하고 싶으신 대로 할 수 없다. 만일 당신이 하고 싶은 것을 내려놓는다면, 당신은 주님이 자신의 집을 지으시도록 하는 것이다. 그리고 당신의 수고는 헛되지 않게 될 것이다.

만일 당신이 교회 생활의 DNA 안에 십자가가 깊이 배도록 받아들인다면, 그것이 당신으로 하여금 비현실적인 기대를 걸지 않게 보호해줄 것이다. 이것을 마음에 생기라. 다른 사람이 당신의 감정을 상하게 하면, 바로 그때 당신의 영적 근성이 혹독한 테스트를 받는 것이다. 당신의 반응은 당신 자신에 관한 많은 것을 드러나게 할 것이다. 하지만, 이것은 당신을 주님의 영광스런 형상으로 변화시키기 위한 하나님의 놀라운 계획이다.

다른 식으로 표현하면, 당신이 당신의 성격을 건드리는 심히 불완전한 사람들과 함께 하기 전에는 결코 관용, 인내, 견딤, 오래 참음, 긍휼, 그리고 용서의 덕을 배울 수 없을 것이다.

적절한 이미지 하나를 소개한다. 유기적 교회의 지체들은 주님의 거주지를 마련하기 위해 함께 지어져 가는 산 돌들이다. 그 돌들이 함께 지어지려면 잘리고, 깨지고, 갈리고, 깎이는 작업을 수도 없이 거쳐야 한다. 당신이 그룹 안에서 어려움에 부닥칠 때 이런 심오한 덕이 쌓여가는 과정임을 기억할 수 있다면, 그것이 고통 중에서도 오래 견디게 해줄 것이다.

비결: 주님께서 당신에게 버틸 힘을 주시도록 맡겨 드리면, 당신이 몸의 생활에서 살아남게 될 것이다.

원리 3: 그룹의 진보를 참고 기다리라

가정집에서 모이는 것 자체가 교회 생활을 낳는 것은 아니다. 때묻지 않은 순수한 형태의 교회는 태어나는데 시간이 걸린다. 당신이 이 세상에 태어나는 데는 약 9개월이 걸렸다. 그 9개월 동안, 당신의 어머니는 통증, 입덧, 편치 못한 자세, 그리고 옷차림과 식사와 잠자는 것에 큰 변화를 경험해야 했다.

에클레시아가 태어나는 것도 이것과 비슷하다. 교회는 살아있는 유기체이다. 그래서, 교회도 태어나는데 시간이 걸린다. 내가 노력해서 뭔가를 시작하는 것은 인간적인 것이고, 태어나는 것은 하나님께 속한 신성한 것이다. 교회가 태어나는 것은 오직 하나님께 속한 영역이다. 인간이 제안해서 계획된 것이 아니다.

그러므로 나는 당신에게 인내할 것을 간절히 권하고 싶다. 당신은 전에 한 번도 사용한 적이 없는 본능을 어떻게 사용하는지 배우게 될 것이다. 더 중요한 것은, 당신이 이전에 미처 알지 못했던 주님을 발견하기 위한 여행을 시작하게 될 것이다. 개인이 아닌 공동체로서 말이다.

새집의 기초가 놓이기 전에, 집터가 불순물 없이 깨끗하게 정리되어야 한다. 나무, 풀, 다른 부스러기가 다 제거되어야 한다. 처음 6개월 또는 그 이상은 새 교회로서 당신의 삶을 '깨끗하게 하는 단계'이다. 이 책에서 제안하는 지침들은 당신의 그룹이 확고한 기초를 놓을 수 있도록 백지상태로 만들어주기 위해 디자인되었다.

이 깨끗하게 하는 단계에서는, 엄청나게 물을 빼는 작업이 진행될 것이다. 대단위의 재교육과 해독의 과정을 거치게 된다. 이전의 사고방식, 태도, 용어, 관습이 총체적으로 무너져야 한다. 당신이 제도권 기독교에 있을 때 주워 모은 생활 방식이 용도폐기 될 것이다. 그 자리를 대신해서, 새로운 사고방식, 새로운 태도, 새로운 생활 방식, 새로운 용어, 그리고 함께 주님을 알고 표현하는 새로운 방식이 당신의 그룹 안에 자라나게 될 것이다.

이것은 전부 시간이 걸리는 작업이다. 아주 많은 시간을 요한다.

진정한 몸의 생활을 터득하는 것은 100미터 달리기가 아니라 마라톤이다.

그러므로 몸의 생활은 끝도 없는 인내를 요구한다. 당신은 때때로 그것이 실현 불가능하다고 생각하게 될 것이다. 아무런 희망이 없다고 생각할 것이다. 주사위가 잘못 던져져서 당신과는 맞지 않는 사람들과 함께 교회를 하고 있다고 생각할 것이다. 또 어떤 때는, 당신이 다른 사람들에게 원하는 것을 그들이 거부한다고 생각할 것이고, 교회의 성장이 너무나 더디다고 생각할 것이다. 등등.

교회 생활이 태동하는 데 있어 조급한 마음은 엄청난 장애물이다. 그것은 마치 '전자레인지에 넣고 몇 분만에 익히려는 것'과 같은 철학을 신봉하는 사람들이 정면으로 맞닥뜨리게 될 걸림돌이다. 작업 지향적이고 프로그램 위주로 움직이는 사람들은 느린 속도로 진행되는 몸의 생활과 씨름을 하게 될 것이다. 하지만, 그 누구도 출생과정을 단축할 수는 없다. 그것은 하나님의 소관이다.

이것을 상기하라. 당신은 지금까지 대부분 앉아서 듣기만 했던 일요일 아침의 종교적 예배를 뒤로하고 새로운 피조물의 유기적인 모임으로 옮겨가서, 어떻게 집합적으로 예수 그리스도를 드러낼 것인지를 새롭게 발견하게 될 것이다. 이것은 작은 변화가 아니다. 그것은 우주의 크기 못지않게 큰 변화이다.

그래서, 아무리 속도가 느리다 할지라도 나는 당신이 끝까지 포기하지 않기를 권한다. 당신이 계속 견뎌낸다면, 모든 충만이신 주님을 발견하게 될 것이다. 그러나 기억하라. 주님이 그분의 시간에 따라 행하심을. 그리고 주님의 시계는 거의 항상 우리의 시계보다 더 천천히 간다.

원리 4: 사람들이 당신의 그룹을 떠날 것이다

이것은 돌에 새겨야 할 정도로 꼭 기억해야 할 사항이다. 현실을 직시해야 한다. 대부분 그리스도인에겐, 틀에 박힌 전통을 거스르는 것이 너무나도 이상하게 보인다. 즉 그들에게, 사례를 받는 목사, 주일학교 프로그램, 교회 건물, 예배전담팀, 45분간의 설교가 중심이 된 교회 예배 같은 것은 건드릴 수 없는 성역과 같다.

당신이 서구사회자본주의 사회에 살고 있다면, 선택의 여지가 있을 것이다. 그것도 아주 많은 선택을 할 수 있다. 다양한 모델의 자동차, 여러 종류의 맛을 내는 아이스크림, 다양한 브랜드의 향수에서 선택하는데 익숙해 있다. 당신이 사는 지역에는 십중팔구 당신이 참여할 수 있는 수많은 교회, 성경공부, 그리고 기독교 단체가 있을 것이다.

하지만, 1세기 때는 상황이 아주 달랐다. 그 당시에 당신이 그리스도인이었다면 선택은 단 하나밖에 없었다. 당신이 그리스도께 왔다면, 그 도시 안에 있던 유일한 교회에 속하게 되었을 것이다. 그리고 그 교회는 성직자 없이 가정집에서 모임을 했다. 신약 성경 시대에는, 그리스도께 오는 것이 곧 그분의 몸에 지체로 속하는 것과 마찬가지였다.

이것이 당신에게는 어떤 의미인가? 그것은 단순히 이런 의미이다. 당신이 오랫동안 교회와 함께할 수 있는 유일한 길은 당신이 선택의 여지가 없는 자리로 가는 것이다.

현대식 목사가 없이 가정집에서 모이는 것은 비싼 대가를 치러야 하는 일이다. 모임은 이제 당신의 손에 달렸다. 어린 아이들을 어떻게 할 것인가도 이제 당신이 그룹으로서 풀어야 할 숙제이다. 다른 지체들과의 사이에 있을 어려움도 당신이 맞서야 할 도전이다. 이것에 덧붙여서, 진정한 교회 생활은 당신이 줄 생각은 하지 않고 받으려는 태도로 모임에 올 때는 결코 이루어질 수 없다. 그리고 주려면 영적인 준비가 요구된다. 시간과 에너지를 요한다는 말이다.

따라서 처음 시작 때부터 이 사실을 분명히 밝혀야 한다. 이 책을 당신과 함께 읽는 사람 중 어떤 사람들은 지금부터 몇 달 후에 떨어져 나갈 가능성이 아주 크다는 사실 말이다. 몇 주 후는 말할 필요도 없이. 그리고 그들이 왜 떠나는지의 이유는 끝도 없이 많이 있다.

그러나 여기에 내가 당신에게 말해주고 싶은 가장 중요한 것이 있다. 사람들이 떠날 때, 제발 부탁하건대, 그들에게 남아 달라고 압력을 가하거나 설득하지 말기를 바란다. 그리고 더 중요한 것은, 그들이 떠날 때 그들을 나쁘게 말하지 마라. 더 나아가서 가장 중요한 것은, 그들의 의도가 악한 탓으로 돌리는 것을 삼가라. 다른 사람의 마음속에 있는 의도를 비판하는 것이 관계성을 얼마나 심각하게 파괴하는지를 나는 지켜보아 왔다. 피해가 막심하고, 그것이 다른 사람들에게 상처를 주는 파급 효과를 가져온다.

주 예수님은 이런 행위를 책망하시면서 다음과 같이 말씀하셨다. "비판을 받지 아니하려거든 비판하지 말라 너희가 비판하는 그 비판으로 너희가 비판을 받을 것이요" 이것은 천둥소리와 같은 말씀이다. 주님은 한 사람이 다른 사람의 마음속에 있는 의도를 비판할 때 벌어질 일에 대해 특유의 통찰력을 주셨다. 형제의 눈에서 티를 빼려는 사람은 자기 눈에 들보가 있다는 사실을 드러내는 것이다. 티는 실제로 들보에서 깎아낸 아주 작은 조각이다.

결과적으로, 누가 다른 사람의 마음속에 있는 의도를 비판할 때, 그는 사실상 자신의 마음속에 있는 것을 다른 사람에게 드러내는 것이다. 간단히 말해서, 의도가 악한 것을 다른 사람의 탓으로 돌리는 것은 우리 자신의 마음속에 있는 것을 드러내는 것이다. 오직 예수 그리스도만이 사람의 마음속에 있는 의도를 꿰뚫어 볼 자격과 능력을 갖추고 계신다. 우리는 그런 역량이 안 된다.

그래서, 나는 사람들이 당신의 그룹을 떠날 때 당신이 큰 생각을 품기를 간절히 바란다. 그들의 의도를 추측하는 대신 그들의 말을 액면 그대로 받아들여라. 사실, 만일 당신이 고수답게 하려면, 그들이 떠날 때 그들을 축복하고 좋게 말하라. 특히 그들이 떠나고 나서.

그렇게 하는 것이 하나님나라에 엄청난 약진을 가져온다. 그것은 또한 당신의 그룹에 관해서 많은 것을 말해준다. 즉, 당신의 교회가 두려움, 엘리트주의, 편협함, 또는 종교적 의무 위에 세워지지 않고 자유 위에 세워졌음을 드러내 주는 것이다. 그리고 해방과 자유의 분위기는 하나님의 성령이 임재해 있는 증거이기도 하다. 그 자유가 부정적인 결과를 남기지 않고 떠날 수 있는 자유를 포함한다는 사실을 염두에 두라.

원리 5: 사람들이 놀라운 영적 성장과 치유를 경험하게 될 것이다

유기적 교회가 힘들기는 하지만, 그것이 하나님의 사람들에게 상당한 영적 성장과 성숙과 치유를 경험할 수 있는 토양을 제공해준다. 이것은 교회의 유기적인 표현이 우리 고유의 거주지이기 때문이다. 그것은 부르심을 받은 신자들이 그들 고유의 삶을 살 수 있도록 하나님께서 정하신 환경이다. 그것은 그리스도인을 위한 고유의 양육 장소이다. 유기적 교회가 제공하는 상호 간의 교제동참, 격려, 그리고 사랑의 분위기는 신자들의 영적 여정에 보폭을 크게 늘리도록 해준다. 제자도 오늘날 종종 이렇게 불린다는 절대로 이런 토양 밖에서는 일어나지 않게 되어 있었다.

사람들은 두고두고 다음과 같이 증거하고 있다. 모두가 참여하는 열린 모임과 진정한 공동체의 경험이 그들을 영적으로 성숙하게 하였고, 사랑과 헌신과 주님을 따르는 것, 그리고 은사를 표현하는데 있어 괄목할 만한 발전을 가져다 주었다고 했다. 그러므로 친밀한 공동체에서 그리스도의 십자가를 아는 것과, 우리 자신에 의해서가 아닌 하나님의 생명으로 사는 것을 배우는 것이 합쳐져서 변화를 일으킨다.

나는 결코 이 다섯 가지 원리가 바뀌는 것을 본 적이 없다. 만일 당신이 이 원리들을 마음속에 깊이 새긴다면, 그것들이 당신이 살아남을 가능성을 현저하게 높여줄 것이다. 이 원리들을 기록하고 다시 보고 또 보도록 하라. 그리고 시시때때로 그것들을 서로에게 상기시켜주도록 하라. 이제 우리의 관심을 당신의 모임으로 돌려보자.

Chapter 15

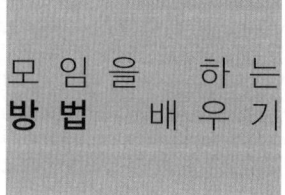

모임을 하는
방법 배우기

APOSTOLIC COVERING VS. APOSTOLIC HELP

한 온스의 경험이 이론 한 톤의 가치가 있다.

– 벤자민 프랭클린

당신이 앞으로 읽을 내용이 교회를 시작하는 유일한 방법이라고 주장하는 것은 아니다. 그렇지만, 그것은 내가 지금까지 본 것 중 가장 좋은 방법이라고 할 수 있다.

우리가 이 주제를 다루기 전에, 나는 우리가 습관적으로 사용하는 용어에 대해 짚고 넘어가려 한다. 앞으로 읽을 내용 중에 당신이 잊어야 할 두 가지 용어 '교회 예배' church service 또는 그냥 '예배' 와 '교회에 간다' going to church가 있다.

지금 당신이 형식 없이 예수 그리스도의 머리 되심 아래 모이는 방법을 배우고 있기 때문에, 당신은 '교회 예배' 와 영원히 종말을 고한 것이다. 현대 교회의 예배는 제도에 속하는 것이다. 그것은 의식적형식적이고, 성과에 기초한 예식이다. 초기 그리스도인들은 결코 현대식 '예배'를 하지 않았다. 그 대신, 그것은 '모임' meetings이었다. 초기 그리스도인들이 함께 모여 예배하고 그리스도를 표현할 때 신약 성경 전체에서 이 단어가 사용되었다.

둘째로, 당신은 더는 '교회에 가지' 않는다. 교회 곧 에클레시아는 함께 모이는 그리스도의 몸이다. 그것은 우리가 가는 장소가 아니다. 그것은 건물도 아니다. 교회를 건물이라고 부르는 것은 당신의 어머니를 고층빌딩이라고 부르는 것과 매한가지다. 당신은 '모임'을 하러 가는 것이다. 그리고 당신은 교회 일부분이다.

당신의 생각 속에서 이런 비성경적인 개념을 퇴출하고 용어가 정리되려면 시간이 좀 걸릴 것이다. 우리가 말하는 것이 대부분 우리가 믿는 것이 무엇인지를 드러낸다.

이제 당신이 실제로 모임을 어떻게 할 것인지에 초점을 맞추어보자. 여기에 소개하는 실제적인 제안들은 어떤 사람들에겐 지극히 당연한 것들이다. 하지만, 내 경험으론 그 제안들이 모든 사람에게 다 그런 것은 아니다. 그러므로 다음 세부사항에 주의를 기울이라.

실질적인 준비

하나, **모임을 할 집을 찾아라**. 잘만 되면, 가장 큰 거실을 가진 사람이 그 거실을 기꺼이 모임 장소로 내주게 될 것이다. 주목할 것: 모임 장소가 가정집에 국한된 것은 아니다. 차고도 될 수 있고, 사무실도 될 수 있고, 회관 같은 곳도 될 수 있다. 등등.

만일 모임 장소를 제공하는 사람이 다른 사람들이 사는 곳에서 80킬로미터 이상 떨어진 곳에 살고 있다면, 이것은 제대로 될 가능성이 희박하다. 그룹의 사람들 대부분이 사는 지역 안에서 중앙에 있는 집을 찾는 것이 중요하다. 이것을 확실하게 해야 한다. 모임 장소를 제공하는 사람또는 부부이 교회를 주관하는 것이 아님을 이해하도록 해야 한다.

모임 장소를 제공하는 사람들은 그곳에서 모일 때 지켜야 할 규칙을 정할 권리가 있다. 예를 들면, 신발을 벗어야 한다든지, 주차를 특정한 장소에 해야 한다든지 등등. 그리고 그룹의 지체들이 그 규칙을 존중하는 것이 중요하다. 만일 모임 장소의 제공을 원하는 사람이 여러 명이라면, 교대해서 모일 수도 있다.

둘, 모임을 언제 할 것인지를 결정하라. 나는 공동체 모임을 매주 일요일 저녁이나 일요일 아침, 또는 일요일 오후에 가질 것을 권하고 싶다. 두 가지 원칙이 결정하는 것을 돕도록 해야 한다. 합의와 덕을 세운다.합의: 모든 사람이 의사결정에 참여하는 것. 덕 세움: 모두가 다 참석해서 적어도 4시간 정도 의사결정 과정에 함께할 수 있는 날을 정하는 것 또한, 이렇게 모일 때 아이들을 돌보는 문제도 중요한 요인이 될 수 있다. 이것에 대해서는 나중에 다시 살펴보게 될 것이다. 염두에 둘 것: 그룹이 커짐에 따라 모임 날짜와 시간을 다시 상의해야 할지도 모른다.

셋, 실내온도를 의식하라. 겨울에 하는 모임이 아니라면, 사람들이 도착하기 전인 모임 30분쯤 전에 에어컨을 적어도 섭씨 21도 정도로 맞추어놓는 것이 좋을 것이다. 그 이유는, 일단 사람들이 도착해서 찬송을 부르기 시작하면, 방 온도가 삽시간에 올라가게 될 것이기 때문이다.

또 그냥 넘어가기 쉬운 것 하나를 덧붙이자면, 통풍이 잘 안 될 때 창문을 한두 개 열어 환기를 시킬 필요가 있다. 온도에 관한 것이 종종 교회 생활에서 등한시되곤 하는데, 지속적으로 상기할 필요가 있다.

교회는 이제 당신의 손에 달렸으므로 범사에 뭐든지 주의를 기울여 다

뭐야 한다. 만일 고장 난 것이 있다면, 책임을 지고 고치도록 하라. 당신의 그룹이 살아남는 것이 이런 것에 달렸을 수도 있다. 고로, 그런 실용적인 문제들에 주의를 기울이라.

넷, 모임 시간을 정확히 지키도록 힘써라. 이것은 아주 중요하다. 그것은 또한 새 교회가 직면하게 될 최대 장애물 중 하나이다. 이것은 당신이 느슨하면 안 되는 영역이다. 만일 당신이 5분 늦게 모임을 시작하게 되면, 나중엔 점점 늦어져서 30분이 지나도 모임을 시작하기 어렵게 될 것이다. 그 결과는 사람들이 모임에 더는 오지 않게 될 것이다.

제도권 교회들은 끊임없이 늦게 오는 사람들을 어쩔 수 없지만, 당신의 그룹은 그렇지 않다. 모두가 참여하는 열린 모임은 모두가 시간을 지키는 것이 요구된다. 그룹의 생존이 이것에 달렸다. 만일 이것이 지켜지지 않게 되면, 사람들이 늦게 온다는 사실을 누군가 그룹이 알도록 깨우쳐줘야 한다.

사람들이 시간을 지킬 수 있도록 도움을 줄, 내가 그동안 터득한 세 가지 비결을 여기에 소개한다.

(1) 모임이 오전 10:30에 시작한다면, 모두 다 10:15까지 도착하도록 권하라.

(2) 모임 시간에 나타난 사람이 네 명일 때, 그 네 사람은 어슬렁거리며 나타나는 다른 사람들을 기다리면 안 된다. 그 대신, 그 네 사람이 모임을 시작해야 한다. 모임이 몇 사람에 의해서라도 언제나 정각에 시작된다면, 다른 사람들로 하여금 정각에 오도록 자극을 줄 것이다. 그러나 만일 그룹이 모두 다 나타날 때까지 기다린다면, 사람들은 틀림없이 늦어도 상관없다는 느낌을 받게 될 것이다. 그리고 이 문제는 당신의 그룹이 실패할 때까지 계속될 것이다.

(3) 만일 모든 노력이 수포로 돌아가면, 문을 잠가라. 지정된 시작 시각에

문을 잠가라. 이것이 당신의 문제를 해결해줄 것이다. 이것은 물론 농담이다.

다섯, 모임을 끝내고 돌아가기 전에, 다음 모임 시간과 장소에 대해 광고하는 것을 잊지 마라. 내가 관찰한 바로는, 그런 광고를 하지 않으면 다음 모임에 나타나지 않는 사람이 여러 명 생길 것이다. 이 광고는 모임의 끝에 하는 것이 적당하다.

여섯, 모임을 하기 전에 꼭 화장실을 점검하라. 이것은 좀 어리석은 조언 같지만, 가정집에서 모이는 교회를 방문했다가 한 가지 이유 때문에 다시는 참석하지 않은 사람들을 나는 알고 있다. 화장실 청결 상태. 화장실에 관한 중요한 사항 세 가지는 다음과 같다.

(1) 화장지를 충분히 비치해둘 것.
(2) 수건, 비누, 흡인 변기 청소기(plunger)를 손쉽게 이용할 수 있게 할 것.
(3) 화장실 안에서 문을 잠글 수 있는지를 확인할 것. 여기에 덧붙여서, 모일 때마다 화장실이 깨끗한지를 확인해서 나쁠 것이 없다.

일곱, 그룹의 지체들이 모임을 한 후에는 언제나 공동으로 뒷정리를 깨끗이 해라. 모임을 한 후에 청소의 짐을 장소를 제공한 사람에게 지우면 안 된다. 그 대신, 남자를 포함해 그룹의 다른 사람들이 뒷정리를 책임져야 한다. 그룹의 크기에 따라 다를 수 있지만, 모두가 다 뒷정리에 참여하든지 또는 두 명씩 형제들이 좋다 돌아가면서 책임을 지든지 하면 된다. 이것은 의자를 접어놓고, 카펫을 청소하고, 바닥을 쓸고, 부엌을 청소하는 것 등을 포함한다.

여덟, 나눔을 활성화할 수 있도록 의자를 배열하라. 19세기에 영국의 플리머스에서 유래한 배열방식이 있다. 내 생각엔, 그것이 의자를 일렬로 놓거나 둥그렇게 놓는 것보다 더 낫다. 그 이유는 그렇게 하는 것이 얼굴을 마주 보고 대화할 수 있게 해주고, 모두를 가깝게 앉을 수 있도록 해주기 때문이다. 나는 의자긴 안락의자나 소파를 포함해서를 작은 정사각형 형태로 놓기를 제안한다. 숫자가 늘어갈수록, 작은 정사각형 주위에 큰 정사각형의 형태로 의자를 놓으면 된다. 바닥에 앉는 것을 선호하는 사람들은 정사각형 안에 방석이나 담요를 깔고 편하게 앉으면 된다.

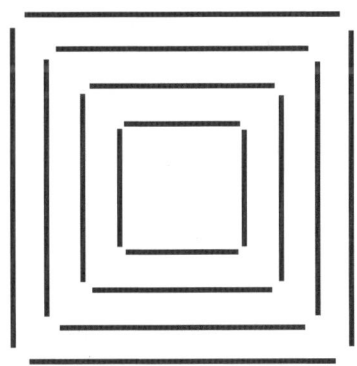

아홉, 만일 모임이 혼잡하면, 현관과 화장실을 오고 가는 통로를 꼭 비워 두라. 이것에 주의가 요망된다. 잊어버리기 쉽기 때문이다. 현관에 들어와서나 화장실을 갈 때 꽉 들어찬 사람들을 넘어서 가는 것은 너무나도 성가신 일이다.

열, 방문자들에게 자신을 소개할 기회를 주라. 방문자가 참석했을 때, 그들이 누구인지, 어디서 왔는지, 참석하게 된 동기가 무엇인지를 그들에게 물어보는 사람이 그룹 중에 있어야 한다. 이것은 찬송한 후나 모임의 끝에 하는 것이 좋다. 많은 교회에서 종종 등한시하기 쉬운 또 하나는 방문자들에 대한 차후 관리이다. 모임의 끝에 그들을 환영하도록 하고, 그들의 연락처를 받아라. 그리고 주중에 그들에게 전화해서 모임이 좋았었는지를 물어보고 다시 모임에 초청하라. 방문자들이 환영받는 느낌뿐만 아니라 함께 하기를 원한다는 느낌이 들도록 하는 것이 매우 중요하다. 만일 그렇게 되지 않는다면, "우리 네 사람 그 이상은 안돼" 도당으로 전락하기 십상이다. 이런 병에 시달리는 교회들은 얻은 지체들보다 더 많은 지체를 잃게 되고 말 것이다.

열하나, 모임에 올 때 옷차림을 가볍게 하라. 남자들이여, 제발 주일 아침예배 식 정장 차림으로 오지 마라. 여자들이여, 부디 화려하게 돋보이는 옷은 집에다 두고 오라. 복장을 품위 있게, 그러나 평범한 차림으로 하라. 당신은 보고 듣기만 하고, 거의 참여하지 않는 의식적인 예배와는 이별을 고했다. 구경하러 가는 교회 생활이 끝났다는 말이다. 당신은 이제 하나님의 사람들이 형식 없이 모이는 모임에 참여하는 방법을 배우고 있다.[1]

열둘, 꼭 휴대전화를 끄거나 진동으로 바꿔놓아라. 이것은 공중도덕에 속하는 예절이다. 나는 모임에서 누군가 말을 하려 할 때 다른 사람의 휴대전화가 울려서 모임 전체에 찬물을 끼얹은 경우를 자주 보아왔다.

모임의 내용

나는 적어도 처음 6개월간은 그룹의 모임 내용에 네 가지 요소를 포함할 것을 제안한다.

함께 노래하라

공동체로서 함께 노래하는 것을 배우라. 그리스도의 몸으로서 노래 인도자나 찬송 사역자 없이 찬송하는 것을 배우라. 더 나아가서, 새 노래를 배우라. 많은 새 노래를.

나의 제안은, 첫해에는 어떤 악기의 사용도 하지 말라는 것이다. 그 대신, 아카펠라로 노래하는 것을 배우라. 왜 그런가? 수 세기 동안 우리 그리스도인들은 악기가 우리의 노래하는 것을 지배하도록 길들어 왔다. 우리는 가만히 앉아서 기타 또는 피아노 반주가 노래 시작할 때와 끝날 때를 주도하도록 한다. 노래 인도자는 공동체가 함께 노래하는 것을 사실상 망쳐버린다. 당신은 음악 사역자 밑에서 수동적이 되어 버린다. 그래서, 나는 당신이 처음 1년 동안은 모든 악기 사용을 그만두고 공동체가 함께 노래하기를 배울 것을 권한다.

악기 사용을 중지하고 아카펠라로 노래하는 것은 곧 노래를 모든 하나님의 사람 손에 되돌려주는 것이다. 일단 노래 인도자 없이 노래하는 것이 교회 속에 깊이 뿌리박게 되면, 몸의 기능을 억제하지 않는 한 악기 사용을 재개할 수 있을 것이다. 그렇지만, 악기를 연주하는 사람들은 노래를 인도하지 않고 공동체가 노래하는 것을 따라가야 한다.

음악인들은 주님께서 당신에게 바라시는 이 가능성을 생각하라. 당신이 당신의 재능을 주님의 십자가 밑에 내려놓으므로, 집합적으로 노래하도록 부르심을 받은 하나님의 사람들이 제 기능을 발휘할 수 있게 되는 그런 가능성 말이다. 유감스럽게도, 음악을 하는 사람 중 그런 대가를 기꺼이 지급할 마음이 없는 사람들을 나는 만났었다. 자신의 개인적인 재능보다 주님의 몸의 기능이 발휘되는 것을 우선시하는 사람들이 속출하도록 하나님께 기대해본다.

다음 단원에서, 나는 이 주제를 더 자세하게 다룰 것이다. 우리는 노래 가사를 어떻게 쓸지, 어떻게 다시 쓸지, 그리고 교회 노래책을 어떻게 만들 지에 대해 논하게 될 것이다. 목표는 당신의 그룹이 그리스도의 몸으로서 어떤 보조자나 노래 인도자 없이 노래하는 것을 배우는 데 있다. 하나님의 마음에 합하는 교회 안에서는 모든 지체가 노래 인도자이다. 당신은 이것이 절대로 불가능하리라 생각할지도 모른다. 그러나 나는 당신에게 확실히 보장할 수 있다. 그것이 가능할 뿐만 아니라, 일단 경험하게 되면 당신이 결코 내려놓으려 하지 않게 되리라는 것을.

함께 나누라

아래에 있는 나의 제안은 당신이 적어도 처음 6개월 이상 시도하기를 바라는 다섯 가지 연습이다. 얼마나 오래 계속할지는 대체로 그룹의 크기에 달렸다.

몇 주 동안 할 일: 연습 1

매주, 그룹의 지체 중 한 사람씩 돌아가며 자신의 살아온 인생 이야기를 들려준다. 이것은 당신이 어떻게 그리스도를 만났는지, 그리고 그리스도를 만난 이후 지금까지 어떻게 살아왔는지에 대한 간증을 포함한다. 당신의 인생 이야기에는 또한 당신이 지금 속하게 된 그룹의 신자들과 함께 모이게 된 경위도 포함될 것이다.

될 수 있는 대로 창조적이면 좋다. 노래, 시, 사진, 슬라이드, 비디오 등, 뭐든지 당신의 이야기를 하는데 도움될만한 것이 있다면 사용하라. 각 사람은 그날 모임 전체 시간을 혼자 다 써서, 자신이 원하는 방식을 총동원하여 모든 지체 앞에 자신의 이야기를 할 수 있다.

만일 자신의 이야기를 나누기가 편치 않은 사람이 있다면, 의무적으로 할 필요는 없다. 나는 아직 그런 사람을 본 적이 없지만, 틀림없이 있을 수 있다. 또한 지금 단계에서는, 당신 과거에 있었던 개인적인 문제의 덕스럽지 못한 사실들을 속속들이 얘기하는 것은 지혜롭지 못하다. 이것은 그룹의 다른 사람들에게 거북하게 들릴 수도 있다. 고로, 개인적인 문제를 얘기할 때는 수위를 잘 조절하는 분별력을 사용하기 바란다.

모든 지체가 다 자신의 인생 이야기를 할 때까지 이것을 매주 계속하라.

자신의 이야기를 5분 안에 끝내는 사람들도 있을 수 있음을 염두에 두라. 그러면, 다른 사람들이 그 사람에게 질문해서 이야기하도록 하면 된다. 새 사람들이 그룹에 더해질 때마다, 그들에게도 자신의 인생 이야기를 할 기회를 주도록 하라. 누구든 이것을 할 때는 그날의 모임 시간 전체를 쓸 수 있도록 해야 한다. 모두가 다 인생 이야기를 한 다음에는, 연습 2로 가라.

몇 주 동안 할 일: 연습 2

우리가 이미 살펴본 바와 같이, 선포된 하나님의 말씀은 이성적으로는 설명할 수 없는, 공동체를 형성하는 데 있어 놀라운 속성이 있다. 그러므로 그리스도 중심의 말씀 사역을 받는 것은 새 교회가 개척되는데 매우 중요하다.

따라서 그리스도 중심의 말씀이 담긴 CD나 MP3나 책을 구해서 함께 듣고 읽을 필요가 있다. **가장 중요한 것**: 메시지가 끝나거나 책을 읽고, 그것으로부터 깨달은 것을 서로 나누라. 부정적인 것에 초점을 맞추지 말고 도움이 된 것, 마음을 움직인 것, 자극을 준 것, 주님과 그분의 교회에 대해 새롭게 발견하거나 보게 된 것을 나누라.

많은 새 교회가 이런 연습을 했는데, 그것이 그들에게 큰 도움이 됐었다. 그것은 예수 그리스도의 영적 기초를 놓는 생생한 현장 경험의 차선책이라고 볼 수 있다. 이것을 시도해본다면, 당신의 그룹에게 큰 도움이 될지도 모른다. 이 연습을 마친 후에 연습 3을 시작하라.

몇 주 동안 할 일: 연습 3

매주, 두 사람을 정해서 그들에게 특별한 노래를 하나 택하여 모임에 갖고 오도록 하라. 그 노래는 그리스도인에 의해 작사, 작곡, 또는 취입되었을 수도 있고, 비非그리스도인에 의해 되었을 수도 있다. 노래를 가지고 온 사람들은 그 노래를 통해 어떻게 주님을 보게 되었는지를 나누게 될 것이다.

그들은 모임에서 그 노래가 담긴 테이프나 CD를 틀 수도 있고, 직접 부를 수도 있다. 아니면 둘 다 할 수 있다. 그리고 나서, 그 노래의 가사나 곡조가 그들에게 어떻게 특별한지를 시간에 구애받지 않고 다른 사람들과 나누게 될 것이다. 말하자면, 그 노래가 어떻게 주님을 그들에게 드러냈는지를 말하게 될 것이다. 이렇게 나눌 때 그룹 전체가 참여해서 누구든지 그 노래와 그들이 나눈 것에 대한 자신의 느낌을 덕스럽게 말할 수 있어야 한다. 모두가 돌아가면서 이 연습을 마친 후에 연습 4로 가라.

몇 주 동안 할 일: 연습 4

매주, 두 사람을 정해서 그들이 좋아하는 성경 본문 두 개를 택하여 모임에 갖고 오도록 하라. 모임에서 그들은 그 본문을 읽고 그들이 그 말씀을 이해한 대로 설명하게 될 것이다. 그리고 나서, 그 말씀이 그들에게 왜 특별하게 다가왔는지를 나누게 될 것이다. 이것도 역시 그룹 전체가 참여해서 그 말씀과 그들이 나눈 것에 대한 자신의 느낌을 말할 수 있어야 한다. 특히 남자들이여, 주목하라. 제발 신학적인 토론이나 논쟁, 그리고 무분별하고 난해한 성경 해석을 피하라. 당신에게 개인적으로 마음에 와 닿은 것을 나누는 것임을 잊지 마라. 모두가 다 이 연습을 마쳤을 때 연습 5

로 가라.

몇 주 동안 할 일: 연습 5

매주, 두 사람씩 돌아가면서 앞으로 5년 안에 그들의 삶이 어떻게 되기를 바라는지를 나누라. 이것은 육적인 것과 영적인 것 둘 다와 관련된 그들의 포부와 열망을 포함한다. 이것을 할 때 삶의 모든 영역에 걸쳐 골고루 충분하게 다루라. 그룹의 다른 사람들이 당신의 희망과 갈망과 꿈을 들을 수 있게 하라. 이것도 모두가 다 참여해서 그들이 나눈 것에 대해 반응하고 느낌을 말할 수 있어야 한다.

주의 사항: 모임을 할 때, 제도권 교회에 돌을 던지지 못하도록 철저하게 경계하라. 만일 당신에게 기성교회에 대해 쓴 뿌리나 분노가 있다면, 제발 주님께 가지고 가서 그분께 맡겨라. 만일 울분을 터뜨리려거든, 당신이 신뢰할 수 있는 한두 사람에게 쏟아놓으라. 교회 모임 밖에서 그들을 만나 당신의 상처를 모두 쏟아버리라. 그리고 나서, 끝내버리라. 상처를 핥고 전통 교회에 반감을 보이는 그룹은 궁극적으로 자멸하고 말 것이다. 당신이 모임을 하는 이유는 긍정적이고 건설적이다. 그것은 예수 그리스도께 향하는 것이고, 예수 그리스도를 위한 것이다. 반발하거나 부정적인 것이 아니다.

함께 음식을 나누라

이것은 참된 몸의 생활이 세워지는 데 있어 기둥과 같은 것이다. 모임의 전이나 후에 참여자가 요리를 한 가지씩 가져와서 식사를 하라. 식사를 먼저 하게 되면, 어떤 사람들은 모임 중에 눈꺼풀이 감기게 될 수도 있다. 음식은 사람들을 깨어 있는 상태에서 가벼운 혼수상태로 전락시키는 경향이 있다. 반면에, 모임 전에 식사하는 것이 서로 쉽게 접근할 수 있게 하므로 모임의 시작 때의 분위기를 자연스럽게 해줄 수도 있다. 그것은 또한, 당신의 그룹이 정각에 모이는데 어려움을 겪고 있다면, 그 문제를 해결해줄 수도 있다.

팟럭 식사를 준비하는 데 있어 세 가지 방법이 있다. 만일 당신이 네 번째 방법을 발견하게 된다면, 대환영이다.

첫째, 그룹의 지체들이 함께 상의해서 가지고 오는 음식이 겹치지 않도록 각 사람에게 할당시킨다.

둘째, 일주일 전 모임에서, 다음 모임의 메뉴를 적은 종이를 돌려서 각 사람이 가져오고 싶은 음식에 표를 하도록 한다.

셋째, 각자가 알아서 음식을 가져오도록 해서, 영양도 골고루 있고 양도 충분해지도록 하나님께 맡긴다.

가난한 사람들에 관해서: 만일 당신의 그룹 안에 너무 가난해서 음식을 가지고 오기가 어려운 사람이 있다면, 여기에 제안할 것이 있다. 그들에게 다른 지체의 집에 가서 음식 만드는 것을 도와주도록 부탁하라. 계속해서 그냥 빈손으로 오는 대신, 어떤 모양으로든지 참여할 수 있도록 격려하라.

모임 시작 전에 식사하기로 했을 경우, 누군가가 식사가 끝났음을 모두에게 일깨워줘야 한다. 그다음, 모임 장소로 옮겨가서 나눔을 시작하라.

식사하는 것은 가족의 활동이다. 그것은 가족의 일원들을 결속시키는 데 도움을 준다. 사람들이 자신의 삶과 생각을 나누는 것을 더 자유롭고 덜 강압적으로 느낄 때는 식사할 때이다. 식사에는 사람들을 특별하게 하나로 뭉치게 하는 신비한 요소가 있다. 그래서, 초기 그리스도인들은 자주 함께 음식을 나누었다. 그리고 그들은 자신들을 하나님의 가정 또는 가족이라고 이해했다.

만나서 대부분 시간을 모임과 식사에 할애하라. 농담도 주고받고, 웃기도 많이 하라. 건전하고 좋은 유머와 농담은 멋진 것이다. 이것은 그룹 안에 있는 모든 사람의 긴장을 풀어주어 마음을 열어놓고 나눌 수 있도록 도와준다.

함께 즐기라

교회 생활에 '역할'을 감당하는 것은 그룹의 성공에 필수불가결한 요소이다. 이 시점에서 당신이 배우게 될 가장 중요한 것 중 하나는 어떻게 하면 종교적이지 않을 수 있느냐 하는 것이다. 당신은 어떻게 하면 '진실' 되고 서로 안정감을 줄 수 있는지를 발견하게 될 것이다. 또한, 과거 수십 년간 쌓아온, 전통에 물들었던 보따리를 여는 방법을 배우게 될 것이다. 당신은 독을 제거하는 것이다.

우리는 모두 종교에 예속되어 길들어 있다. 따라서 언제든지 그리스도인들이 영적인 토양에서 함께 모일 때는 정상적이 되기가 무척 어렵다. 그 대신, 우리의 종교적인 모습이 그대로 드러난다. 우리는 거짓의 가면 뒤로 숨어버린다. 우리가 다른 사람들과 함께 '크리스천' 모임을 할 때, 우리의 쓰는 용어, 말하는 스타일, 기도하는 것이 금방 다 바뀌어버린다.

그룹을 파괴하는 것이 바로 이런 식의 종교적인 분위기이다. 이런 식으로 설명해보겠다. 당신의 그룹이 12명이 함께 모인다고 가정해보자. 만일 그룹이 계속 종교적 분위기로 간다면, 결국 옥수수 빵의 깡마른 부스러기들보다 더 많은 조각으로 나누어질 것이다.

초기 교회는 영적으로 순수한 분위기 속에서 태어났다. 그리스도의 몸은 형식적이지 않은 공기를 들이마신다. 그것은 의식주의, 율법주의, 전문가의식, 신앙심religiosity과 관계가 멀다.

형식 없고 종교적이지 않은 분위기 속에서 서로 알아감에 따라, 당신의 그룹은 진정한 몸의 생명을 낳는 태를 제공하는 것이다. 신앙심은 영적인 것이 아니다. 그것은 그리스도인들이 모인 그룹에 파멸을 가져온다.

고로, 음식을 나누고, 노래하고, 인생 이야기를 나누고, 함께 즐기라. 주님께서 당신의 그룹이 함께 가는 여정을 아름답게 해주실 것이라고 계속해서 믿으라.

사실상 당신의 그룹이 앞으로 일 년 동안 풀어가야 할 가장 큰 과제는 서로 정말 잘 알게 되는 것이다. 그리고 종교적이지 않은 토양에서 함께 살아가기를 배우는 것이다. 단순히 서로 알고 또 함께 지내는 것은 바다의 크기만큼 막대한 과제이다. 하지만, 당신의 그룹이 잘 감당한다면, 그것이 굳건한 기초를 놓을 수 있는 적절한 터를 제공해줄 것이다.

내가 관찰한 바로는, 하나님의 사람들 안에 그토록 많은 분열이 일어나는 이유는 우리 그리스도인들이 서로 정말 잘 알지도, 또 서로 신뢰하지도 않기 때문이다. 덧붙여 말하면, 그룹 안의 지체들이 안전하다고 느끼거나, 받아들여진다고 느끼거나, 서로 안다고 느끼지 않는다면, 결코 열린 모임에서 자유롭게 나누려 하지 않을 것이다. 그들은 끈질기게 자신을 감추고 마음을 열려고 하지 않을 것이다.

자주 묻는 말들

어린아이들을 어떻게 해야 하는가?

내 생각엔, 이 질문을 다음과 같이 바꿔야 한다. "어린이들을 위해 우리가 무엇을 해야 하는가?" 이것은 유기적 교회를 하는 사람들의 세계에서 가장 많이 묻는 독보적인 질문이다. **주의해야 할 것**: 나는 교회들이 이 문제에 의견 일치를 보지 못해서 제대로 시작하기도 전에 망하는 것을 보았다!

나의 제안을 하기 전에, 이것에 관련해서 곧장 문제의 핵심을 꿰뚫는 몇 가지 사실을 알려주고 싶다. 첫째, 서구사회에서는, 어른들이 아이들을 소홀히 하거나, 학대하거나, 아니면 숭배하는 경향이 있다. 물론 그리스도인들을 포함해서.

둘째, 교회 때문에 가족을 희생의 제물로 삼을 가능성이 너무 크다.딤전5:8 그렇지만, 가족 때문에 예수 그리스도의 교회를 희생의 제물로 삼을 가능성도 역시 만만치 않다. 마10:34~38; 12:47~50; 막10:29~30; 눅14:26

이것을 염두에 두고, 당신의 그룹이 아래의 제안들을 약간 변경하거나 잘 배합해서 일 년을 함께 갈 수 있다면, 스스로 큰 도움이 될 것이다. 시간이 지나고, 그룹의 누구라도 뭔가 좀 다른 것을 시도하고자 하면, 그렇게 하도록 격려하라. 만일 '뭔가 좀 다른 것'이 효과가 없다면, 나는 다만 당신의 그룹이 자신에게 솔직하라고 부탁하고 싶다.

사실상 모든 유기적 교회 안에 아이들이 있다. 그리고 모임 중에 아이들을 어떻게 할 것인지, 그리고 아이들을 위해 무엇을 할 것인지의 질문은 지구가 존재하는 한 숙제로 남게 될 것이다. 나는 21년 동안 이 문제를 해결하기 위해 수도 없이 많은 방식을 실험해본 결과, 다음과 같은 사실들을 관찰하게 되었다.

1. 성인들이 주님을 예배하고 영적인 깊은 것을 나누는 모임에 어린아이들이 있을 때, 그 아이들은 불쌍하기 그지없다. 왜냐하면, 지루할 뿐만 아

니라 어른들이 하는 말을 이해할 수 없기 때문이다.

2. 아이들이 성가시게 하기 때문에 성인들도 딱하다. 그래서 그들이 예배하고, 집중하고, 나누기가 여간 어려운 게 아니다.

3. 아이들은 즐거운 놀이를 할 때가 가장 행복하다.

4. 아이들은 교회 생활에 재미가 가미되어야 '교회'를 긍정적으로 본다. 하나님은 아이들이 재미있게 즐기고 놀게 하시려고 그들을 창조하셨다.

5. 아이들은 언제나 열려 있는 공동체의 삶 속에서 그들의 부모가 다른 지체들과 교제하는 것을 지켜봄으로써 주님에 관해 배우게 된다.

6. 아이들의 윤리교육과 영적 훈련의 우선적인 책임은 교회에 있지 않다. 그것은 부모에게 달렸다.

7. 만일 아이들이 교회 모임에서 벌어지는 상황을 이해할 수 있을 만큼 성숙하고, 또 진정으로 모임에 참석하기를 원한다면, 그렇게 하도록 격려해야 한다.

이런 사실들에 이어, 여기에 내가 제안하고 싶은 것이 있다. 내가 지난 20년 이상 함께 모임을 했거나 사역을 했던 사실상의 모든 교회는 가장 좋은 해결책으로서 아래의 제안들을 발견하게 되었다.

* 성인들이 모임을 할 때 아르바이트로 아이들과 함께 놀면서 돌봐줄 사람들청소년들을 구하라. 만일 그런 사람을 구하기 어렵거나 그런 쪽을 택하고 싶지 않다면, 그룹 안에서 매주 교대로 아이들을 돌보는 쪽을 택하면 된다. 이것의 문제는 아이를 돌보는 사람들이 교회 모임을 놓치게 된다는 점이다. 식사할 때는 아이들도 함께하는 것이 좋다. 아이들은 교회가 모일 때 다른 아이들과 함께 놀 기회를 고대하게 될 것이다. 그 기회가 아이들에게 '재미'를 선사해줄 것이다.

* 만일 그룹이 모이는 집이 너무 작아서 아이들을 다른 방에 넣어도 모임에 방해가 된다면, 아이들을 근처의 다른 집에서 놀게 하는 것도 방법이 될 수 있다.

* 갓난아기를 모임에 데리고 와야 할 경우엔, 아기가 울기 시작할 때 밖으로 데리고 나가야 한다. 그렇게 해서 다른 사람들이 방해받지 않도록 해야 한다.

* 두 달에서 넉 달에 한 번씩, 아이들만을 위한 특별 모임을 하여라. 모임 전체를 아이들을 위해 할애하라. 아이들을 위한 간단한 연극, 노래, 게임, 코믹한 춤 같은 것들을 준비하라. 아이들에게 '호기심'을 끌거나 '모험'을 즐길 수 있는 특별한 여행을 계획하는 것도 좋을 것이다. 또는 보물찾기나 소꿉장난도 괜찮을 것이다. 아이들의 숫자가 많다면, 어른들과 아이들이 함께 소프트볼 시합이나 물풍선 싸움 같은 것을 할 수도 있다. 여자 아이들과 성인 여자들이 함께하는 일박이일 파티 같은 것도

좋다. 또 남자 아이들과 성인 남자들이 함께 캠핑을 가는 것도 좋을 것이다. 창조적인 아이디어를 짜낸다면, 아이들을 위해 할 수 있는 것들은 끝도 없이 많이 있다. 특별한 모임들은 아이들의 추억 속에 오래 남게 된다. 그리고 성인들에게도 마찬가지이다.

* 만일 누가 아이들에게 성경을 가르쳐주고 싶은 부담을 느낀다면, 다른 날을 정해 자기 집을 열어 아이들을 위한 특별 모임을 해도 좋다. 이것은 매주, 매달, 또는 격월로 할 수 있다. 이 모임에서는 아이들을 위한 노래 같은 것을 소개할 수도 있다. 부모는 그 모임에 자녀를 보낼 것인지 아닌지를 자유롭게 결정할 수 있다. 보내든 보내지 않든 그 누구도 부담을 느껴서는 안 된다.

이것과 관련된 주의 사항: 한 번의 모임에 '모든 것'을 한꺼번에 채워 넣는 실수를 범하지 말라. 예를 들면, 나눔, 예배, 노래 배우기, 교제, 필요를 채워주기, 문제의 해결, 아이들을 위한 계획 등. 이것은 절대로 될 수 없다. 교회 생활은 가정생활이다. 그것은 당신의 인생 전체가 걸린 것이지, 그저 일부분이 아니다. 당신은 다른 신자들과 함께 공동생활을 배우는 것이다. 그러므로 교회는 일주일에 한 번 도전하는 모험이 아니다. 만일 그런 것이라면, 그리고 당신이 그룹을 위해 '시간을 낼 수 없는' 사람이라면, 제도권 교회 밖의 교회 생활은 당신에게는 전혀 어울리지 않는다. 당신은 제도권 교회가 제공하는, 최소한의 시간과 최소한의 헌신을 바치면 되는, 일주일에 한 번 하는 예배로 만족하면 좋을 것이다.

성경 공부는 어떤가?

'성경 공부'의 개념은 비교적 새로운 것이다. 그것의 유래는 19세기 미국으로 거슬러 올라간다. 내가 관찰한 바로는, 당신이 교회 생활의 경험을 전통적인 방식의 성경 공부로 시작한다면, 생각보다 빨리 산산조각이 나고 말 것이다. 만일 산산조각이 나지 않는다면, 아마 지도자sola pastora 한 명을 낳고 진정한 몸의 생명은 질식되고 말 것이다. 당신의 그룹은 성직자가 주도하는 제도권 교회의 축소판으로 바뀌게 될 것이다.

오늘날 많은 가정교회는 성경 공부를 미화시킨 것에 지나지 않는다. 그 가정교회들은 신약 성경이 추구하는 자유롭고 생기 넘치는, 모두가 참여하는 열린 모임이 아니다. 이런 열린 모임은 종종 쓸데없는 분석이 판치기 쉬운 성경 공부보다 훨씬 더 충만하고 덜 제한된 모임이다.

내 경험으로는 이것이 중요하다. 그룹의 지체들이 서로 잘 알게 되고 종교적 신앙심이 해독되어 상당히 빠져나가고 공동체가 함께 성경에 접근하는 방법이 소개될 필요가 있다.2 성경 말씀은 주님과의 교제를 위한 수단으로, 주님을 깊이 이해하는 수단으로, 그리고 주님의 충만하심을 발견하는 수단으로 소개되어야 한다. 이론적인 지식을 더해서 서로 두개골을 부어 오르게 하는 도구로 사용되어서는 안 된다. 전자는 그룹을 온전케 할 것이고, 후자는 궁극적으로 그룹을 파괴하고야 말 것이다.

기도 모임은 어떤가?

내가 그리스도인이 된 이후에 관찰해온 바로는, 많은 그리스도인이 기도할 때와 영적인 문제에 관해 얘기할 때 여기저기서 주워들은 방법으로 상당히 꾸며서 한다는 것이다. 이것은 주로 바람직하지 않은 모델을 흉내 내기 때문이다. 더 정확하게 말하면, 많은 그리스도인이 기도하는 방법은 형편없기 짝이 없다.

덧붙여 말하자면, 오늘날 신자들 사이에 주님과 연결되는 참신한 방법을 찾는 목소리가 높아지고 있다. 즉, 간구 기도와 전통적인 성경 공부라는 낡은 도구들 외에 개인적으로나 공동체적으로 주님을 만나는 참신한 방법의 필요를 느끼고 있다.

재차 강조하건대, 적어도 처음 6개월 동안 그룹의 주된 필요는 종교적 의무를 벗어난 토양에서 서로 잘 알도록 하는 것이다. 그렇게 함으로써, 당신은 안전한 환경을 조성할 뿐만 아니라 자유와 실체를 만나게 될 것이다. 이것들은 영적으로 의미 있는 일이 벌어지는 데 있어 필수적인 바탕이다. 그것은 기도를 포함한다. 실제적이고, 순수하고, 꾸밈없고, 종교적이지 않고, 성령의 감동으로 하는 기도. 그런 기도는 때가 되면 자연스럽게 나타나게 될 것이다.

따라서 나의 제안은 꾸밈없이 서로 아는데 초점을 맞추라는 것이다. 나는 당신에게 기도에 대해서는 서두르지 말 것을 권하고 싶다. 만일 누구든지 기도하기를 원하면, 종교적 의무나 책임에 의해서가 아니라 자연스럽게 나오도록 하라.

덧붙인다면, 나는 모두가 기도 제목을 내놓고 하는 기도회는 하지 말 것을 권한다. 왜냐고? 두 가지 이유에서다. 첫째, 그런 기도회는 틀림없이 아주 종교적인 분위기로 흐르게 될 것이다. 내가 참석했던 '기도 제목을 내놓는' 모든 기도회에서, 어떤 그리스도인들이 하나님께 간절히 구하는 내용은 우스꽝스럽다 못해 제정신이 아니기까지 했다. 둘째, 그런 모임은 궁극적으로 그룹의 죽음을 알리는 종소리가 될 미끄러운 비탈길로 내려가는 첫 걸음이 될 것이다. 말하자면, 그 비탈길은 당신의 개인적 필요를 채우기 위한 모임이다. 그런 사고방식은 궁극적으로 몸의 생명을 질식시켜

버리고 말 것이다.

반복해서 말하자면 기도가 천천히, 자연스럽게, 그리고 자연발생적으로 나타나게 하라. 그리고 그렇게 되었을 때, 주님께 드리는 감사와 찬양에 집중되게 하라.

기도가 없는 모임을 했다고 해서 자신을 정죄하지 마라. 주님과 교통을 하는 데 있어 우리 그리스도인이 떨쳐 버려야 하고 다시 정리해야 할 필요가 있는 것이 아주 많다. 진리를 바로 알게 된다면, 그리스도인 대부분은 그들의 기도가 더 깊어지게 할 방법을 받아들이게 될 것이다. 오직 그럴 때만 주님과 대화하고 교제하는 더 고차원적인 그리고 더 순수한 방식을 주님께서 일으켜주실 것이다.

내 친구인 로버트 뱅크스의 말을 인용하자면, 교회의 영적인 요소들은 "오직 서로 알게 되고, 하나로 묶어지고, 하나님의 자유와 유연성을 향해 열려 있는 지체들을 통해 잘 준비된 토양에서 싹이 날 때 비로소 충분한 효력을 발생한다."

전도하는 것은 어떤가?

시간이 지나면 그룹이 뻗어나가는 계절로 들어가는 때가 올 것이다. 20단원을 보라. 그렇지만, 시작의 계절엔 든든한 기초가 먼저 놓이는 것이 중요하다. 이것은 당신의 교회가 오랫동안 살아남으려면 필수적이다. 그것은 또한 잃은 영혼들이 와서 거하게 될 튼튼하고 안정된 피난처를 만들어준다.

교회의 기초는 아주 중요하다. 그리고 기초가 놓이는 데는 시간이 걸린다. 만일 교회가 시작 때 제대로 양육되어 모든 것에 주님의 마음이 드러난다면, 잃은 영혼들을 향한 주님의 마음을 포함해서 전도는 유기적이고 자연스러워질 것이다. 죄책감이나 의무나 종교적인 책임으로부터 자유스러운 전도가 될 것이다. 즉, 그것은 적절한 때에 자유롭게, 그리고 하나님 성령의 인도로 나타나게 될 것이다.

로버트 뱅크스는 이것을 다음과 같은 비유를 들어 설명했다. 교회 생활의 시작 단계는 결혼한 직후에 아이를 갖지 않기로 한 부부와 비슷하다. 대신, 그들은 가정에 다른 일원을 받아들이기 전에 먼저 끈끈한 부부의 연이 다져질 시간을 갖기로 선택한다. 나는 이것이 대단한 지혜라고 믿는다.

그렇긴 하지만, 만일 당신이 영적으로 열려 있는 불신자들을 알고 있다면, 얼마든지 그들을 모임에 데리고 와도 좋다. 그들이 모임을 좋아한다면, 계속 참석할 것을 권하라. 그룹의 지체들이 얼마나 진실하고 종교적이지 않은지를 그들이 보게 되면, 그 안에서 주님을 만나게 될지도 모른다.

고린도전서 14:26에 의한 모임은 어떤가?

이 단원에서 소개하는 지침들은 당신이 그리스도를 중심으로 모두가 참여하는 열린 모임을 하는 데 필요한 초석이라고 할 수 있다. 그것들을 '보조바퀴' training wheels라고 부를 수도 있을 것이다.

당신이 제도권 교회에서 그리스도인으로 있었다면, 당신은 수동적인 구경꾼으로 길들어 왔을 것이다. 당신의 영적 본능은 기본적으로 휴면상태일 것이다. 이 책의 지침들은 그 본능을 일깨워서 구경꾼의 속박에서 당신을 해방하기 위해 고안되었다. 하지만, 이것은 시간을 요한다.

따라서 만일 당신이 먼저 종교적이지 않은 토양에서 서로 알기 위한 기초를 놓지 않고 고린도전서 14:26에 의한 모임을 시도한다면, 그 모임은 사실상 정체불명의 모임이 될 것이다. 어떤 사람들은 모임 전체를 지배하려 들것이고, 또 소심한 다른 사람들은 모임 내내 가만히 앉아서 보고 듣기만 하는 이전의 교회생활로 되돌아가 버릴 것이다. 덧붙여 말하면, 모임의 내용이 논쟁적이지 않으면 십중팔구 아주 얄팍한 수준을 면치 못하게 될 것이다.

모두가 다기능을 발휘하고 그리스도를 깊이 있게 드러내는 교회 모임을 하려면 시간과 훈련 둘 다 요구된다. 대부분의 훈련은 그룹을 돕고자 초청되어 온 순회 사역자의 그리스도 중심 사역에 의해 벌어진다. 크리스천 사역자의 임무는, 얼굴과 얼굴을 마주 대하는 공동체와 모두가 참여하는 열린 모임을 통해, 그리고 공동체로서 잃은 영혼들에 증거함을 통해, 하나님의 사람들이 주 예수 그리스도를 깊이 있게 드러내고 계시하도록 훈련하는 것이다. 이 훈련은 성경과 기도와 집합적인 나눔으로의 신선한 시도를 포함한다.

돈과 헌금에 대해서는 어떻게 해야 하는가?

나는 적어도 처음 6개월 동안 그룹의 모든 지체가 매달 일정한 금액을 따로 떼어놓을 것을 권하고 싶다. 이 돈은 교회를 위해 아이들 돌보는 것, 의자, 노래책 등의 용도로 사용될 것이다. 또한, 미래에 외부의 도움을 받는 것이 현명할 것이므로, 당신의 그룹이 초청할 순회 사역자들의 경비를 충당하기 위해 돈을 따로 떼여두도록 하라.

우리가 무엇을 하는지 알지 못한 채 우리를 방문하는 사람들을 어떻게 해야 하는가?

틀림없이, 당신의 그룹을 방문하는 사람 중 왜 성경 공부를 하지 않는지, 왜 길가 전도를 하지 않는지, 그리고 왜 선교사들을 위해 기도하지 않는지를 물어보는 사람들이 있을 것이다. 그리고 물론 당신의 그룹이 왜 함께 즐겁게 지내는지를 묻는 사람들이 있을 것이다.

만일 내가 당신의 그룹에 속한 지체라면, 아마 그들에게 이렇게 말해줄 것이다. 우리는 기계적이 아니고, 강압적이 아니고, 인간을 모방하거나, 프로그램이나, 의무나, 책임이나, 죄책감에 의해 움직이는 것이 아닌 유기적인 토양에서 그리스도인의 삶을 사는 새로운 시대를 열고 있습니다. 또 나는 우리가 제도권 교회의 사고방식과 그것에 관련된 모든 것에 물들었던 독을 빼내고 있음을 자신 있게 말해줄 것이다.

만일 방문자들이 진정으로 마음이 열려 있고 관심이 있다고 생각되면, 나는 이 책을 읽으라고 줄 수도 있을 것이다. 만일 방문자들이 당신의 마음속에 불타는 그리스도의 몸을 향한 열망과 같은 열망을 하고 있다면, 그들은 선택의 여지가 없을 것이고, 도전할 목표도 없을 것이고, 아마 할 수 없이 당신의 그룹에 과감히 뛰어들게 될 것이다. 개인적인 목표가 있는 사람들은 그것으로 밀고 들어오려고 시도하거나, 아니면 다시는 방문하지 않을 것이다.

우리가 헌법, 규약, 서약, 또는 교리적 선언을 제정해야 하는가?

나는 그런 인간적인 수단의 사용에 반대하는 편이다. 만일 교리나 법이나 서약에 의해 당신의 그룹을 정의하는 길을 택한다면, 이미 존재하는 수만 개의 분파 위에 또 하나의 분파를 만들어내는 것이다. 또한, 하나님의 사람들이 당신을 알게 되기도 전에 그들을 차단해버리는 것이다. 존 젠의 말을 빌리면, "헌법 책이 두꺼울수록, 그룹이 더 빨리 분열하게 될 것이다." 내 생각엔, 이것이 그룹을 지배하려 하거나 그 안에 의무를 지우려 하는 인위적인 시도이다. 주 예수 그리스도를 그룹의 초점이 되게 하면, 나머지는 자연히 해결될 것이다.

실제적인 연습

* 공동체 모임을 어디에서 할 것인지를 논의하라.

* 모임을 언제부터 할 것인지를 논의하라.

* 아이들을 돌보는 문제를 어떻게 할 것인지를 논의하라.

* 팟럭을 어떻게 할지를 논의하라.

* 모임 후에 뒷정리를 어떻게 할 것인지를 논의하라.

* 달력을 사용하여 앞으로 한 달 또는 2주 동안의 공동체 모임 계획을 세우고, 그 모임에서 무엇을 할지를 논의하라. 예를 들면, 말씀을 듣는 것, 언제, 누가 인생 이야기를 나눌지, 등등.

Chapter 16

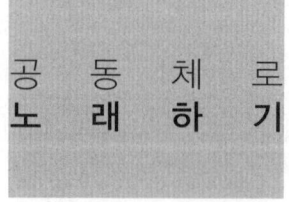

CORPORATE SINGING

새 노래로 여호와께 찬송하라   - 시편 98:1

 이 단원에서, 나는 화폭을 아주 넓게 펼치고자 한다. 나의 목표는 당신의 그룹이 그리스도의 머리 되심 아래 기능을 발휘하도록 하는 훈련과정을 시작하는 것이다. 내 경험으로는, 기능의 발휘는 노래하는 것으로부터 시작된다.

우리의 용어를 새롭게 하기

 많은 제도권 교회에서는 회중이 노래하는 시점을 '찬양과 경배' 라고 부른다. 나는 이것이 오해의 소지가 많고 부정확하다고 생각한다.

 찬양은 공경하는honor 것이고, 찬미하는extol 것이고, 높이는exalt 것이다. 당신은 음악 없이도, 노래하지 않고도 주님을 찬양할 수 있다. 경배예배는 경의를 표한다는 뜻이다. '예배'라고 번역된 히브리어 단어는 다른 사람의 손에 입을 맞춘다는 뜻이다. 로마서 12:2에 의하면, 예배는 하나님께서 받으실 만한 교회의 제사이다. 예배는 주님을 사랑하고 주님께 화답하는 삶의 모습이다. 당신은 음악 없이, 노래하지 않고도 하나님을 예배할 수 있다. 따라서 '찬양과 경배'는 노래할 때를 가리키는 말로 사용되어서는 안 된다. 우리는 모임 내내 주님을 찬양하고 경배하는 것이지, 노래할 때 하는 것이 아니다.

그리스도 안의 새로운 피조물로서 노래하는 것은 당신의 종족 본능의 일부이다. 노래하지 않는 그리스도인은 마치 호흡을 하지 않는 사람과 같다. 노래하는 것은 그리스도 안에 있는 새로운 피조물로인 우리 본능의 일부분이다. 하나님은 하늘에 아름다운 음악을 펼쳐놓으셨고, 사람 안에도 그것을 넣어주셨다. 노래하는 것은 우리 신자들의 타고난 본능이다.

제도권 교회 안에서의 노래의 역할

현대 제도권 교회 안에서 음악과 노래의 영역은 주로 성직자 위주로 전개된다. 이것은 아주 소규모의 사람들에게 주어진 전유물이다. 나는 나의 책 『이교에 물든 기독교』에서 한 단원 전체를 할애하여 제도권 교회의 성가대 지휘자와 음악담당 목사사역자와 예배전담팀의 유래를 추적했다. 당신은 수 세기 동안 잃어버린 바 되었던 그리스도의 몸의 필수적인 요소를 회복하는 것이 얼마나 중요한지의 감을 잡으려고 그 유래에 대해 알아야 할 필요가 있다.

하나님의 사람들은 기독교 역사에서 천 7백 년 동안 그들이 노래를 시작하는 것을 금지당하여 왔다. 그 대신, 어떤 노래를 할지, 언제 노래할지, 언제 노래를 끝낼지를 전문 음악인들이 시키는 대로 따랐다. 그들은 우리에게 일어날 때와 앉을 때도 지시했다. 당신과 나는 그리스도의 몸으로서 노래하는 사역의 특권을 강탈당해 왔다.

덧붙여 말하자면, 악기와 전문 음악인들이 당신과 내가 부르는 회중 찬양이 형편없다는 사실을 감추어버린다. 만일 모든 교회에서 찬양 인도자나 예배전담팀이나 성가대를 없애버린다면, 그리스도인 대부분이 함께 노래를 잘하지 못한다는 뼈아픈 사실에 직면하게 될 것이다. 그러나 이것은 고쳐질 수 있다. 그리고 당신의 그룹에서는 이것이 고쳐질 것이다.

음악은 아직도 대부분의 제도권 교회에서 성직자의 도구이다. 그저 오르간이나 피아노나 기타를 왔다 갔다 하며 지배당할 뿐이다. 그리고 우리는 우리 자신이 노래하는 것으로부터 계속 차단당하고 있다. 문제의 뿌리가 아주 깊다.

모두가 참여하는 열린 모임을 하는 교회들이 모임을 시작할 때, 몇몇 지체들이 특정한 노래를 부르자고 허락을 청하게 될 것이다. 즉, "'예수를 내가 주로 믿어'를 불러도 될까요?" 그렇게 허락을 청하는 것은 음악 인도자에 의해 지배당했던 잔재에서 온 증상이다.

노래하는 것을 온전히 교회의 손에 줬을 때, 우리 그리스도인은 노래하는데 허락을 받을 필요가 없다. 우리가 담대하게 노래를 인도하면 된다. 이런 식으로 하라. "'예수를 내가 주로 믿어'를 부릅시다" 또는 그냥 그 노래를 선창하면 된다. 그리스도의 몸에 속한 지체로서 노래를 인도하는 권리와 특권이 모든 지체에 있음을 서로 상기시켜 주기 바란다. 우리는 그것을 허락받을 필요가 없다. 우리는 모두 노래를 부르자고 하거나 그냥 시작할 수 있다.

크리스천 노래의 종류

제도권 교회들은 예배에 어떤 유형의 노래를 부를 것인가를 놓고 심한 분열을 겪어왔다. 수도 없이 많은 교회가 찬송가를 부를 것인지 아니면 현대 복음성가를 도입할 것인지, 또 성가대를 유지할 것인지 아니면 예배전담팀을 둘 것인지를 놓고 의견이 나누어져 왔다.

요점: 음악과 노래하는 것의 문제는 육신을 드러내는 경향이 있다.

당신의 그룹에 개인이 선호하는 것을 강행하려는 태도보다 포기하고 내려놓는 정신이 깃들어 있다면, 당신의 새 교회는 얻는 것이 많을 것이다. 그렇지 않다면, 고통을 겪게 될 것이다.

이 단원의 최종적인 목표는 두 가지이다.

1. 당신의 영적 본능을 일깨워줌으로, 노래를 통해 하나님을 예배하는 영역에서 인간의 전통과 결별하도록 함에 있다. 그 전통의 상당한 부분이 포착하기 매우 어렵다는 사실을 인지하라. 지금부터 일 년 후에 지난날을 돌아보며 그 전통이 얼마나 당신을 꽉 붙잡고 질식시켰는지를 보라.

2. 당신의 거듭난 영 안에 거하는 독창성을 발휘할 수 있도록 도와주기 위함이다.

노래책을 만드는 방법

만일 모든 신자가 뛰어난 기억력을 갖고 있고, 또 노래 수백 개를 그냥 부를 수 있고, 그 노래들을 한 번도 들어본 적이 없는 방문자들에게 전수할 수 있다면, 노래책을 만드는 것은 필요치 않을 것이다.

1. 나는 노래책 만드는 방법 두 가지를 알고 있다. 둘 다 장점과 단점을 갖고 있다. 아래의 것들을 고려해보라.

A. 낱장 형식으로 된 공책. 그룹의 모든 지체가 낱장 형식으로 된 작은 공책을 산다. 앞으로 당신의 그룹을 방문할 사람들을 위해 여분을 준비해 두는 것도 좋을 것이다.

모두가 노트북 맨 앞에 각자의 이름을 써놓도록 한다. 모임을 하고 나서 노래책을 그냥 놓고 가는 사람이 꼭 있을 것이다. 또 방문자들의 노래책에 "방문자용 노래책: 집으로 가져가지 마십시오" 라는 문구를 써넣어라. 이것을 소홀히 하면, 언젠가 노래책 전부가 졸지에 사라진 것을 발견할 가능성이 매우 크다.

낱장 형식으로 된 노트북의 장점은 거기에다 쉽게 더했다 뺐다 할 수 있다는 것이다. 그것이 노래책의 앞문과 뒷문을 둘 다 허용한다는 말이다. 당신이 지루하고 너무 오래되었다고 느끼는 노래들을 쉽게 빼낼 수 있고, 새 노래들도 쉽게 집어넣을 수 있다. 시간이 지남에 따라 노래책도 자라나게 될 것이다. 그것은 또한 신자들의 공동체로서 그룹의 영적 경험을 반영해줄 것이다.

낱장 형식으로 된 노트북의 개념인데 노트북 겉장은 없는 노래책을 만든 그룹들도 있다. 페이지들에 구멍을 뚫어 끝이 맞물리는 고리 세 개로 노트를 지탱하게 하는 방법이다. 이런 식의 노트는 서서 노래를 부를 때 사용하기가 아주 쉽다.

B. 스테이플러로 제본한 소책자. A4용지를 사용한 노래책을 만드는 방법이다. 종이를 가로로 놓고 왼편에 노래 하나, 오른편에 노래 하나, 이런 식으로 복사한다. 노래의 번호는 마지막에 스테이플을 박았을 때 배열될

순서대로 매겨야 할 것이다. 겉장은 약간 두꺼운 것을 사용해서 스테이플러로 제본해서 완성하면, A4 용지 절반 크기의 소책자가 나오게 될 것이다. 이런 형식의 장점은 노래할 때 아주 쉽게 다룰 수 있다는 것이다. 단점은 거기에다 더했다 뺐다 할 수 없다는 것이다. 따라서 당신이 이 방법을 택한다면, 6개월에서 1년 정도에 한 번씩 노래책을 개정하는 것이 좋을 것이다. 오래되고 잘 부르지 않는 노래들을 새 노래들로 교체하라.

2. 노래책에 집어넣을 노래들의 목록을 작성하라. 모임 하나를 정해 노래책에 집어넣고 싶은, 마음에 드는 크리스천 노래들의 목록을 작성하라. 가사를 찾을 수 있다면 그것을 복사해서 그룹의 모든 지체에게 나누어주면 좋을 것이다. 대부분의 크리스천 노래들은 온라인의 Google.co.kr에서 찾을 수 있을 것이다.

3. 노래책을 담당할 사람을 지명하라. 노래 가사를 타자하고, 복사하고, 제본하는 책임을 질 사람을 택하라. 당신이 그룹에 소개하고 싶은 노래가 있을 때 가사를 그 사람에게 이메일로 보내면 될 것이다. 그렇게 해서, 그 담당자가 컴퓨터로 간단히 작업하면 노래책에 집어넣을 수 있을 것이다. 당신의 그룹에 컴퓨터 도사가 있으면 좋을 것이다.

4. 모임에서 새 노래들을 배우라. 제안: 당신의 그룹이 모일 때마다, 각 사람은 한두 장의 노래를 그룹에 소개할 권리와 특권을 갖고 있다. 그룹 모두가 싫어하지 않는 노래라면, 그 노래를 노래책에 집어넣어라. 그렇게 해서 해가 될 것이 없다. 어차피 처음 6개월 이상은 많은 새 노래를 배우는 시기이다.

5. 노래들을 연습하라. 노래책의 노래들을 자주 부르도록 하라. 6개월에서 1년 정도에 한번 특별 모임을 정해서 노래책에서 뺄 노래와 그대로 둘 노래를 투표로 결정하라. 거의 부르지 않는 노래들과 너무 낡은 노래들을 빼는 것이 좋을 것이다. 그 노래들은 나중에 언제든지 다시 집어넣을 수 있다. 노래책을 신선하게, 그리고 최신으로 보존하는 것이 중요하다. 노래를 배우면서 즐기라. 실컷 웃는 것을 겁내지 마라. 모든 것을 가볍게 하는 것이 좋다.

노래 가사를 쓰는 방법

노래 가사를 쓰는 것에 관해서, 우리는 초기 재침례교인들로부터 배울 것이 많다. 재침례교인들은 그들 고유의 찬송가 책을 고안해냈다. 그들은 찬송마다 그 당시의 사람들에게 익숙한 곡조의 제목을 적어놓았다. 말하자면, 재침례교인들은 그 당시에 유행했던 노래의 곡조에 가사를 붙였다.

이것은 마틴 루터, 윌리엄 부쓰, 그리고 수세기에 걸쳐 많은 사람이 사용했던 잘 알려진 방법이다. 우리가 가장 즐겨 부르는 몇몇 찬송가들도 잘 알려졌던 세속적인 노래의 곡조에 가사를 붙인 것이다. "나 같은 죄인 살리신", "만유의 주재", 그리고 "주 하나님 지으신 모든 세계"가 그것들이다.

따라서 그룹 안에 음악성이 있거나 음악적 재능이 있는 사람이 없다면, 그냥 크리스천 조상이 했던 것처럼 하면 된다. 오늘날 잘 알려진 노래 중에서 골라 그 곡조에 크리스천 가사를 써서 붙여 적절한 찬송을 만들라.

여기에 노래 가사를 쓰는 방법을 제시하겠다. 아카펠라로 쉽게 부를 수 있는 노래를 택하라. 원래의 가사를 구해서 받아 적거나 타자를 쳐넣어

라. 인터넷의 구글에서 대부분의 노래 가사를 찾을 수 있다.

이것은 필수적이다. 노래의 각 절에 있는 음절의 수를 정확하게 세어야 한다. 이것을 놓치면 안 된다. 그다음, 각 절에 있는 음절의 수에 해당하는 새 가사를 지어 넣는다.1

아래에 있는 가사는 잘 알려진 곡조에 가사를 써서 붙이는 방법의 실례이다. 내가 개척했던 교회 중 하나에서오즈의 마법사 주제곡인 "Somewhere Over the Rainbow무지개 너머 어딘가에" 곡조에 가사를 써서 붙인 것이다. "Somewhere Over the Rainbow"가 일곱 개의 음절로 되어 있음을 주목하라. 이것을 대체하는 "My bride, you have been chosen" 역시 일곱 개의 음절로 되어 있다. 잘 들어맞지 않는가?

아래에 가사 전체를 소개한다.

Kind of My Own Kind

"Somewhere Over the Rainbow"의 곡조를 따라 할 것

형제들

My bride, you have been chosen before time

Blessed with all of your glory

Blameless before my sight

자매들

My Lord, you're all I long for, I need you

All the dreams that I dare to dream

Really are of you

형제들 Each day I take you in my arms
자매들 And dance with me beyond the stars
다함께 Together

형제들 I live in you and you in me
자매들 Entwined for all eternity
다함께 How you complete me

다함께
My Love, I want to give you everything
True love, joy, and devotion
All that you are to me

Beholding you I always find
How truly you are
Kind of my own Kind!

    이 노래의 가사는 신랑이신 그리스도와 그분의 신부인 교회 사이 사랑의 관계에 대한 말씀이 전해지고 나서 붙여진 것이다. 그것은 영적인 계시와 경험을 통해 태어난 것이다. 이 말씀의 내용은 나의 책 『영원에서 지상으로』에 수록되어 있다.

    여기에 중요한 원리가 있다. 크리스천이 가장 즐겨 부르는 찬송들은 주님을 새롭게 깨달았거나 만났던 경험에서 태어났다. 이것의 선례는 시편에서 찾을 수 있다. 시편은 다윗과 다른 사람들의 영적 경험에서 태어난 노래들을 모아놓은 찬송가 책이다.

재차 강조하건대, 노래 가사를 다시 쓰는 것의 열쇠는 원래의 곡조에 해당하는 새 가사를 음절에 꼭 맞게 집어넣는 것이다. 이것이 되지 않는다면, 가사가 곡조의 속도와 맞지 않으므로 노래 부르는데 아주 어색할 것이다.

이것에 관련해서 몇 가지 힌트를 주겠다. 크리스천 노래의 곡조는 좋은데 가사가 재미없거나 신학적으로 정확하지 않을 경우, 가사를 바꿔서 그 노래를 보강할 수 있다. 즐겨 부르는 크리스천 노래에 새로운 절을 추가하거나 가사 일부를 바꿀 수도 있을 것이다.2

때로는 가사를 바꾸려는 노래에 음절이 너무 많아서 새 가사를 곡조에 맞추기가 몹시 어려운 때도 있을 것이다. 이것에 몇 가지 지름길이 있다. 예를 들면, 역사상 찬송가의 작사자들은 두 음절짜리 heaven을 한 음절의 heav' 또는 heav'n으로 슬쩍 바꿔서 맞추곤 했다. Jesus예수는 두 음절이지만, 한 음절이 필요하다면 Lord주로 대체할 수 있다.

알려진 곡조에 가사를 붙이는 것은 노래책에 새 노래들을 더하는 아주 좋은 방법이지만, 처음엔 좀 어려울 수 있을 것이다. 하지만, 시간이 지나고 연습이 되면 훨씬 쉬워질 것이다.

노래책에 들어갈 새 노래들을 소개하기 위한 힌트

1. 나는 아래의 기준들을 충족시키는 노래들만 소개할 것을 제안한다.

   * 영적 깊이가 있는 노래. 무슨 뜻인가? 글쎄, "햇빛보다 더 밝은 곳 내 집 있네" 같은 곡조에 "주 달려 죽은 십자가 우리가 생각할 때에"라는 가사를 집어넣고 영적 깊이의 차이를 묵상해보라.

* 신자의 공동체로서 당신의 믿음과 비전을 정확하게 반영하는 노래. 예: 당신이 교회가 건물이라는 것을 믿지 않는다면, 도대체 왜 이런 개념의 가사가 들어 있는 노래를 부르는가?

* 그리스도 중심의 노래그리스도를 중심에 놓고 그분을 영화롭게 하는 노래라는 뜻이다. 많은 크리스천 노래의 내용이 '하나님'에 관한 것이지만, 예수 그리스도 또는 그리스도 안에 있는 충만함의 언급이 없다. 그리스도는 초기 그리스도인들에게 있어 대화와 기록과 말씀 선포의 주제였을 뿐만 아니라 찬송의 주제이기도 했다. 주 예수 그리스도의 중심성과 우월성은 현대 기독교에서 대체로 빠져 있는 명제이다. 내 친구인 레오나드 스위트는 그것을 JDDJesus Deficit Disorder 예수 결핍 장애라고 부른다. 그리스도의 중심성을 등한시하는 것은 당신의 그룹이 교회로서 존재하는 이유 그 자체를 등한시하는 것이다. 그러므로 노래 대부분이 그리스도 중심이어야 하는 것이 중요하다.

* 오래되었거나 없어진 노래가 아닌 것. 사라진 지 오래된 노래, 즉 시간에 국한된 노래들은 생략하라. 이와 대조적으로, 시간에 관계없는 노래들은 수백 년 전에 나왔지만, 아직도 감동을 주는 노래들을 말한다. 그런 노래들의 예로 "주 하나님 지으신 모든 세계", "예수 이름 높이어", "나 같은 죄인 살리신", "면류관 가지고 주 앞에 드리세", "크신 일을 이루신 하나님께" 그리고 "주 달려 죽은 십자가" 같은 찬송을 들 수 있다. 비교적 최근에 나온 시간과 관계없는 노래 중 여전히 감동을 주는 노래들로, "목마른 사슴 시냇물을 찾아", "감사함으로 그 문에 들어가며",

"주의 거룩하심 생각할 때" 등이 있다. 사데교회처럼 한 때 살았었지만, 지금은 죽은 노래들도 많이 있다. 그런 노래들은 노래책에 집어넣지 마라. 염두에 둘 것: 당신의 그룹이 그리스도를 더 깊이 있게 알수록 노래책에 추가할 노래를 택하는 분별력도 바뀌고 성숙해질 것이다. 이것이 굴레가 되어서는 안 된다. 이것을 율법으로 만들지 마라. 적절한 판단력을 발휘하라.

2. 그룹에 노래를 소개하기 전에 먼저 당신 스스로 노래를 배우도록 하라. 당신이 노래를 알지 못한다면, 다른 지체들이 노래를 부를 수 있다고 기대하지 마라.

3. 아카펠라로 부르기 쉬운 노래를 택하라. 기타나 피아노 같은 악기 반주를 따라 불러야 하는 노래들도 있다. 나의 충고: 나중에 모임에서 악기를 사용해도 될 때까지는 그런 노래들을 소개하지 말고 기다리라. 지금은 아카펠라로 부르기 쉬운 노래를 택하여 부르도록 하라.

4. 당신이 노래 가사를 써서 그룹에 소개했다면, 다른 사람들이 그것을 더 좋게 고칠 수 있도록 흔쾌히 허용하라. 나는 가사를 쓴 사람들이 단순히 다른 사람들로 하여금 그것을 교정할 수 있도록 기꺼이 허용한 것으로 노래가 확 살아나는 것을 보아왔다. 이것을 친절한 격려로 받아들여라.

5. 노래 가사가 한 절밖에 없다면, 절을 추가해서 그 노래를 보강할 수도 있다. 오순절 운동에서 나온 많은 노래의 곡조는 '7~11 노래들'이다. 즉, 일곱 줄밖에 안 되는 가사를 11번이나 반복해서 부른다는 뜻이다. 이런 노

래들은 몇 개의 절이 추가되어 보강될 수 있다.

6. 지속적으로 새 노래들을 찾아라. 그리스도인들은 사람에게 알려진 가장 아름다운 가사와 곡조로 된 노래들을 만들어왔다. 좋은 노래들을 찾아내어 사용하라. 주 예수 그리스도를 영화롭게 하고 당신이 그분을 경험해서 드러내는 새 노래들이 계속 공급되는 것은 영적인 신선도와 활기를 유지하는 데 있어 필수적이다.

7. 노래를 다시 시작하는 것을 겁내지 마라. 당신이 아카펠라로 노래를 시작할 때 네 번 중 한 번 정도는 음이 너무 높거나 낮을 수 있을 것이다. 이럴 때는 고통스럽게 견디는 대신, 노래하는 것을 중단하고 적절한 음으로 처음부터 다시 시작하라. 다시 말하지만, 실컷 웃고 가볍게 넘어가라.

8. 다음 노래로 넘어가기 전에 부르던 노래를 몇 번 반복해서 부르도록 하라. 이렇게 하면 노래를 배우는 데 도움이 될 것이다. 또 가사를 묵상하면서 주님을 예배하고 찬양하는 데 도움이 될 것이다.

실제적인 연습

* 노래책을 담당할 사람을 지명하라.

* 노래책을 어떻게 만들지 계획을 짜라.

Chapter 17

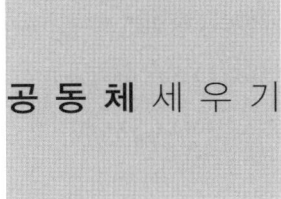

BUILDING COMMUNITY

> 사람인 우리는 공통된 관습을 공유하는 사람들과의 관계성이 있을 때 가장 많이 배우게 된다.
>
> — 마가렛 윗틀리

교회는 그리스도 주위에, 그리스도 아래, 그리스도를 위해, 그리스도를 향하여 모임을 하는 사람들의 교제이다. 교회는 또한 그리스도 안에서 삶을 함께 나누는 사람들이다.

성경적으로 말해서, 교회는 확장된 가족이다. 사실, 가족은 신약 성경의 저자들이 교회를 그리려고 가장 즐겨 사용한 비유이기도 하다. 이런 이유로, 성경의 저자들은 교회 안의 남자들을 '형제들'로, 여자들을 '자매들'로 지칭했다.

내가 다른 곳에서도 설명했지만, 에클레시아는 신성 하나님 안에 존재하는 영원한 공동체가 이 땅에 메아리친 결과이다. 하나님은 공동체적인 존재이시다. 그리고 우리는 하나님의 형상을 따라 지음을 받았다. 결과적으로, 우리는 공동체를 위해 디자인된 것이다. 이것은 몸의 생활을 위하여 중요한 중심 토대를 세운다. 삼위일체이신 하나님의 공동체를 드러내 보이는 그리스도 안의 공동체 생활을 발전시키는 것은 매우 중요하다.

나는 유기적인 교회 생활을 경험해오면서 공동체의 하나 됨이 어떻게 형성되고 강화되는지를 몇 가지 관찰을 하게 되었다. 공동체를 세우는 기본원칙 중 하나는 그리스도 안의 형제가 다른 형제와 시간을 함께 보내야 할 필요와 깊은 관련이 있다. 그 목표는 그리스도인의 형제관계가 든든해지는 데 있다.

마찬가지로, 그리스도 안의 자매들도 다른 자매들과 시간을 함께 보내고자 하는 필요를 본능적으로 갖고 있다. 그 목표는 그들이 영적인 자매관계로 함께 엮어지는 것이다.

우리가 동성끼리 주님을 중심으로 함께 할 때, 이성이 함께 있으면 결코 벌어질 수 없는 놀라운 일들이 벌어진다.

예를 들면, 한 형제가 아주 개인적인 문제로 고민하고 있을 때, 그는 그것을 다른 형제들에게 나눌 필요가 있다. 그러나 그때 만일 Y 염색체가 없는 사람이 그 자리에 있다면, 그는 어색해하고, 당황해 하고, 억제된 느낌을 받게 될 것이다.

이건 여자들에게도 똑같이 적용된다. 그리스도 안의 자매들은 남자가 그 자리에 없을 때 다른 자매들과 그냥 통하게 되는, 흉내 낼 수 없는 방법을 갖고 있다. 나는 거의 21년 전에 첫 번째 몸의 생활을 경험하면서 이것을 알게 되었다. 그것은 교회의 혈관 속에 새겨져 있는 것 같다.

형제들과 자매들을 위한 모임

나는 그룹 안의 형제들이 매주 또는 격주로 만날 시간을 정할 것을 권한다. 또 자매들도 매주 또는 격주로 만날 것을 권한다. 만일 격주로 만난다면, 자매들과 형제들이 번갈아 모임을 하면 된다. 이 모임에는 아이들이 함께 있어서는 안 된다.

자매들이 만날 때, 초창기에는 함께 모이는 주된 목표가 마음에 있는 것들을 나누고 함께 즐기는 것이다. 일주일 동안 있었던 것들, 자신의 삶, 아이들, 남편들에 관해 얘기하라. 희망, 꿈, 그리고 두려움을 주제로 토론하라. 함께 교회 생활을 하는 경험 속에서 보기를 원하는 것들에 관해서도 이야기하라. 물론 주님에 관해서 나누라. 함께 즐겁게 지내라. 농담, 웃음, 게임, 눈물. 자신을 그대로 드러내라.

머지않아, 당신은 당신의 고통과 어려움을 나눌 정도로 꽤 편안하게 느끼게 될 것이다. 이것은 아슬아슬한 모험이고, 용기가 요구된다. 하지만, 자연스럽게 이루어질 것이다. 그리고 그렇게 될 때, 다른 사람들도 똑같이 할 용기가 생길 것이다. 실제 생활에서 겪는 고통을 극복하도록 서로 돕는 것보다 더 공동체를 든든하게 세우는 것은 별로 없다.

형제들이 모일 때도 똑같이 하면 된다. 재미 삼아 서로 놀리는 것도 괜찮지만, 그것을 서로 심각하게 받아들이면 안 된다. 물론 당신 자신도 그것을 너무 심각하게 받아들이지 마라. 함께 즐겁게 지내라. 모임이 딱딱해지면, 누군가 농담을 해서 분위기를 바꾸는 것도 좋을 것이다.

부드럽게 놀리는 것은 재미있고 긴장을 풀게 하는 힘이 있다. 끈끈한 가족 안에서는 좋은 감정으로 놀리는 것이 자연스럽다. 그렇지만, 짓궂게 굴거나 놀린다는 구실로 잔인하게 하는 것을 삼가야 한다. 또 더 나쁜 것은, 놀리면서 장난한 끝에 "그냥 농담이야."라는 말없이 전혀 사실이 아닌 것을 사실처럼 얘기하면서 놀리는 것이다.

부드럽게 놀리는 것과 얕잡아보고, 무자비하고, 경시하고, 모욕하고, 조롱하고, 무시하고, 속이는 것 사이에 분명한 선이 있다. 놀리는 것은 인신공격의 일종일 수도 있다. 우리는 예수 그리스도의 교훈을 제대로 배우지 않아서, 그 선을 넘어 성령을 근심케 한다. 나는 그것이 그리스도 안의 형제관계를 파괴하는 것을 봐왔다. 그것이 그리스도 안의 형제들 사이에 신뢰를 손상해버린다. 신뢰와 정서적인 안정이 그런 분위기 속에서는 자리를 잡을 수 없다. 그러므로 재미 삼아 놀리되, 좋은 감정으로 하고 덕스럽게 하라.

형제 모임에서 다루게 될 것 중 하나는 자매들과 형제들이 각각 '1박 2일 모임'을 갖기로 하는 것을 확인하는 일이다. 당신은 또 그룹에 어떤 필요가 있는지를 얘기하게 될 것이다. 예를 들면, 미혼 자매의 차 수리를 돕는 것, 직장을 잃은 형제를 재정적으로 돕는 것 등이다. 형제 모임은 또한 충분히 얘기를 나누어 문제를 해결하고 해결책에 주님의 마음을 주입시키는 플랫폼이다.

형제 모임이 신뢰를 만들어내는 안정된 토양을 조성할 수 있다면, 당신의 그룹에 아주 중요한 토대가 될 것이다. 이 모임은 궁극적으로 형제들이 함께 주님의 마음을 찾는 자리가 될 것이다. 그리고 마음속 깊숙이 있는 비밀을 나누어도 안전하게 느끼게 될 자리라는 것을 알게 될 때, 아무도 그 모임을 떠나지 않을 것이다. 형제 모임은 이 세상에서 당신에게 알려진 가장 안전한 피난처 중 하나가 될 것이다. 자매 모임도 교회의 자매들에게 역시 그런 자리가 될 것이다.

내가 권하고 싶은 것이 또 하나 있는데, 그것은 형제 모임과 자매 모임을 노래로 시작하라는 것이다. 주님께 예배하는 노래들로 모임을 시작하

라. 그리고 나서 나눔의 시간을 가지라. 나는 모임을 예배로 시작할 때 더 고차원적이고 더 영적인 분위기로 간다는 것을 발견했다.

매주 또는 격주로 모이는 형제 모임과 자매 모임 외에, 나는 공동체를 세우는 데 크게 도움이 되는 다른 모임을 소개하고 싶다. 그것은 '1박 2일 모임' 이다.

자매들의 1박 2일 모임

'자매들의 1박 2일 모임' 은 크리스천 여자로서 경험하는 가장 유쾌하고 기억에 남는 것 중 하나가 될 수 있다. 여기에 그 모임을 하는 방법을 소개한다. 남자와 아이들 없이 모일 수 있는 집을 택한다. 남편들은 그 주말에 아이들을 돌봐야 한다. 이 모임은 자매들만을 위한 것이다. 토요일 오전에 시작해서 일요일 오후까지 모임을 한다. 교회는 그 주말엔 전체 모임을 하지 않는다.

자매들의 1박 2일 모임은 자매들이 하나로 결속하기 위한 시간을 주님께 드리려는 한 가지 목표를 염두에 둔다. 이 모임의 목적은 격식 없이 자유롭고 재미있는 분위기 속에서 서로 잘 알기 위함이다.

1박 2일 모임을 했던 자매들은 종종 다음과 같이 증언하곤 했다. 그들이 다른 자매들에게 자신의 마음속에 있는 것들을 나눌 정도로 편안하게 느꼈고, 그 결과로 주님께서 치유하시는 손길을 경험하게 되었다. 자매들의 1박 2일 모임에서는 보통 다른 환경에서는 벌어질 수 없는 많은 놀라운 일이 벌어진다. 염두에 둘 것: 만일 그룹의 한두 자매가 1박 2일 모임에 참여하기를 원치 않는다면, 이것 때문에 다른 자매들이 모임을 취소하면 안 된다. 참여하지 못하는 자매들이 모임의 첫날에는 참석해서 시간이 되는 만큼 있다가 가도록 격려할 필요가 있다.

그룹의 자매들이 이것을 시도하는 데에 마음이 열려 있다면, 이런 모임을 두세 달에 한 번 정도 가질 것을 권하고 싶다. 아래에 자매들이 1박 2일 모임을 하면서 실시해봤던 것들의 목록을 소개한다. 그것들을 실험해보라. 그리고 당신의 그룹에서도 좋은 아이디어를 개발해보라.

* '진실 둘과 거짓 하나' 놀이를 한다. 각각 종이에 자신에 관한 진실 두 가지와 거짓 한 가지를 쓴다. 자신의 이름을 쓰지 말 것 종이를 걷어 골고루 섞는다. 각 사람이 마음대로 종이 한 장을 뽑아서 적힌 내용을 큰 소리로 읽는다. 그룹은 그 종이가 누구의 것인지를 알아맞힌 다음, 세 가지 중 어떤 것이 거짓인지를 알아맞힌다.
* 함께 아이스크림 선데이 sundaes를 만든다. 아이스크림 위에 얹을 토핑은 각자 가지고 온다.
* 팝콘, 핫 초콜릿 등 다과를 먹으며 이야기로 밤을 지새운다.
* '숨겨진 자매들' Secret Sisters을 택한다. 3개월 동안, 각각 자매 한 명을 골라 자신을 드러내지 않고 비밀리에 편지, 카드, 성경구절 등으로 그 자매를 격려한다. 3개월 후, 다음 1박 2일 모임에서 자신이 누군지를 밝힌다. 각 사람은 지난 3개월 동안 자기를 격려해준 자매에 대한 감사의 표시로 뭔가 특별한 것을 계획한다. 원한다면, 각각 다른 자매를 골라 또 다시 실시한다.
* 각 사람의 등 뒤에 이름표를 붙이되, 거기에 쓰여 있는 이름을 그 자매는 알지 못하게 한다. 모든 이름은 같은 주제 안에서 고른다. 예를 들면, 배우 이름 중에서, 성경의 인물 중에서, 그룹의 형제 중에서, 그룹의 자매 중에서, 직업의 종류 중에서 등. 각 사람은 자기 등 뒤에 쓰여 있는 이름을 알아맞히려고 다른 자매들에게 질문한다.

* 형제들을 위해 촌극을 준비한다. 재미있게 할 수도 있고, 진지하게 할 수도 있다. 소재는 자매들이 함께 시간을 보내며 나온 것에서 얻을 수도 있고, 주님에 관해 새롭게 깨달은 것에서 얻을 수도 있다. 또 당신이 실천해봤던 성경의 특정한 이야기를 기초로 할 수도 있다.
* 영화를 빌려와서 함께 본다.
* 새로운 조리법으로 함께 빵을 굽거나 요리를 만든다.
* 여러 종류의 보드 게임을 한다.
* 몸짓 게임을 한다.
* 낱말 맞히기 게임을 한다.
* 선물교환 게임을 한다.
* 함께 노래 가사를 쓴다. 세속적인 노래를 하나 정해서 그 곡조에 맞추어 부를 가사를 쓴다. 자매들을 둘씩 짝 지운다. 각 쌍에 노래의 한 절씩을 쓰도록 할당한다. 그다음 다 모아서 하나로 엮고 주님께 찬양을 드린다. 다음 전체 모임에서 형제들에게 들려준다.
* 이 단원 끝에 있는 긴장을 풀게 하는 문제들에 대해 함께 답하고 토론한다.
* 형제들을 위해 뭔가 특별한 것을 계획한다. 그들이 기뻐 어쩔 줄 모르게 하는 것. 한 예로, 주제를 놓고 모이는 식사를 준비한다. 나의 기억에 남는 것 중, 형제 모임을 하고 있는데 자매들이 흰 블라우스에 검정 치마를 입고 행진을 하며 거실로 들이닥쳤던 적이 있다. 그다음 우리 형제들이 그들의 에스코트를 받으며 뒤뜰로 나갔더니 거기에 우리를 위해 간이테이블이 장식되어 있었다. 우리는 자매들이 이렇게 할 것을 전혀 알지 못했었다. 테이블 위의 접시마다 옆에 장미꽃 한 송이씩 놓여 있었다. 그리고 자매들 스스로 준비한 정식 이탈리아 요리가 나왔다. 우리가

식사하는 동안 자매들은 우리를 둘러싸고 그들이 가사를 쓴 "이것이 아가페이다"라는 노래를 불렀다.

That Agape
"That's Amore"의 곡조를 따라 할 것

In Ekklesia, where Christ is King,
When we see our brothers, here's what we sing:
When the bride seems to shine with a love that's divine,
That's agape.
We see you, we see Christ, we see Christ in your lives,
That's agape.

We all sing, glorify the King, Hallelujah.
Chosen ones, holy men, rising early seeking Him,
That's agape.

From His side, sanctified, Christ's pure life dwells inside,
You are holy.

Laying lives down for friends, on our brothers we depend,
That's agape.
When you walk in a dream, but you know you're not dreaming, senor,
excusame, but you see, here in old Floridi that's agape!

형제들의 1박 2일 모임

마찬가지로, 크리스천 남자들이 함께 가치 있는 시간을 보내는 것이 중요하다. 그래서 나는 두세 달에 한 번씩 1박 2일 모임을 할 것을 권한다. 형제들과 자매들의 1박 2일 모임은 번갈아 시행되어야 한다. 토요일에 시작해서 일요일 오후까지 모임을 한다.

여자와 아이들 없이 모임을 해야 한다. 이 모임은 크리스천 남자들이 그리스도 안에서 형제로서 함께 세워지는 기회를 주님께 드리고자 디자인된 것이다. 여기에 형제들이 1박 2일 모임에서 시도했던 것들을 소개한다.

* 함께 캠핑을 간다. 또는 형제의 집 하나를 정해서 모임을 한다.
* 낚시 여행을 계획한다.
* 함께 먹고, 농담도 하고, 마음을 나누고, 재미있게 즐긴다.
* 왕이신 그리스도의 공동체 안에서 형제로 살아가는 것이 무슨 의미인지를 얘기한다.
* 영화를 빌려 함께 보거나, 게임을 하거나, 노래 가사를 써서 전체 앞에서 부르거나, 이 단원 끝에 있는 긴장을 푸는 질문들에 답하고 토론한다.
* 성경에서 찾아낸 이야기를 촌극이나 단막극으로 연출한다. 대본을 쓰고 각 장면을 계획한다. 예행연습을 하고, 조정을 하고, 그다음 자매들 앞에서 공연한다.
* 자매들을 위해 뭔가 특별한 것을 계획한다. 그들을 깜짝 놀라게 하는 것! 한 예로, 자매들을 위해 미식가들의 식사를 준비한다. 그들에게 불러줄 노래, 촌극, 꽃, 자매 각 사람에게 줄 선물, 자매 각 사람을 향한 그리스도의 사랑을 표현하는 특별한 카드 등을 준비한다. 그리스도 안에

서 자매들이 누구인지를 상기시켜준다. 지혜를 발휘하라. 재치 있게 하라. 익살스럽게 하라. 자매들을 섬길 때 모두 정장을 한다. 독창성을 발휘하라.
* 크리스천 남자에 관해 다룬 책 중 하나를 골라 함께 읽고 실제로 적용할 수 있는 것들을 토론한다.
* 교회 안의 남편들이 그들의 아내를 사랑할 수 있는 실제적인 방법들을 토론한다.
* 형제 그룹이 자매 그룹을 축복할 수 있는 실제적인 방법들을 토론한다.

형제들의 결속을 다져주는 것들

아래에 형제들이 함께할 수 있는 것들을 열거해보았다.

* 영화를 함께 보러 가든지, 비디오나 DVD를 함께 본다. 그리고 나서 본 것을 놓고 토론한다.
* 함께 스포츠 경기를 보러 간다.
* 함께 낚시하러 간다.
* 약식 골프를 친다.
* 수상스키 또는 눈 위에서 타는 스키를 타러 간다.
* 썰매 타러 간다.
* 래프팅하러 간다.
* 제트 스키를 타러 간다.
* 클레이 사격을 하러 간다.
* 소프트볼 시합을 한다.
* 농구 시합을 한다.

* 테니스 코트 야구를 한다〈테이프를 붙인 휘플볼〈구멍을 뚫어 멀리 날아가지 못하게 한 플라스틱 공〉과 배트를 사용함〉.

* 축구 시합을 한다.

* 카누를 타러 간다.

* 페인트 볼 시합을 한다.

* 배구 시합을 한다.

* 레슬링 시합을 한다.

* 팔씨름 시합을 한다.

* 손전등을 사용하는 술래잡기를 한다.

* 서로 자동차 수리하는 것을 돕는다.

* 서로 집 정원 단장하는 것을 돕는다.

* 함께 몸 단련을 위한 체조나 운동을 한다.

* 함께 외식을 한다.

* 서로 세차를 해준다.

* 서로 집으로 초청해서 음식을 나눈다.

* 그룹의 부부를 위해 아이를 돌봐준다.

* 서로 집 수리를 돕는다. *

자매들의 결속을 다져주는 것들

아래에 자매들이 함께할 수 있는 것들을 열거해보았다.

* 매달 자매들 모두가 함께 모여 다른 자매의 집 청소를 해준다. 모든 자매의 집을 다 돌 때까지 계속한다.

* 자매 한 명을 데리고 나가서 새 옷 쇼핑을 한다.
* 자매 한 명이 미장원에 갈 수 있도록 다른 자매들이 아이들을 돌봐준다.
* 날을 정해 자매들 모두가 함께 미장원에 간다.
* 자매 중 한 명의 몸치장을 돕는다.
* 몸 단련을 위해 함께 체조나 운동을 한다. 가능하다면, 휘트니스 센터에 함께 가입한다.
* 저녁식사를 함께한다.
* 서로 사진첩을 만드는 것을 돕는다.
* 교회 생활의 영적 여정에 관한 저널을 함께 만든다.
* 요리 조리법 책을 함께 만든다.
* 부부가 함께 데이트할 수 있도록 아이들 돌봐준다.
* 자매 한 명을 택하여 임의로 또는 특별한 날에 꽃을 보내준다.
* 점심을 함께한다.
* 미혼 자매를 위해 저녁식사를 준비하거나 함께 영화구경을 한다.
* '자매들의 밤'을 계획해서 함께 나간다. 자매들 모두가 정장하고 괜찮은 식당에서 식사하고 함께 공연을 보러 간다. 남편들은 아내를 보낼 때 장미 한 송이를 선사한다. 결혼한 자매들이 미혼 자매를 위해 장미를 준비한다. 이것은 자매들이 함께하는 그들만의 특별한 밤이다.
* 집 근처나 공원이나 산에 가서 함께 걷는다.
* 자매들이 서로 번갈아 가면서 취미나 수예 같은 것을 가르쳐준다.
* 비치에 놀러 간다.
* 말을 타러 간다.
* 여러 가지 게임을 함께 즐긴다.

* 봄에 튜빙타이어를 타고 강을 내려가는 놀이을 하러 간다.
* 교회 전체가 참여하는 '게임의 날'을 계획해서 자매들이 형제들에게 도전한다.

위에 열거한 것들 외에, 그룹에 속한 모든 사람의 전화번호와 이메일 목록을 작성한다. 거기엔 아이들을 포함한 모든 사람의 생일도 기록해야 한다. 이 리스트를 모두에게 나눠준다. 각 사람의 생일을 축하할 방법을 찾아라. 생일을 맞은 각 사람이 지난 일 년을 회고하는 시간을 갖는 것도 좋을 것이다. 진급하거나 새 직장을 얻거나 졸업을 한 사람이 있으면 함께 축하하는 시간을 가지라. 밸런타인데이가 교회의 형제들이 그룹으로서 자매들을 축복할 좋은 기회가 될 것이다. 자매들에게도 마찬가지이다.

이 모든 것은 예수 그리스도 안의 공동체 생활을 강화시키고 발전시키는 데 도움이 된다. 다시 강조하건대, 지금 그룹의 주된 목표는 격식 없고, 재미있고, 자유롭고, 많이 웃는 분위기 속에서 서로 아는 것이다. 공동체는 이런 요소들 없이 세워질 수 없다. 이것이 진정한 교회 생활이 태동하는 데 필요한 기초이다.

긴장을 풀어주는 질문들

아래에 열거된 것들은 당신의 그룹에서 지체들 사이에 긴장을 푸는데 도움을 줄 수 있는 질문들이다. 이 질문들을 1박 2일 모임이나 다른 모임을 할 때 사용하라.

* 지난주에 당신에게 일어났던 가장 중요한 일은 무엇인가?
* 당신에 관해 알게 되었을 때 사람들이 놀랄 일들 몇 가지를 말해보라.

* 당신의 첫 직업에 대해 설명해보라.
* 당신이 어렸을 때 받은 가장 좋은 선물은 무엇이었는가?
* 당신의 가족이 정기적으로 지키는 전통 몇 가지를 소개하라.
* 당신이 꿈꾸는 직업은 무엇인가?
* 당신이 자라난 곳이 어디인지를 소개하라.
* 지금 유명한 사람 중 당신이 한 사람을 택하여 그리스도께 인도했다고 가정해보라. 당신은 누구를 택할 것이며 왜 그를 택할 것인가?
* 당신이 여행한 곳은 어디인가?
* 당신이 앞으로 5년 동안 성취하고 싶은 일은 무엇인가?
* 내일 아침에 새로운 능력이나 재주를 갖고 잠에서 깨어난 당신의 모습을 상상해보라. 그 능력이나 재주는 무엇일까?
* 당신이 은퇴하고 나서 하고 싶은 일은 무엇인가?
* 지금 살아있는 사람 중에서 당신이 온종일 함께 지내고 싶은 사람이 있다면 누구이며 왜 그 사람인가?
* 당신의 인생에서 달성하고 싶은 주요 목표를 말해보라.
* 당신이 받았던 칭찬 중에서 가장 좋았던 것은 무엇인가?
* 당신의 장점 두 가지를 나누라.
* 아직 이루지 못한 당신의 꿈포부을 나누라.
* 당신이 좋아하지 않는 선물을 받았을 때 보통 어떻게 하는가?
* 당신의 마음에 드는 영화 두 편을 꼽고, 당신이 왜 그것들을 좋아하는지를 말하라.
* 지금까지 본 TV 쇼 중에서 당신이 가장 좋아하는 것은 무엇인가? 왜 그것을 좋아하는가?
* 어렸을 때 당신은 커서 무엇이 되고 싶었는가?

* 당신이 휴가를 떠나고 싶은 곳은 어디인가?
* 당신이 다녀왔던 최고의 여행은 무엇이었는가?
* 당신이 먹고 싶지 않은 음식 두 가지는 무엇인가?
* 당신이 가장 좋아하는 음식 두 가지는 무엇인가?
* 당신이 제일 좋아하는 후식은 무엇인가?
* 당신이 제일 좋아하는 인스턴트 식품은 무엇인가?
* 당신이 처음 소유했던 자동차에 대해 말해보라.
* 작년에 당신에게 일어났던 일 중 가장 좋았던 것은 무엇이었는가?
* 당신의 이름은 어떤 의미가 있는가? 그리고 그 이름이 나오게 된 유래에 대해 말해보라.

실제적인 연습

* 형제 모임을 할 날짜와 시간과 장소를 결정하라.

* 자매 모임을 할 날짜와 시간과 장소를 결정하라.

* 달력을 사용하여 자매들이 첫 번째 1박 2일 모임을 할 주말 및 장소를 택하라.

* 달력을 사용하여 형제들이 첫 번째 1박 2일 모임을 할 주말 및 장소를 택하라.

Chapter 18

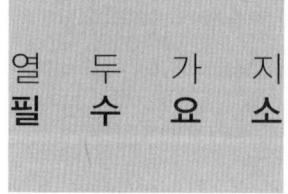

TWELVE ESSENTIAL INGREDIENTS

전도서 기자는, "찢을 때가 있고 꿰맬 때가 있으며 잠잠할 때가 있고 말할 때가 있으며…" 라고 관찰했다. 그런데 만일 제2의 종교개혁이 일어난다면, 그것이 잠잠할 때이고, 발가벗겨질 때이고, 홀가분한 여행을 할 때라는 사실에 의해 첫 번째 종교개혁과 구별될 것이다. 교회는 낡은 관습을 벗어나서 교리와 조직 같은 것들 없이도 잘할 수 있다는 것을 발견하게 될 것이다.

- 존 A. T. 로빈슨

아래의 요소들은 다른 사람들과 내가 성직자 없이 예수 그리스도의 머리 되심을 경험하는 흔치 않은 토양을 개척해나가면서 발견한 것들이다. 나는 소망 가운데 이것들을 당신의 그룹에 넘겨주고 싶다. 그 요소들이 나에게 도움되었던 것 못지않게 당신의 새 교회가 개척되는데 도움되었으면 하는 소망 말이다.

1. 신의 기대를 낮추라. 몸의 생활로 가는 길이 어려움으로 포장되어 있다는 사실을 이해하라. 그것은 장애물과 도전과 위험으로 가득하다. 당신은 때때로 서로에게 실망하고 또 실망시키게 될 것이다. 이것은 사람들과 함께 교회 생활을 해야 하는 패키지 일부이다. 그러므로 당신의 기대를 낮추라. 그리고 당신 자신은 말할 것도 없고 그리스도 안의 형제 자매들에게 완전을 기대하지 말라.

2. 당신이 더 나은 아이디어를 갖고 있지도 않으면서 다른 아이디어를 공격하는 것은 현명하지 못하고 역효과를 내게 된다. 달리 표현하자면, 당신이 다른 사람의 아이디어나 관습을 더 낫게 고칠 수 없다면, 그것을 비판하지 마라.

3. 당신이 아이디어를 제안하면, 그것을 실행하는 데 있어 책임을 지라. 바꾸어 말하면, 당신이 그룹에게 "우리가 이런저런 일을 해야 하지 않겠습니까?"라고 말했다면, 당신 스스로 선두에 서겠다고 자원했음을 이해하라.

4. 독창적이 되는 것을 절대로 두려워 말라. 탐구하고, 실험하고, 발견하려는 자세를 갖추라. 당신이 한 번도 듣거나 꿈꿔본 적이 없는 것을 시도하는 것에 익숙해지라. 성직자 없이 모임을 하는 것은 선구적인 시도이다. 이 길을 헤쳐나가면서, 당신과 같은 길을 걸어갈 다른 사람들에게 유익해질 것들이 많이 발견되어야 한다.

5. 실패를 감수해야 한다. 실수를 겁내지 말고 그 실수에서 배울 것을 찾아

라. 전혀 시도하지 않는 것보다는 실패하는 것이 훨씬 낫다. 실패를 두려워해서 배 안에 있는 것보다 배에서 나와 가라앉는 것이 더 고귀하다.

6. 율법적이 되려는 경향을 경계하라. 그리스도인의 행실에 관하여 당신의 확신과 기준을 그룹의 다른 지체들에 강요하는 것을 삼가라. 이것에 조심하면, 앞으로 당신의 새 교회가 분열되는 고통을 면할 수도 있을 것이다.

7. 만일 누가 당신이 한 번도 시도해본 적이 없는 실제적인 아이디어를 그룹을 위해 내놓는다면, 긍정적인 쪽으로 받아들이도록 힘써라. "안 된다"라는 말은 당신의 양심에 거슬리는 아이디어 또는 그룹을 종교적인 속박 아래로나 낡은 가죽부대로 되돌리려는 아이디어가 나타날 때를 위해 유보해두라. 당신의 그룹 안에서 서로서로 받쳐주는 것이 매우 중요하다.

8. 당신이 모임에 참석하지 못했다면, 다음 모임이 언제 어디에서 있을지를 알아내는 것은 당신의 책임이다. 또한, 그룹이 다음 모임에서 할 것을 알아내어 미리 준비하는 것도 당신의 몫이다.

9. 외향적인 성격과 내성적인 성격, 이 두 가지 유형의 기초적인 성격을 이해하고 받아들여라. 외향적인 사람들은 사교적이고, 겁이 없고, 할 말이 많은 이야기꾼들이다. 그들 중엔 스위치를 끄는 장치가 없는 수다쟁이도 있다.

　　내성적인 사람들은 사교적이지 않고, 소심하고, 가만히 앉아서 보고

자 하는 성격이다. 그들이 나누고 참여하기는 쉬운 일이 아니다. 당신이 외향적인 사람과 내성적인 사람을 알게 되는 것은 시간문제이다. 외향적인 사람들은 참여도가 지나치기 쉽고, 내성적인 사람들은 별로 참여하지 않는 경향이 있다. 이것은 정상적이다. 도전해야 할 것은 이 두 종류의 사람들 다 자신들의 성격 유형을 이해하고 주님께서 그들을 정반대 방향으로 이끌어주시도록 하는 것이다.

당신이 지나치게 참여도가 높은 외향적인 사람이라면, 자제하고 말수를 줄이는 노력을 해라. 당신이 참여도가 적은 내성적인 사람이라면, 용기를 내어 더 많이 나누도록 하라. 두 성격 다 기꺼이 자신의 본성을 죽일 수 있어야 한다.

염두에 둘 것: 대부분은, 내성적인 사람들에게 기꺼이 나누고 싶은 마음은 있다. 하지만, 대체로 그들에게 그들의 생각을 나누도록 물어봐야 한다. 이것을 잊지 않기를 바란다. 또, 만일 조용한 사람들이 아이디어를 내거나 무엇을 제안한다면, 그들이 말하는 것에 주의를 깊게 기울이고 무게를 실어주도록 하라.

10. 아래의 것은 율법과 선지자와 동일 선상에 있는 기준이라 할 수 있다. 당신의 교회에 있는 미혼 여성들은 남편이 없다. 결혼한 부부와 형제들은 그룹으로서 그들에게 특별한 관심을 둬야 한다. 미혼 자매들은 많은 외로움에 시달리고 있으므로, 결혼한 부부들은 식사나 영화관람 같은 것에 그들을 포함하는 것이 습관화되어 있어야 한다. 또한, 형제들은 그룹으로서 미혼 자매들의 집이나 차를 수리하는데 도움을 줄 수 있어야 한다.

11. 만일 모임을 할 때 교리나 신학적이 논쟁으로 진을 빼서 다른 사람들의 시선을 그리스도에게서 벗어나게 하는 사람이 있다면, 이것을 시도해보라. 주중에 특별 모임 한번을 마련해서 그 사람으로 하여금 방해받지 않고 자신의 교리를 그룹에 내놓고 설명할 수 있게 하라.

그 특별 모임 전에 미리 약속을 해라. 그 사람이 자신의 교리를 설명하고 끝마쳤을 때, 그것에 대한 그룹의 반응을 표할 시간을 가지라. 만일 그 사람이 모든 사람에게 그 교리를 이해시킨다면, 그 사람은 그 교리를 더는 모임에 내놓지 않겠다고 약속해야 한다. 모두가 다 이해하게 되었기 때문에 더 필요치 않기 때문이다. 만일 그 사람이 모두를 이해시키지 못한다면, 그것에 관해 다시는 말하지 않겠다고 동의해야 한다.

지금 단계에서는, 모임이 주 안에서 서로 아는 것에 집중되어야 함을 기억하라. 모임이 당신이 선호하는 교리를 설명하는 장으로 사용되어서는 안 된다. 그러므로 나는 당신의 특정한 교리를 접어두고 그것으로 교회를 좌지우지하지 않기를 권하고 싶다.

12. 유기적인 교회 생활은 결혼과 비슷한 점이 많다는 것을 기억하라. 처음 6개월에서 1년은 밀월 기간이다. 고로, 지금은 그것을 즐기라.

적절한 기대

이 단원을 마치면서, 당신이 앞에서 제시한 교훈들을 귀담아듣고 실천한다면, 나는 머지않아 아래와 같은 것들이 벌어질 것을 기대한다.

* 종교적인 속박의 굴레는 당신의 삶에서 자취를 감추기 시작할 것이다.
* 당신은 그리스도께서 당신을 위해 사신 자유를 맛보기 시작할 것이다.

* 당신은 신자들의 모임에서 나누는 것에 더욱 편안함을 느끼게 될 것이다.
* 크리스천의 삶은 당신에게 과거보다 더 큰 즐거움을 줄 것이다. 당신은 더 많이 웃게 될 것이다.
* 당신은 주님과 크리스천의 삶에 관해 새로운 사고방식을 갖기 시작할 것이다.
* 당신은 종파적이거나 제도적인 사고의 틀에 더는 사로잡히지 않게 될 것이다.
* 신약 성경은 당신에게 새로운 책이 될 것이다.
* 당신은 그룹의 사람들을 처음 만났을 때보다 더 돌보게 되고 더 고맙게 생각할 것이다. 사실, 당신은 그들을 당신의 진짜 형제와 자매로 보게 될지도 모른다.
* 주님을 향한 당신의 목마름과 갈망이 증가하게 될 것이다.
* 당신은 처음 이 여행을 떠났을 때보다 더 "정상적"이 되고 덜 종교적이 될 것이다.
* 당신이 얼마나 종교적인 사고방식의 영향을 받았었는지를 발견하기 시작할 것이다. 그리고 그 골이 얼마나 깊은지를 인식하기 시작할 것이다.

제3부에서 다룬 교훈들에는 오직 한 가지 목표, 주 예수 그리스도의 머리 되심 아래 모이는 모임과 공동체의 삶으로 당신을 데려가기 위한 것임을 기억하라. 거기에 도달하려면 시간이 걸린다. 고로, 인내하라. 마음껏 즐기고, 그 여정을 소중히 여기라.

이 새로운 모험을 떠나는 당신 위에 주님께서 복을 내려주시기를 바란다.

제4부에서는, 우리가 유기적 교회의 건강 상태와 성장에 대해 탐구하게 될 것이다.

4부

잡초를 제거하다
건강상태와 성장

Chapter 19

유기적 교회의 성장단계

THE GROWTH STAGES OF AN ORGANIC CHURCH

> 갓난아기들같이 순전하고 신령한 젖을 사모하라 이는 그로 말미암아 너희로 구원에 이르도록 자라게 하려 함이라.
>
> — 베드로벧전 2:2

 나의 많은 단점 중 하나는 한꺼번에 여러 가지 일을 못하는 것이다. 나는 대부분 사람도 동시에 많은 일을 하지 못한다는 사실을 잘 알고 있다. 하지만, 나의 경우엔, 그것이 구제불능인데. 이것은 과장없는 솔직한 표현이다. 만일 당신이 내가 운전하는 차에 타고 있다면, 나에게 말을 걸지 마라. 그것이 나로 하여금 고의 아니게 당신을 멕시코로 데려가게 할지도 모른다!
 이런 결점의 긍정적인 면은 내가 어떤 것에 집중할 때, 예를 들어 대화 같은 것에 집중하면, 그것을 여러 다른 각도에서 들을 수 있다는 것이다. 그래서, 대부분의 인간적인 결함과 마찬가지로, 거기에서 건질 것이 있다.

내가 그동안 집중해온 것 중 하나는 유기적 교회가 어떻게 자라고, 발전하고, 살아가고, 죽느냐 하는 것이다.

하나님의 마음에 합하는 교회를 향한 나의 탐색여행은 나로 하여금 이것에 관련해서 몇 가지 결정적인 질문을 던지게 했다. 예를 들면, 그리스도의 몸의 성경적인 비전을 드러내는 건강하고 생기 있는 교회를 만드는 필수적인 요소들은 무엇인가? 어째서 그렇게 많은 비전통적인 교회가 사라져버리는가? 유기적 교회는 어떤 단계들을 통과하는가, 그리고 각 단계에 대해서 우리가 알아야 할 것은 무엇인가?

다시 강조하자면, 전통적인 교회 제도 밖에서 모이기 시작한 많은 교회는 수명이 짧다. 이것이 많은 사람으로 하여금 초기 그리스도인들이 교회를 하던 방식은 오늘날엔 통하지 않는다는 결론을 짓게 했다. 그들은 교회 문을 닫지 않으려면 제도적인 구조를 가져야 한다는 결론을 맺었다.

나는 이 특정한 주장에 대한 반론을 나의 다른 책들에서 다뤘기 때문에, 여기서는 같은 대답을 되풀이하지 않겠다. 그 대신, 나는 나의 여정이 유기적 교회가 통과하게 될 성장의 단계들에 관해서 나에게 가르쳐준 것을 다루고 싶다.

나는 지난 20여 년 동안 보아온 것에 기초해서 다음과 같이 믿게 되었다. 제도권 교회를 떠나 그리스도의 머리 되심 아래 모이기를 추구하는 모든 크리스천 그룹은 궁극적으로 넷 중의 하나로 귀결된다.

네 종류의 운명

첫째, 파탄. 시간이 지나면, 많은 유기적 교회가 산산조각이 난다. 그들은 여러 다른 이유에 의해 파탄이 난다. 대개 그것은 성격의 대립, 각기 다른 종교적 관습이나 교리적인 충돌 등 내부의 갈등에 기인한다. 그룹에 영적 자원과 갈등을 다루는 성숙함이 빠져 있으므로 자멸하고 만다. 이런 일이 벌어질 때, 손해는 그야말로 막심하다.

나는 교회 생활의 피해자 중 개념 자체에 회의를 품게 된 사람들을 여러 명 만났다. 그들은 뜨거운 불에 손을 집어넣었다가 심하게 데고 말았다. 그들은 이제 영적인 폐허에서 그들의 상처를 핥으며 살고 있다. 다른 그리스도인들에게 가까이 다가간다는 개념은 그들을 분하게 하고 더는 통하지 않는다. 그들에겐 주문 같은 것이 각인되어 있다. "내가 전에 그런 식의 모임을 시도했었는데, 그건 해 봤자 소용없어."

유감스럽게도, 이렇게 상처뿐인 많은 영혼은 여생 동안 영적인 불구자로 살게 될 것이다. 물론, 그들이 주님의 목적을 성취하는 방향을 택해서 나아간다면 주님의 치유를 받을 수도 있다.

분열하는 또 하나의 이유는 '녹스는 현상' 때문이다. 교회가 녹이 슬 때, 지체들은 반복해서 똑같은 것을 하다가 지쳐버리게 된다. 그들이 판에 박힌 일의 횡포에 시달리게 되는 것이다. 내 친구 헬 밀러가 지적했듯이, "모든 것은 처음엔 평범했다가, 그다음 기계적이 되고, 결국 중요하지 않게 된다." 신선한 것이 교회에 주입되지 않으므로, 모든 사람이 포기하기 일보 직전이다. 모임에 참석하는 수도 점점 줄게 되어 나중엔 거의 아무도 보이지 않게 된다. 녹스는 현상은 보통 교회가 엔트로피생명체의 쇠퇴현상와 맞서 싸울 수 있도록 돕는 외부로부터의 사역을 받지 않을 때 나타난다.

기력의 쇠진도 분열하는 이유 중 하나이다. 이것은 보통 지나치게 열심인 사역자가 교회의 필요에는 민감하지 않고 자신의 비전을 인간적인 수단으로 지체들에게 밀어붙이려고 할 때 나타난다. 교회 생활이 쉴 틈도 없이 무서운 속도로 진행된다. 지체들은 한계점에 도달할 정도로 자신을 소모해버린다. 결국, 계속 열광했던 그들의 열기가 식고 마침내 기력이 다 쇠진되어버린다. 그들은 너무 지쳐서 그냥 모임이라는 말만 들어도 넌더리를 내게 된다.

둘째, 제도화 현상. 그룹 안에서 누군가가 지도자가 된다. 대부분은, 이 사람은 자신이 그룹을 인도하고 있다는 사실을 부정한다. 하지만, 그 사람이 하는 말을 주의 깊게 들어보면, 곧 명백해진다. 결정적인 증거 하나는 다음과 같이 말할 때이다. "나는 정말 그들교회이 이것을 볼 수 있도록, 그리고 저것을 할 수 있도록 열심히 애써왔습니다."

결국에 가서는, 그룹의 다른 모든 사람은 그 사람직함만 없다 뿐이지 영락없는 지도자을 바라보고, 그를 의지하고, 그가 대부분 또는 모든 사역을 하도록 허용하고 수동적이 되어버린다. 성직자가 존재하지만, 눈에 띄지 않게 주도하는 것이다. 이것은 또한 결국 교회를 좌지우지하는 장로 그룹의 형태로도 나타날 수 있다.

셋째, 집단적 마비증세. 이런 운명에 처한 교회들은 고통스러운 갈등을 함께 겪어왔다. 지체들이 모임을 지속하는 이유는 그것이 옳은 일이기 때문이다. 하지만, 그들은 더는 무엇을 함께 결정하지 못한다. 그들이 포기하기를 원치 않고 또 그들이 쌓아온 것을 잃고 싶지 않기 때문에, 결국 집단적 마비상태에 빠지게 된다. 의미 있는 대화는 마치 벼랑 끝에서 애쓰는 것으로 비친다. 교회는 화장지로 만든 끈에 매달려 있는 것처럼 간신히 함께 붙어 있다. 모두가 다른 사람의 감정을 상하게 하고 뇌관을 건드릴지도 모른다는 두려움 때문에 조마조마해한다. 이런 상태는 해결되지 않고 수년 동안 계속될 수 있다.

넷째, 영적인 성장과정. 목적지에 '도달하는' 교회는 없다. 모두 다 과정

중에 있다. 하지만, 영적으로 진보하는 교회들은 주님과 그분의 영원한 목적을 향해 착실하게 전진한다.

갈등도 겪고 위기도 경험하지만, 교회는 살아남게 되고, 그 결과로 더욱 강해진다. 바울의 표현을 빌리자면 지체들은 '함께 지어져' 가고, 하나님께서 바라시는 것을 얻으신다. 하나님의 영광스런 아들을 집합적으로 드러내는 신부, 몸, 집, 그리고 가족. 공동체에 닥친 소용돌이와 맞물려서 그들이 흘린 피와 땀을 통해, 그리스도의 성품이 개인적으로나 공동체적으로 지체들 안에 형성되어 간다. 그리고 예수님은 머리 두실 곳을 얻게 된다.[1]

어떤 저명한 철학자가 언젠가 이렇게 말했다. "당신을 죽이지 않는 것은 당신을 더 강하게 해준다." 나는 이렇게 말하고 싶다. 몸의 생활에는, 당신을 더 강하게 해주는 것이 당신을 죽여버린다. 따라서 만일 당신이 스스로 기꺼이 죽지 않는다면, 그리스도의 몸을 경험하는 것은 절대로 당신의 몫이 될 수 없다.

성장의 네 단계

다른 모든 생명체가 그러하듯이, 유기적 교회들도 성장하면서 여러 단계를 거친다. 내 경험으로 볼 때, 그 단계들은 공통된 패턴을 따른다.

첫 번째 단계는 밀월 기간이다. 이 기간에는 모든 것이 그저 아름답다. 처음에 언뜻 보기에는 적어도 그렇게 보인다. 지체들은 전에 누려보지 못했던 자유를 경험한다. 그들의 교제는 달콤하고 충만하다. 그들은 새로 발견한 그리스도 안의 기쁨과 생명과 자유를 누린다. 그들은 서로 사랑에 빠졌다는 생각까지도 하게 된다. 그것은 실로 놀라운 경험이 아닐 수 없다.

모든 교회가 밀월 기간을 거치는 것은 아니다. 나는 처음부터 곧장 불 속으로 직행하는 그룹들도 보았다. 하지만, 대부분은 밀월 기간을 경험하게 될 것이다. 그리고 저녁이 되면 틀림없이 해가 지듯이 밀월 기간도 끝나게 된다. 그것이 없어지고 마는 것이다. 나는 밀월 기간을 끊임없이 누리는 교회를 한 번도 본 적이 없다. 결국, 끝이 오고야 말 것이다. 그리고 두 번째 단계 위기로 가게 된다.

그룹을 공황상태로 몰아갈 어떤 일이 벌어진다. 기독교 고전에 속하는 『성도의 공동생활 *Life Together*』라는 책에서, 디트리히 본회퍼는 크리스천 공동체가 직면하는 지독한 시험을 가리키는 말로 위기라는 단어를 사용했다. 그런 시험에 대해 묘사하는데 이것보다 더 좋은 단어는 없는 것 같다.

나는 셀 수 없을 정도로 많은 교회가 위기에 처한 것을 보아왔다. 그중에 좀 덜한 교회도 있고, 아주 심한 교회도 있다. 또 피가 말굴레에 닿을 정도로 극심한 일도 있다. 이때가 그룹이 모종의 결정을 내려야 하는 중대한 시점이다. 자멸하든지 아니면 위기를 극복하고 살아남아서 세 번째 단계로 가든지 둘 중 하나이다.

세 번째 단계는 십자가를 경험하는 단계이다. 모든 위기는 우리를 곧장 그리스도의 십자가로 인도한다. 그것은 우리를 궁지로 몰려고 디자인된 것이다. 너는 죽고자 하는가? 지고자 하는가? 항복하고자 하는가?

이것은 그룹을 떠나는 것을 의미하지 않는다. 또는 당신이 느끼는 바가 옳은 방향이라는 것을 주장하기 위해 싸운다는 의미도 아니다. 그것은 교회 안에서 당신의 인생은 죽고 그 상황을 주님께 온전히 맡기는 것을 의미한다.

이것을 염두에 두기 바란다. 어떤 사람들에게는 보통 수동적인 사람들, 죽는 것이 하나님의 뜻을 위해 자신이 믿는 바를 담대하게 표현하는 것을 의미할 수도 있다. 또 어떤 사람들에게는 보통 의지가 강한 사람들, 그것이 그 상황으로부터 손을 떼고 그룹의 뜻에 항복하는 것을 의미한다.

만일 누가 모든 것에 기꺼이 죽기를 거부한다면, 즉 그들의 견해, 그들의 주장, 그들의 은사, 그들의 사역, 그들의 아이디어, 그들의 기질을 죽음으로 가져가지 않는다면, 교회는 위기에서 살아남기 어렵게 될 것이다.

당신이 이 책에 있는 다른 것은 다 잊어버릴지라도 제발 이것만큼은 잊지 마라. 유기적인 교회 생활은 그리스도인이 알 수 있는 가장 영광스러운 경험이다. 그러나 그것은 당신이 기꺼이 십자가를 받아들이지 않는 한 벌어지지 않고 또 앞으로도 벌어질 수 없을 것이다.

여기에 변치 않는 진리가 있다. 당신이 교회에 초점을 맞춘다면, 분열을 면치 못하게 될 것이다. 그러나 그리스도에게 초점을 맞추고 십자가를 받아들인다면, 교회를 얻게 될 것이다.

만일 교회가 위기를 통해서 십자가를 성공적으로 지게 된다면, 그 교회는 네 번째 단계 검증된 몸의 생활로 돌입하게 될 것이다. 그것의 모습은 이와 같다. 형제 자매들 사이의 사랑은 불을 통과하면서 성숙해졌다. 성도들은 결코 서로 진정으로 사랑에 빠질 수 없었다. 그들은 사랑으로 올라갔다.climbed 몸의 생활은 이제 밀월 기간 단계보다 더 심오해졌고 더 충만해졌다. 지체들은 서로 위해 희생하게 될 것이다. 그들은 예수님의 말씀을 경험하기 시작한다. "사람이 친구를 위하여 자기 목숨을 버리면 이보다 더 큰 사랑이 없나니" 요15:13

하지만, 그 과정은 거기서 머무르지 않는다. 교회는 시간이 지남에 따라 두 번째 단계, 세 번째 단계, 네 번째 단계를 또다시 순환하게 될 것이다. 각 단계는 계절과 아주 비슷하다. 교회 성장의 마지막은 교회가 그리스도의 충만한 형상을 본받는 것이다. 또는 바울이 말하는 "장성한 분량이 충만한 데까지" 이르는 것이다. 엡4:13

예수 그리스도의 사역

교회 생활의 단계들을 이해하는 데 있어 좋은 모델은 예수 그리스도의 세 가지 주요 사역선지자, 제사장, 왕에서 볼 수 있다. 교회 생활에도 선지자의 단계, 제사장의 단계, 그리고 왕의 단계가 있다.

밀월 기간 단계는 그리스도의 선지자적 사역에 비유될 수 있다. 선지자들은 선견자들, 즉 영적인 시각을 소유한 사람들이다. 선지자의 단계에서는, 하나님의 사람들에게 그리스도와 그분의 몸에 관한 신선한 비전을 준다. 그 비전은 그들 안에서 자라날 것을 전제로 한다. 그렇게 되려면 물을 주고, 거름을 주고, 길러야 한다. 그런 비전에서 교회의 생명이 드러나게 된다.

하지만, 밀월 기간이 끝나듯이 선지자의 단계도 끝이 난다. 제사장의 단계가 선지자의 단계를 이어받는다. 제사장이라고 하면 떠오르는 것이 무엇인가? 희생과 죽음이다. 제사장의 사역은 제단에서 섬기는 것이다. 희생을 드리는 사역이다. 이것은 교회의 위기와 십자가에 해당한다.

제사장의 단계에서는, 비전이 고통을 통해 검증된다. 여기에서 주님의 목표는 비전을 계시에서 실제로 옮겨가게 하는 것이다. 따라서 이 단계는 교회 생활의 위기와 그것과 밀착된 십자가를 포함한다. 비전을 시험하기 위해 불이 등장하게 된다.

제사장 단계가 지나면 왕 노릇 하는 단계가 그 뒤를 잇는다. 만일 주님께서 제사장 단계를 거치는 동안 교회의 지체들 안에 어떤 영역을 확보하시면, 그것을 주님의 나라kingdom에서 사용하실 수 있게 될 것이다. 교회는 이제 보이지 않는 세계의 영적인 권세들에 일격을 가하기 시작한다. 교회는 먼저 선지자와 제사장의 단계를 경험하지 않고서는 왕 노릇 하는 단계로 옮겨갈 수 없다.

나는 구약 성경의 요셉이 위의 세 가지 단계를 멋지게 표현한다고 생각한다. 하나님께서 요셉에게 놀랍고도 강력한 비전을 주셨다. 그 후에, 요셉의 형제들은 그를 시기하게 되었고, 이것이 그들로 요셉을 죽일 계획을 세우게 했다. 요셉은 불 시험과 십자가를 만나게 되었고, 그것들을 그에게 안겨준 사람들은 다름 아닌 그의 형제들이었다. 그가 받았던 놀라운 선지자적인 비전은 큰 고통을 수반하는 제사장적 단계로 바뀌었다.

요셉의 형제들은 그를 구덩이에 던져 넣고 죽게 내버려두었다. 후에, 그는 추잡한 죄를 지었다는 억울한 누명을 쓰고 간신히 사형을 면한 채 깊은 감옥에 갇혀버렸다. 나는 시편이 묘사한 요셉의 이야기를 좋아한다.

> 그가 한 사람을 앞서 보내셨음이여 요셉이 종으로 팔렸도다 그의 발은 차꼬를 차고 그의 몸은 쇠사슬에 매였으니 곧 여호와의 말씀이 응할 때까지라 그의 말씀이 그를 단련하였도다 왕이 사람을 보내어 그를 석방함이여 뭇 백성의 통치자가 그를 자유롭게 하였도다 그를 그의 집의 주관자로 삼아 그의 모든 소유를 관리하게 하고 그의 뜻대로 모든 신하를 다스리며 그의 지혜로 장로들을 교훈하게 하였도다 _시 105:17~22

많은 고통을 당하고, 요셉이 처음 받았던 비전은 사실로 증명되었다. 선지자적 예언이 그대로 이루어졌다. 그것은 전혀 망상이 아니었다. 요셉은 애굽을 다스리는 사람이 되었다. 그가 왕 노릇 하는 단계로 들어간 것이다.

시편 기자의 말을 주목하라. "그의 말씀이 그를 단련하였도다." 이 말씀에는 천둥번개가 치고 있다. 당신의 그룹이 유기적인 방식으로 모임을 하기 시작했다면, 주님의 말씀이 당신의 그룹을 단련할 것이다. 그 말씀이 당신의 그룹을 검증할 것이다. 하나님의 집을 회복하기 위한 비전은 당신의 인생에서 혹독하게 검증될 것이다.

그리고 때가 이르면, 당신은 스스로 이런 생각에 빠지게 될 것이다: 이 비전이 실제로 이루어질 것인가…? 아마 그것이 1세기에는 통했지만, 오늘날엔 적용될 수가 없을 거야… 이렇게 높고 고상한 목표가 정말 투쟁해서 성취할 가치가 있는 것일까?

그런 생각이 당신의 머리에 스칠 때, 내가 당신에 해줄 수 있는 말은 단 두 마디이다. 요셉을 기억하라.

Chapter 20

유기적 교회에 찾아오는 계절

THE SEASONS OF AN ORGANIC CHURCH

> 범사에 기한이 있고 천하만사가 다 때가 있나니
>
> — 솔로몬전 3:1

내가 어린 그리스도인이었을 때, 누군가가 나에게 다음과 같이 말해주었다. 하나님께서 자연세계에 계절을 창조하신 이유 중 하나는 그리스도인이 그의 인생을 살아가면서 거치게 될 영적인 계절을 설명해주기 위함이다.

유기적인 교회 생활을 얼마쯤 한 후에, 나는 다음과 같은 사실을 믿게 되었다. 이 땅의 계절은 크리스천의 삶에 찾아오는 영적인 계절을 가리킬 뿐만 아니라, 그것은 유기적 교회가 거쳐 가야 할 영적인 계절을 가리키기도 한다.

내가 그런 교회들에서 함께 해오는 동안, 이것은 사실로 드러났다. 마치

시계가 가는 것처럼 계절이 왔다가 가곤 했다. 창세기 8:22에 보면, "땅이 있을 동안에는 심음과 거둠과 추위와 더위와 여름과 겨울과 낮과 밤이 쉬지 아니하리라" 라고 되어 있다.

예수님은 계절의 중요성에 대해 많은 말씀을 하셨다. 마21:41,45; 눅12:42; 21:30; 요4:35; 5:35 바울은 그의 젊은 제자인 디모데에게 "때를 얻든지 못 얻든지"라고 했다. 딤후4:2 로버트 볼트가 쓴 토마스 모어 경에 관한 연극의 제목을 빌리자면, 디모데는 "모든 계절에 맞는 사람"a man for all seasons이다. 모든 계절 곧 아주 좋고, 좋고, 나쁘고, 소름 끼치고, 말을 할 수도 없이 고통스러운 계절을 총망라해서 버티고 흔들리지 않는 사람이라는 말이다.

바울도 그런 사람이었다. 그가 사역하면서 거쳐 갔던 계절에 관한 묘사를 그의 입을 통해 들어보자.

> 오직 모든 일에 하나님의 일꾼으로 자천하여 많이 견디는 것과 환난과 궁핍과 고난과 매 맞음과 갇힘과 난동과 수고로움과 자지 못함과 먹지 못함 가운데서도 깨끗함과 지식과 오래 참음과 자비함과 성령의 감화와 거짓이 없는 사랑과… 무명한 자 같으나 유명한 자요 죽은 자 같으나 보라 우리가 살아 있고 징계를 받는 자 같으나 죽임을 당하지 아니하고… 나는 비천에 처할 줄도 알고 풍부에 처할 줄도 알아 모든 일 곧 배부름과 배고픔과 풍부와 궁핍에도 처할 줄 아는 일체의 비결을 배웠노라 _고후 6:4~6, 9; 빌 4:12

바울과 디모데처럼, 모든 교회도 "모든 계절에 맞는 사람"이어야 한다. 전형적인 제도권 교회는 세월이 아무리 흘러도 요지부동인 종교의식에 묶여 있기 때문에 계절을 거치지 않는다. 따라서 전통적인 교회 교인들의 영적인 상태는 종교의식에 가려져 있다. 의식을 순서를 맡은 사람들이 집행하고, 교인들은 지켜보기만 한다. 양쪽의 영적 상태와는 관계없이 말이다.

역사상 가장 지혜로웠던 사람 중 하나가 인생의 여러 다른 계절에 관해서 우리에게 잘 얘기해주고 있다. 그는 이렇게 말했다.

> 범사에 기한이 있고 천하만사가 다 때가 있나니 날 때가 있고 죽을 때가 있으며 심을 때가 있고 심은 것을 뽑을 때가 있으며 죽일 때가 있고 치료할 때가 있으며 헐 때가 있고 세울 때가 있으며 울 때가 있고 웃을 때가 있으며 슬퍼할 때가 있고 춤출 때가 있으며 돌을 던져 버릴 때가 있고 돌을 거둘 때가 있으며 안을 때가 있고 안는 일을 멀리 할 때가 있으며 찾을 때가 있고 잃을 때가 있으며 지킬 때가 있고 버릴 때가 있으며 찢을 때가 있고 꿰맬 때가 있으며 잠잠할 때가 있고 말할 때가 있으며 사랑할 때가 있고 미워할 때가 있으며 전쟁할 때가 있고 평화할 때가 있느니라 _전 3:1~8

자연세계에서 사실인 것이 영적 세계에서도 또한 사실이다.

계절은 근본적으로 변화라는 뜻이다. 타락한 우리는 변화를 별로 좋아하지 않는다. 우리는 단조롭고 일상적인 것에서 쉽게 헤어나지 못한다. 우리가 그쪽으로 기울어져 있기 때문이다. 하지만, 과학은 모든 생명체가 성장하지 않으면 죽게 된다는 사실을 우리에게 가르쳐준다. 그리고 성장은 변화를 의미한다.

그래서, 교회가 항상 탐구하고, 실험하고, 발견하는 자세를 유지하는 것이 중요하다. 나는 교회 생활에 다양성이 없으면 김이 빠져버린다는 사실을 알게 되었다. 주님을 표현하는 방법은 수도 없이 많다. 그분을 탐구하는 방법도 마찬가지이다. 주님의 머리 되심 아래 모이는 방법 또한 제한이 없다. 그리고 모든 것에는 적절한 계절이 있다.

온대지방과 극지방에는 봄, 여름, 가을, 겨울의 네 계절이 있다. 열대지방과 아열대 지방에는, 우기와 건기의 두 계절밖에 없다.

우리는 유기적인 교회 생활을 모두 여섯 개의 계절로 이해할 수 있다. 그렇지만, 교회의 계절은 직선으로 움직이지 않는다. 그것이 주기적이긴 하지만 마음대로 움직인다. 그래서 그것을 예견하거나 도표로 그릴 수 없다. 따라서 교회에서는 날씨를 측정해서 예보한다는 것은 있을 수 없다. 아래에 설명된 다양한 계절은 내 경험으로 볼 때 유기적 교회가 언젠가는 거쳐 가며 경험하게 될 계절들이다. 아래에 열거된 순서는 중요하지 않다.

봄

유기적 교회의 봄은 성장의 계절이다. 그것은 다시 태어나고, 씨를 퍼뜨리고, 열매를 맺는 시기이다. 고대 이스라엘에서는 봄이 보리와 밀을 수확하는 계절이었다. 봄은 교회의 뻗어나가는 시기에 해당한다. 이 시기에 새로운 회심자들이 교회 안으로 들어오게 된다.

당신이 사도행전을 주의 깊게 살핀다면, 초기 교회에 뻗어나가는 계절이 있었음을 발견하게 될 것이다. 그것은 또한 내실을 기하는 시기이기도 하다.

나는 오늘날의 복음전도에 대대적인 수정이 필요하다고 생각한다. 오늘날의 포스트모던 사회의 사람들에게는 '구원의 계획'을 소개하거나 '로마서의 구절들로 하는 전도'를 사용하는 것보다, 하나님을 경험한 개인의 이야기가 훨씬 더 잘 받아들여진다는 것을 알아야 한다.

덧붙여 말하자면, 사람들은 복음이 말로만이 아닌 행동으로 그들의 눈 앞에서 실천될 때 더 잘 수용한다. 이것은 일반 사람들이 크리스천 메시지에 냉담한 서구사회에서 특히 더 그런 것 같다. 사람들은 당신이 말하는 것보다 실천하는 행동에 훨씬 더 감명을 받는다.

나는 십 대 후반에서 20대 초반 사이에 복음전도의 여러 방법을 실험해 보았다. 이것엔 가가호호 전도, 전도지를 나누어주는 것, 길거리에서 외치는 전도, 설문조사 전도, 대학가 전도 등도 포함되었다. 그 모든 방법을 실험하면서 나는 두드러진 한 가지 발견을 하게 되었다. 그것들이 매우 비효과적이라는 것이다.

가장 효과적인 형태의 전도는 복음을 구체적인 방법으로 드러내는 것이다. 예를 들면, 불신자에게 진정한 친구가 되어주는 것, 가난한 사람들을 돕는 것, 억압받는 사람들과 함께하는 것, 상처받은 사람들을 위로하는 것, 그리고 사람들의 다양한 필요를 채워주는 것 등이다.

예수님께서 지상에 계셨을 때의 삶을 살펴보면, 주님께서 병든 자들을 돌보시고 가난한 자들과 억압받는 자들과 함께 하셨음을 금방 알 수 있을 것이다. 교회에 내주하는 그리스도의 생명도 여전히 그 방향으로 움직이고 있다. 왜냐하면, 주님은 "어제나 오늘이나 영원토록 동일"하시기 때문이다. 히13:8

그래서, 교회가 다른 사람들을 위해 사랑과 긍휼과 관심을 실천함으로써 그리스도의 임재하심을 드러내는 것은 불신자들에게 예수님을 보여주는 가장 효과적인 방법이다. 교회가 교회당의 벽을 넘어 밖으로 향할 때, 세상이 보게 될 가장 강력한 복음전도가 될 것이다.

내가 터득한 또 하나의 중요한 교훈은, 교회가 갓 태어나서 걸음마도 하기 전일 때는 아직 복음전도를 시작하기엔 이르다는 사실이다. 온갖 개인적인 문제들을 안은 한 무리의 새 신자들이 온다면 새로 태어난 유기적 교회에 엄청난 부담만 가중시킬 것이기 때문이다. 나는 수많은 교회가 그들의 주된 존재목적이 복음전도이기 때문에 기진맥진해진 것을 보아왔다. 그 교회들엔 새 신자들을 감당할 영적인 성숙함이나 자원이 없었기 때문에 결국 나가떨어지고 말았다.

복음전도는 교회에 무서운 유혹이 될 수도 있다. 그것은 교회의 영적, 육적 에너지를 고갈시키고 무거운 짐이 될 잠재력이 있다. 그래서, 복음전도와 숫자적인 성장은 교회의 지속적인 프로그램이 아닌, '적절한 때' 계절에 이루어져야 한다.

현대 복음전도의 생각을 하는 사람들이 위의 제안에 대해 못마땅하게 여길 것을 나는 알고 있다. 하지만, 내가 관찰한 바로는, 복음전도를 위해 존재하는 교회들은 영적으로 얄팍한 경향이 있다. 복음전도와 숫자적인 성장도 중요하겠지만, 내실을 기하는 것과 영적인 건축도 못지않게 중요하다. 그리고 그 둘 다에 각각 계절이 있다.

복음전도숫자적인 성장의 계절과 영적인 건축내실을 기하는 것의 계절이 있음을 인식하는 것은 교회가 복음전도에 초점을 맞출 것인가 아니면 영적인 건물에 초점을 맞출 것인가를 놓고 어떤 것이 옳은지 쓸모없는 논쟁을 벌이지 않도록 해줄 것이다. 교회에도 계절이 있다는 것을 이해하는 것이 그 질문에 신선하게 접근하도록 해주기 때문에 그 문제를 해결할 수 있다. 그 질문은 더는 이것이 옳은가 저것이 옳은가가 아니다. 그것은 이제 언제, 그리고 어떻게로 옮겨간다.

여름, 가을, 그리고 겨울

여름은 영적인 건축내실을 기하는 것의 계절이다. 그것은 교회 생활의 햇볕이다. 이 계절은 교회가 전력투구할 때이다. 지체들이 주님의 사랑을 깊이 경험하게 된다. 그리고 그들의 그리스도를 향한 열정과 상대를 향한 헌신이 무르익게 된다. 이 둘은 항상 연결되어 있다.

가을은 기도의 계절이다. 그리스도인 각 사람이 정기적이고 안정된 기도 생활을 유지하면서, 교회는 겨울을 위해 준비하는 공동체적인 기도의 계절을 통과하게 될 것이다. 이것은 교회 안의 모든 사람이 특정한 제목을 위해 정기적으로 함께 모여 기도한다는 의미이다.

나는 일 년 내내 매주 정기적인 기도회를 여는 전통적인 교회들 여러 곳에서 신앙생활을 했었다. 나는 그 기도회들이 예외 없이 모두 다 기계적이고 딱딱하다는 것을 알게 되었다. 사도행전을 자세히 읽어보면, 교회의 기도 사역이 계절적임을 알 수 있다. 교회는 본능을 가지고 있다. 영적인 분위기에 일어나는 변화를 감지하는 본능 말이다. 교회는 언제 교회가 집합적인 기도를 하는 새로운 계절로 들어가는지, 그리고 언제 그 계절이 끝나는지를 분별할 수 있다.

겨울은 슬픔의 계절이다. 영적인 겨울에는, 교회가 찬란했던 시절을 그리워한다. 교회는 언제나 저 높은 하늘에서 살 수 없다. 슬픈 겨울의 찬 바람도 경험해야 한다. 그리스도의 몸은 보물일 뿐만 아니라 질그릇이기도 하다. 겨울은 눈물을 흘리는 계절이고, 마음이 찢어지는 계절이고, 실망의 계절이다.

나는 그리스도인이 되고 처음 얼마 동안 크리스천의 삶에 겨울이라는 것은 없다고 가르치는 운동에 가담했었다. 실망과 슬픔은 그리스도인이 싸워야 할 적이었다. 그리고 이 운동에 가담한 사람들은 항상 웃으며 부정적인 감정을 전혀 드러내려 하지 않았다. 그들 중 어떤 사람들은 분위기에 몰려서 그렇게 했다.

그렇지만, 고린도후서에서 바울이 한 말은 나로 하여금 겨울이라는 계절이 진정 하나님으로부터 말미암은 것임을 볼 수 있게 해주었다. "형제들아 우리가 아시아에서 당한 환난을 너희가 모르기를 원하지 아니하노니 힘에 겹도록 심한 고난을 당하여 살 소망까지 끊어지고"1:8

예수 그리스도의 가장 위대한 사도라는 바울이 "살 소망까지 끊어지고"라고 했다. 이것이 나에게 얼마나 위안을 주었는지 모른다. 왜냐하면, 고백하건대 내가 실의에 빠질 때가 있기 때문이다. 그리고 스스로 불평을 늘어놓을 때도 있기 때문이다. 하지만, 우리는 이 보배를 인간의 온갖 감정을 다 경험하는 질그릇에 갖고 있음고후4:7을 부인하는 환상의 세계에 살고 있다.

겨울은 힘든 시기이지만, 그것은 교회의 성숙을 위해 존재한다. 겨울은 결국 지나가고 해가 다시 떠오르게 되어 있다. 하나님께 감사하라.

우리 그리스도인은 스토아 철학자가 아니다. 우리는 감정이 결핍된 사람처럼 행하지 않는다. 욥과 다윗왕은 그들의 부정적인 감정을 솔직하게 드러냈지만, 하나님께서 그것 때문에 그들을 정죄하시지 않았다. 그들은 자신이 실망한 것, 당황한 것, 불안한 것을 친구들뿐만 아니라 주님께도 드러내놓고 솔직하게 표현했다.

그리스도인들에겐 그런 고통을 표현할 안전한 곳이 필요하다. 주 예수 그리스도의 교회가 바로 그런 곳이다. 어떤 지체가 삶의 어떤 부분에 고통을 느껴서 다른 지체들에게 그것을 나눌 때, 그들은 "당신은 지금 그 상태에서 뭐 하고 있습니까? 당신이 그리스도와 함께 일어나 하늘에 앉아 있다는 사실을 잊었습니까?"라고 무감각하게 말하면 안 된다.

지금의 고통스러운 경험도 견디기 어려운데, 거기다가 비난을 퍼붓고 나무라는 것은 더더욱 감당하기 어려울 것이다. 바울은 로마의 그리스도인들에게 이렇게 권면 했다. "권면하는 자들과 함께 즐거워하고 우는 자들과 함께 울라" 롬12:15 이것은 교회의 DNA가 작용하고 있다는 증거이다. 즐거워하는 계절이 있고, 우는 계절도 있다. 그리고 교회는 이 두 계절을 다 거치며 살아간다.

건기와 자연 재해

건기는 영적인 가뭄이다. 이 계절에는, 교회의 목구멍은 마르고, 교회의 눈은 모래로 가득해진다. 모임은 침체하고 생기가 없다. 모두가 마지못해 시늉만 하는 것처럼 느낀다. 기쁨과 흥분과 열정은 사라져버렸다. 한 때 성도들을 감동시켜 눈물을 흘리게 했던 노래들은 더는 그들의 마음을 움직이지 못한다. 무슨 일이 벌어지고 있는가? 당신의 교회가 건기로 접어든 것이다.

과거의 영적인 저자들의 말을 빌리면, 건기는 '마른 우물', '캄캄한 밤', '정체불명의 구름'이다. 죽음이 곳곳에 깔렸다. 하나님은 휴가를 떠나신 듯하다.

흥미로운 것은, 교회가 항상 건기에 있다고 느끼는 한두 사람이 교회 안에 꼭 있다는 사실이다. 이것은 다름 아닌 그들의 기질을 반영하는 것이다. 그런 사람들은 비현실적인 기대를 하고 사는 완벽주의자들이다. 그들은 언제나 목표를 높게 잡는다.

그러나 교회가 실제로 건기를 통과할 때 과도한 건망증이 있는 사람 교회 대부분에 그런 물건이 적어도 한두 사람은 활개치고 있다을 제외하곤 모든 지체가 그것을 인식하게 된다.

영적인 여정에서 내가 터득한 가장 위대한 교훈 중 하나는 하나님께서 건기를 만드신 장본인이라는 사실이다. 주님께서 그것을 계획하시고, 그것을 창조하시고, 그것을 가지고 오신다. 그리고 주님께서 결국 그것을 제하여 주신다.

우리 주님께서 우기를 만드시듯이 건기도 만드신다. 주님께서 두 시기를 다 설계하시는 것이다. 오순절이나 은사 운동의 배경을 가진 사람들은 건기를 마귀의 공작이라고 생각할지도 모른다. 그러나 그렇지 않다.

교회 대부분이 분열하는 것이 이 건기 때이다. 강이 마르면 돌이 보이기 시작한다. 수위가 낮아지면 바닥이 드러나기 시작한다. 나방은 빛에 끌리지만, 전등 불빛이 사라지면 서둘러서 황급히 달아난다.

당신은 하나님께서 건기에 무엇을 하시는지 알고 있는가? 주님은 우리를 꿰뚫어보시며 이런 심각한 질문을 하신다. "너는 나를 좋을 때만 원하느냐, 아니면 메마를 때도 원하느냐?"

교회는 우기에 숫자상으로 성장하겠지만, 건기에는 사람들을 잃게 될 것이다. 하지만, 가장 큰 영적 성장은 건기에 일어난다. 그러나 그 성장을 감지하기는 쉽지 않다. 건기는 크리스천의 삶에서 더 심오한 교훈을 터득하는 계절이다.

교회는 건기가 있어야 한다. 그리고 건기는 크리스천 삶의 일부이다.

모든 지체의 주님을 향한 헌신과 서로 향한 헌신은 건기 동안에 검증된다. 자신의 필요를 채우려고 교회에 있던 사람들은 보통 도망가버린다. 건기는 기회주의자들을 털어내는 하나님의 방식이다. 주님께서 타작하시는 도구이다. 그것은 우주 최고의 슈가 대디선물공세로 젊은 여자를 유혹하는 나이든 남자—역주를 숭배하는 사람들로부터 우주의 창조주를 경배하는 사람들을 추려낸다. 건기는 하나님의 축복에 충실한 사람들로부터 축복의 하나님에 충실한 사람들을 분리시킨다.

한 마디로, 건기는 우리의 사랑을 깨끗하게 하려고 디자인된 것이다.

흥미롭게도, 건기는 일반적으로 중단될 수 있다. 그러나 때때로 그렇지 못할 때도 있는데, 그럴 때 교회는 한 가지 선택밖에는 할 수가 없다. 위급 사태에 대비하고, 저자세를 취하고, 건기를 통과해야 한다. 건기를 견뎌 내는 교회는 복이 있을지어다.

이제 자연재해로 옮겨 가보자. 이것은 교회 생활의 위기상황이다. 그것은 영적인 태풍이거나, 회오리바람이거나, 지진이거나, 눈사태거나, 산불이다.

위기상황의 실례에는 어떤 것이 있는가? 신약 성경에서 바울이 교회에 쓴 편지들을 에베소서를 제외하고 다 읽어보라. 그 편지들에서 바울은 위기상황에 대해 언급하고 있다. 몸의 생명을 위협하는 뭔가에 대해 말하고 있다. 베드로의 두 편지와 야고보의 편지도 위기상황에 있는 교회들에 쓴 편지이다.

교회가 서서 능히 대적해야 할, 사탄의 공격을 받는 "악한 날"에 관해 바울이 얘기했을 때,엡6:13 어쩌면 교회 생활의 자연재해를 염두에 두었는지도 모른다.

여기에 위기상황에 대해 내가 내린 정의가 있다. 주 예수 그리스도를 새로운 방식으로 발견하기 위한 힘들고도 도전적인 기회. 위기상황을 다른 관점으로 보는 것은 그것을 엉뚱한 산에서 보는 것이나 다름없다. 위기상황은 꼭 오게 되어 있다. 주님이 우리 안에 더 넓은 영역을 차지하실지 아니면 교회가 자멸하고 말지는 우리가 위기상황에 어떻게 반응하느냐에 달렸다. 위기상황 시에 할 수 있는 세 가지 지혜로운 것이 있다. 예수 그리스도께 매달리는 것, 하나님의 원수를 대적하는 것, 그리고 스스로 죽는 것. 위기상황은 낭비하기에는 너무 아까운 것이다.

우기

우기는 몸의 생명이 최고조에 달하는 계절이다. 흥분과 기쁨과 생명이 가득한 때이다. 주님께서 그분 자신을 새로운 방식으로 계시하시고, 모든 지체가 마치 조금 전에 주님을 다시 새롭게 만난 것 같이 느끼는 때이다.

잠깐 그때로 돌아가 보자. 당신은 처음 그리스도인이 되었을 때를 기억하고 있는가? 그때 단순했었던 것을 기억하는가? 얼마나 순결했었는가? 당신의 마음이 얼마나 기쁨과 평안으로 넘쳐났었는가?

그러나 그리고 나서 무슨 일이 벌어지지 않았는가? 일이 복잡해지기 시작했다. 당신은 '교회를 다니기' 시작했고, 설교를 듣기 시작했고, 성경 공부를 하기 시작했다. 그리고 졸지에 예수 그리스도를 아는 데 있어 단순함과 순결함과 흥분과 기쁨이 사라져버렸다.

자, 교회 전체가 다시 '주님을 만나고' 함께 구원의 기쁨을 만끽하는 장면을 상상해보라. 방문자들이 와서 그리스도와 그분의 교회를 목격하고 숨이 멎는 장면을. 부인할 수 없는 사랑, 명백하게 드러난 실체, 전염성 강한 기쁨, 실제로 경험된 흥분, 확실한 하나님의 임재. 이것이 유기적인 교회 생활의 우기이다. 교회는 이 계절에 대부분 큰 힘 들이지 않고 숫자상으로 성장한다. 예수 그리스도께서 많은 사람의 마음을 사로잡는 때가 바로 이 우기이다.

때때로 교회는 특별한 우기 또는 현대 용어로 '부흥'을 경험하기도 한다. 이것은 하나님의 생명이 홍수가 날 정도로 넘칠 때를 가리킨다. 그것은 하나님의 특별 방문이다. 하나님 성령의 역조 현상이다. 영적 쇄신의 장대비이다. 성도들이 함께 모이고 싶어하고, 떠나기를 원치 않는다. '예수님'의 이름을 말하기만 해도 사람들이 회심하게 된다.

오순절이 바로 그런 때였다.

다행스럽게도, 하나님은 교회가 부흥의 계절에 오랫동안 머무는 것을 허락하시지 않을 것이다. 그 이유는 그것이 당신의 육신의 몸을 병들어 쇠할 정도로 혹사할 것이기 때문이다. 만일 특별한 우기가 줄어들지 않고 계속된다면, 하나님의 사람들은 숯처럼 까맣게 타고 말 것이다. 그래서, 부흥은 이따금 일어난다. 역사상 가장 위대한 부흥은 수명이 약 4년이었다. 나는 이것이 우연이 아니라고 생각한다.

결론

살아계신 하나님의 교회는 계절을 초월해야 한다. 교회는 부흥을 기다리지 않는다. 대신, 뽕나무 숲에 바람이 불지 않는 상황 같은 때도 주님을 추구한다. 교회는 우기 때나 그렇지 않을 때도 헤치고 나아간다. 봄이 아니어도 전진한다. 겨울에도, 건기에도, 역경을 뚫고 성큼성큼 걸어간다.

교회는 모든 계절에 맞는 여자a woman for all seasons이다.

구약 성경에서, 하나님은 제사장의 자격을 제정하셨다. 흠이 있는 사람은 제사장으로 섬길 수 없었다. 그 중 하나는 코가 불완전한 사람이었다. 레21:18 제사장은 하나님께 쓰임 받으려고 후각이 발달해야 했다.

성경 전체에서, 특히 아가서에서, 코는 영적 분별력을 가리킨다. 냄새 맡는 능력육신적으로은 분별하는 능력영적으로을 가리킨다.

그리스도 안에서 성숙하고 자라나는 유기적 교회는 그 교회가 거쳐 가는 계절을 분별할 수 있을 것이다. 교회가 계절의 시작과 끝을 분별하는 영적인 코를 갖고 있기 때문이다. 그리고 그런 분별력은 교회의 성장에서 절대적으로 필요한 요소이다.

Chapter 21

유기적 교회의
질 병 1

THE DISEASES OF AN ORGANIC CHURCH 1

> 하나님의 일곱 영과 일곱 별을 가지신 이가 이르시되 내가 네 행위를 아노니 네가 살았다 하는 이름은 가졌으나 죽은 자로다.
>
> — 예수님계3:1

부지중에 불치병에 걸릴 가능성이 있으므로, 전문가들은 그런 병을 예방하는 가장 좋은 길이 조기에 발견하는 것이라고 말한다. 그리고 조기발견은 정기적인 검진을 요구한다.

신약 성경은 교회가 그리스도의 몸이라는 것을 반복해서 그리고 있다. 바울은 에클레시아를 설명하기 위해 몸의 이미지를 계속 되풀이해서 등장시키고 있다. 바울에게는, 교회가 육신의 몸과 비슷하다. 그래서, 교회는 살아 있고, 숨 쉬고, 생기 있는 유기체생명체이다. 교회는 태어나고, 급성장과 성장통을 경험한다. 그리고 성장과정의 특정한 단계를 거친다.

정확히 말해서, 교회의 건강 상태의 범위는 양호한 상태로부터 영적 중환자실에 입원해야 할 상태간신히 살아있음까지 방대하다. 교회가 살아있는 생명체이므로 영적 질병에 걸릴 수 있다.

내가 이미 언급한 것처럼, 많은 유기적 교회가 2년 안에 자취를 감춘다. 그렇지만, 어떤 교회들은 죽음 주위에서 맴돌고 있으면서도 계속 모임을 하고 있다.계3:1 두 경우 다, 교회는 불치병으로 죽는다. 따라서 교회가 건강한 면역체계를 세우는 방법을 알지 못하면, 심각한 병을 부르는 것이다.

이 단원과 다음 단원에서, 나는 유기적 교회들을 괴롭히는 흔한 병 네 가지를 소개하려 한다.

내가 이론가로서 얘기하고 있지 않음을 주목하기 바란다. 나는 거의 20년 동안 그런 교회를 괴롭히는 병들을 지켜보았다. 좋은 소식은 이 병들이 가망 없는 불치병은 아니라는 점이다. 모두 다 치유될 수 있는 병이다. 나쁜 소식은 예방책과 조기 발견 없이 교회가 살아남을 가능성은 희박하거나 아예 없다는 것이다.

나는 병 하나하나에 대해 살펴보면서 바울이 말한 몸의 비유가 잘 와 닿도록 많은 의학 용어를 사용할 것이다. 또 특정한 사실을 강조하기 위해 약간의 성경에 없는 용어도 사용하게 될 것이다. 네 가지 병은 과도한 친교koinonitis, 영적 근시spiritual myopia, 영적 왜소증spiritual dwarfism, 성령 과다증hyperpneumia이다.

친교 과다증Koinonitis

유기적 교회들의 주된 사망원인은 친교 과다증이다.1 이것은 '교제' 라는 뜻의 그리스어의 코이노니아에서 유추한 말이다.

누가는 예루살렘 교회에 관해 다음과 같이 기록했다. "그들이 사도의 가르침을 받아 서로 교제하고 떡을 떼며 오로지 기도하기를 힘쓰니라"행 2:42 코이노니아는 하나님 자신의 공동체적인 경험이다. 그것은 하나님의 생명을 나누는 것이다.

당신은 혼자서는 코이노니아를 경험할 수 없다. 그것은 개인으로서는 손이 닿지 않는 영역이다. 코이노니아는 오직 다른 지체들과 함께해야 경험될 수 있다. 그러므로 성령은 우선하여 공유된 경험이다. 우리는 종종 성령을 개인이 만나게 되는 인격으로 생각한다. 그러나 신약 성경을 보면, 성령의 역사가 사실상 언제나 지체들이 활발하게 참여하여 삶을 나누는 공동체의 토양에서 일어났다.

물론 개인적인 영적 경험이 엄연히 존재한다. 하지만, 표준이 되는 영적 만남은 우리가 그리스도의 몸과 함께하며 얻은 것들이고, 또 그리스도의 몸 안에서 얻은 것들이다. 이것이 코이노니아의 의미이다.

코이노니아 표현의 극치는 삶을 나누는 공동체의 토양에서 일어난다. 그렇지만, 코이노니아는 아주 병적이고 해로운 것으로 옮겨갈 수도 있다. 친교 과다증으로 전락할 수 있다는 말이다.

친교 과다증은 교회를 고립되고, 안으로만 치중하고, 자신의 이익에만 몰두하는 집단으로 몰고 가는 건강하지 못한 과잉 교제이다. 그것은 좋은 것이 너무 넘쳐나는 상태이다. '친교 염증'이라고 할 수 있다.

친교 과다증은 고혈압처럼 증상이 잘 나타나지 않는 병이다. 교회는 일반적으로 발작이 일어나기 전엔 그것을 알지 못한다. 그렇지만, 외부 사람들은 금방 그것을 감지할 수 있다. 여기에 이 병의 여덟 가지 특징을 소개한다.

1. 교회가 크리스천 빈민집단이나 다름없다. 교회가 자기도 모르는 사이에 뚫고 들어갈 수 없는 보호막을 쳐놓았다. 지체들이 자기들과 사고방식이나 신조나 사용하는 말이 다른 사람들을 포함한 다른 사람들과 함께 있는 것을 불편해할 정도로 관계성은 신성시되어버렸다.

2. 교회가 성장하기를 원하기는 하지만, 현실에서는 "우리네 사람 그 이상은 안 돼"라는 사고방식이 만연되어 있다. 교회가 살 속으로 파고든 발톱으로 전락해버렸다. 자기들밖에 모른 근시안적 외톨이 집단이다.

3. 교회가 오로지 자신과 지체들만을 위해 존재한다. 주님을 위해 존재한다고 주장하긴 하지만, 실제로는 스스로 단절시킨 우주에 갇혀버렸다. 이 우주는 또한 그룹의 분파 운동에 동참하는 다른 교회들도 포함한다.

4. 시간이 오래 지나도 교회에 숫자적 성장이 거의 일어나지 않는다. 교회를 방문하는 사람들은 어색해하고 이질감을 느낀다. 머무르는 사람보다 떠나는 사람이 더 많다. 교회가 숫자의 증가 없이 몇 해를 가도 꿈쩍도 않는다. 이것에 대해 뭔가 해야겠다는 문제의식이 그들에게는 생기지 않는다.

5. 교회의 배타적인 분위기가 교회 밖의 사람들에 의해 감지된다. 방문자들이 모임에 왔을 때 환영받는 느낌은 받지만, 그들을 원한다는 느낌은 받지 못한다. 교회가 그들을 이미 정착된 교제를 깨는 침입자로 여긴다.

6. 교회가 주위 사람들에게 아무런 영향을 끼치지 못한다. 지체들이 서로

에게 너무 몰두한 나머지 외부에 눈을 돌리지 못한다. 그들은 잃은 영혼들에 관심을 거의 두지 않는다. 그들이 사는 사회에 빛과 소금이 되지 않는다. 십 년이 지나도 그리스도께 단 한 사람도 인도하지 못한다.

7. 교회가 "눈에서 멀어지면 마음에서도 멀어진다"라는 토대 위에서 움직인다. 교회를 떠났거나 이사 간 사람들은 교회의 뇌리에서 사라진 지 오래다.

8. 교회가 주님께서 자기 이외의 다른 교회들이나 다른 그리스도인들 안에서 무슨 일을 하시는지에 전혀 관심이 없다. 방문자들이 왔을 때, 교회는 하나님께서 방문자들의 인생에서 무엇을 행하시는지는 알려 하지 않고 자신들이 표방하는 것을 방문자들에게 주입시키는 것에만 급급하다.

어떻게 하면 이 전염병을 치료할 수 있는가? 나는 거울 이외엔 다른 방법은 없다고 생각한다. 친교 과다증은 마치 여드름과 같다. 다른 사람이 본 대로 말해주기 전에는 당신이 알 길이 없다.

친교 과다증은 전염성이 매우 강한 영적전염병STD:spiritually transmitted disease이다. 결과적으로, 당신이 이 병에 시달리는 교회의 일원으로 남는다면, 당신도 곧 걸리게 될 것이다.

요한계시록 3:17에서 주님이 라오디게아교회에게 하신 말씀을 기억하라. "네가 말하기를 나는 부자라 부요하여 부족한 것이 없다 하나 네 곤고한 것과 가련한 것과 가난한 것과 눈 먼 것과 벌거벗은 것을 알지 못하도다"

예수님은 요한복음 15장에서 자신과 교회를 포도나무에 비유하셨다. 포도나무를 보면, 나무가 자랄수록 가지들이 밖으로 뻗어가는 것을 알 수 있다. 나무가 밖으로 자라나는 동안엔, 생명을 유지하고 계속해서 자라난다. 그러나 만일 나무가 속으로 자라면 죽어버린다. 예수 그리스도는 포도나무이고 우리는 가지들이다. 주님의 본성은 밖으로 자라나는 것이다.

다른 치명적인 병과 마찬가지로, 조기 예방이 친교 과다증을 치유하는 데 있어 절대적이다. 흥미로운 것은, 친교 과다증을 위한 예방과 치료는 같다. 수혈이다.

우리 주님의 주된 열정은 주님을 사랑하는 신부, 주님께 꼭 맞는 집, 주님을 드러내는 몸, 그리고 주님과 함께하는 가족을 얻으시는 것이다. 그런데 주님이 어디에서 자신의 신부와 집과 몸과 가족을 얻으시는가?

이 세상에서.

하나님은 세상을 사랑하신다. 주님의 나라kingdom가 이 세상으로 왔다.

우리는 그리스도인이 되고 나서 시간이 좀 지나면, 우리가 한때 이 세상에 속했었고 거기서 누군가를 통해 주님을 만나게 되었다는 사실을 잊어버린다.

바울이 특정한 지역의 주요 도시들에 교회를 개척했을 때 그가 그 지역 전체를 복음화했다고 여겼던 것을 상기하라. 롬16:1~27 실로, 바울은 세상을 향한 하나님의 마음을 담은 교회의 기초를 세웠다. 그 결과, 교회들은 결국 유기적으로, 그리고 계절에 따라 증식했다.

나는 오늘날의 복음전도 방식을 좋아하지 않는다. 내 경험으로는, 대부분이 의무감으로, 죄책감으로, 그리고 전쟁, 정복, 법정투쟁, 고도의 판매전략의 용어를 구사해서 이루어진다. 그 결과, 그것이 종종 유익보다는 해가 더 크다. 그러나 예수님의 마음과 연결된 교회는 잃은 영혼들에 주님을 드러내고, 주님이 실생활에서도 매력적인 분이 되도록 하는 신선한 방식을 찾게 될 것이다.

1세기에는, 사람들이 교회의 활발한 움직임을 보는 것에 사로잡혔다. 이것은 그들이 내주하시는 주님에 의해 살고, 이 땅에서의 주님의 사역을 수행했기 때문이다. 그들은 또한 세상이 한 번도 본 적이 없는 방식으로 서로 사랑했다.

그래서, 당신의 교회가 친교 과다증을 예방하기 위해 할 수 있는 가장 좋은 것은 이것이다. 불신자들과 자연스럽게 관계성을 맺는 길을 모색해서 그들에게 지체들의 이야기를 해주는 새로운 방식을 찾는 것이다. 또한, 실천에 의해 증거된 복음은, 즉 긍휼, 치유, 사랑, 그리고 다른 사람들을 향한 관심을 통해 드러난 복음은 사람들에게 '구원의 계획'을 말해주는 것보다 훨씬 더 효과적이다. 아씨시의 프란체스코의 말을 빌리면, "항상 복음을 전하십시오. 그리고 필요하다면 말을 사용하십시오."

덧붙여 말하자면, 나는 당신의 교회가 사람들로 하여금 환영받는다는 느낌뿐만 아니라 자신들을 필요로 한다는 느낌도 받게끔 하는 실제적인 방법에 대해 토론하기를 권한다. 눈에 거슬리게 하고 다시 방문하고 싶지 않게 하는 것들이 무엇인지를 알아내도록 하라. 이 점에서, 한번 왔다가 다시는 오지 않는 방문자들을 설문조사 하는 것도 나쁘지는 않을 것이다. 그들에게 당신의 교회에 대해 좋지 않게 느낀 것이 무엇인지를 솔직하게 말해달라고 부탁하라.

예수 그리스도의 교회가 그리스도인들과 비 그리스도인들을 끌려고 프로그램과 전략을 짜서 유혹하는 것은 금물이지만, 매력적이어야 하는 것은 당연하다. 그 이유는 교회를 통해 드러나는 주님이야말로 우주에서 가장 매력적이고 영광스러운 분이기 때문이다. 그녀신부로서의 교회 곧 에클레시아가 영적 본능을 따를 때, 그녀는 그리스도를 겉으로 나타나 보이게 하는 것이다. 그리고 사람들은 그녀의 증거를 통해 주님께 이끌리게 된다. 이 증거는 그녀의 공동체 삶뿐만 아니라 그녀의 공동체 모임도 포함한다. 고전14:23~25

끝으로, 밖을 향한 사역으로 당신의 교회를 드러내고, 세상을 향한 마음을 가지라.

영적 근시 | Spiritual Myopia

교회를 괴롭히는 또 하나의 악성 종양을 나는 '영적 근시'라고 명명했다. 근시는 가까운 것만 잘 보이는 질환이다. 만일 당신이 근시안이라면, 당신 가까이에 있는 것들만 볼 수 있고 다른 것들은 다 희미할 것이다. 영적 근시는 교회가 어떤 것 이상은 볼 수 없고 큰 그림에는 눈이 멀어 있을 때 나타난다.

여호수아 3장에 이 병에 대해 아주 잘 설명해주는 좋은 예가 나온다. 이스라엘이 광야에서 행진할 때 하나님께서 그들을 언약궤에 의해 인도하셨다. 하나님의 백성은 제사장들이 앞장서서 지고 가는 언약궤를 따라 행진했다.

하나님은 이스라엘 백성에게 항상 언약궤와의 거리를 둘 것을 명령하셨다. 적어도 2천 규빗약 9백 미터 그 이유는 그들이 만일 언약궤에 너무 가까이 접근하면, '길을 잃게' 되기 때문이었다. 하나님께서 이런 뜻으로 말씀하신 것이다. "언약궤에 너무 가까이 가지 마라. 그러면 너희가 궤도에서 이탈하게 될 것이다. 너희를 잃어버리게 된다. 너희가 진로를 벗어나게 될 것이다."

하나님은 이스라엘이 언약궤를 볼 수 있도록 그것과의 충분한 거리를 유지하라고 명하셨다. 그것은 또한, 그들로 하여금 언약궤에 따라서 다른 모든 것을 볼 수 있도록 하기 위함이었다.

많은 경우, 비전통적인 교회들은 특정한 관습이나 교리나 신조에 사로잡혀 있어서 그것 이상은 보지 못한다. 그 결과 모든 것이 균형잡히지 않아서 교회가 방향을 잃어버린다. 그들이 어디에 있는지, 어디로 가야 하는지 몰라 우왕좌왕하게 된다. 이것이 영적 근시이다.

"언약궤에 너무 가까이 가지 마라. 모든 것이 균형을 잃지 않게 하라. 모든 것을 전체적인 안목으로 보라. 뒤로 물러서서 큰 그림을 보라." 이것이 여호수아 3장이 우리에게 가르쳐주고자 하는 것이다.

그 큰 그림은 그리스도 안에 있는 하나님의 영원한 목적the Missio Dei 하나님의 보내심이다. 그리스도가 이 목적의 중심이다. 따라서 주님이 우리 모임의 초점이다. 주님이 우리 대화의 제목이고, 우리가 집중하는 것의 제목이고, 우리의 나눔과 노래와 교제의 제목이다.

오직 그리스도, 그분만.

그리스도 외에 다른 어떤 것이 교회 생활의 중심 무대에 서게 될 때, 교회는 영적 근시라는 병에 걸린 것이다. 교회가 중심에서 벗어난 것이다. 하나님의 영원한 목적을 위해 존재하지 않고 더 낮은 어떤 것을 위해 존재하는 것이다.

친교 과다증처럼, 영적 근시에 시달리는 사람들도 일반적으로 그런 병을 갖고 있다는 사실을 알지 못한다. 여기에 진찰을 위한 네 가지 증상을 소개한다.

1. 교회의 모임이 특정한 교리나 관습을 중심으로 돌아간다. 모임을 할 때마다 특정한 노래의 소절이 끝도 없이 되풀이된다. 똑같은 테이프만 들

고 또 듣는다. 모임에서 매번 같은 것만 반복된다는 말이다.

교회가 함께 모일 때마다 어떤 '것'이 모임을 주관한다. 그것이 홈 스쿨일 수도 있고, 종말론의 특정한 관점일 수도 있고, 특정한 교리일 수도 있다. 이슈가 모임을 지배해버린다.

이 그룹에 합류코자 관심이 있는 방문자들은 어떤 시점에 가면 특정한 이슈에 대한 그들의 생각을 밝히도록 테스트를 받게 될 것이다.

2. 교회를 구성하는 사람들이 그리스도 중심이 아닌 다른 것에 집중하고 있다는 것을 감지하지 못한다. 그러나 교회 밖의 사람들은 금방 교회가 다른 데로 기울어져 있음을 알아챈다.

3. 친교 과다증처럼, 영적 근시도 밖으로 성장하는 것이 막혀 있다. 교회에 합류하는 사람들은 그 교회가 선호하는 '이슈'와 생각이 같은 사람들이다. 만일 생각이 다르다면, 교회가 그들을 그 이슈로 전향시키거나 아니면 그들을 달갑지 않게 여길 것이다. 그 교회는 특별한 관심사에 의해 모이는 그룹이나 다름없다. 그 교회에 속하게 된 사람은 그 관심사를 공유해야 한다.

4. 영적 근시는 오만으로 가득한 교회들을 양산해낸다. 그런 자만심은 공동체의 죽음을 알리는 전주곡이다. 그들의 눈에는 영적으로 부족한 것이 없지만, 주님의 눈엔 부족한 것투성이이다. 종국에는 주님이 그 교회를 떠나시게 될 것이다. 주님께서 이렇게 말씀하실 것이다. "네 촛대를 그 자리에서 옮기리라" 계2:5 처음부터 존재했었다는 가정에 따라.

크리스천 그룹이 특정한 교리나 관습을 토대로 모일 때는 언제든지 시작하기도 전에 운명은 이미 정해졌다. 어떤 시점이 되면, 파멸이나 고통스러운 분열을 향해 돌진하게 될 것이다.

잠깐 생각해보라. 누가 소중히 여기는 교리나 관습에 대해 질문을 하면 어떻게 될 것인가? 누가 교회의 방침에 도전하기 시작한다면? 그런 질문과 도전이 교회를 기초부터 뒤흔들어놓게 될 것이다. 그리고 지체들은 전장으로 나가게 될 것이다.

예수 그리스도만이 교회의 유일한 기초이다. 따라서 주님께서 충만하심으로 자신을 드러내신 계시가 이 병을 고치는 좋은 약이 될 것이다. 그것이 또한 가장 좋은 예방책이다. 교회가 쏠려 있는 어떤 교리나 소중히 여기는 관습도, 드러난 그리스도의 임재 앞에서는 살아남을 수 없다. 고로, 그리스도 중심의 사역을 하는 사람들을 찾아라. 그러나 그들이 율법주의자거나, 엘리트주의자거나, 분파주의자가 아님을 확인하라. 만일 그렇다면, 그들은 교회에 해가 될 것이다. 주말을 정해 그들을 초청해서 그들로 하여금 그리스도를 전하게 하라. 교회가 그리스도의 영광으로 가득해지고 그분만이 교회를 지배하는 비전으로 자리 잡을 때까지.

Chapter 04

유기적 교회의
질 병 2

THE DISEASES OF AN ORGANIC CHURCH 2

후에 그들에게 이르기를 우리가 당한 곤경은 너희도 보는 바라 예루살렘이 황폐하고 성문이 불탔으니 자, 예루살렘 성을 건축하여 다시 수치를 당하지 말자 하고.

— 느헤미야 느2:17

유기적 교회를 파괴하는 세 번째 병을 나는 '영적 왜소증' spiritual dwarfism 이라고 부른다. 우리는 우리의 뇌 안에 뇌하수체라고 불리는 조직이 있다. 그것은 육체를 성장시키는 역할을 한다. 만일 이 조직이 변형되거나 고장 나면, 사람의 발육을 저해한다. 전문가들은 이것을 '뇌하수체성 왜소증' pituitary dwarfism이라고 부른다.

영적 왜소증

영적 왜소증은 교회의 영적 발육이 정지된 것을 말한다. 교회가 이렇게 불구가 될 병에 걸리면, 영적 성장이 지체되고 영적 무력증을 경험하게 된다. 아래에 진찰을 위한 네 가지 증상을 소개한다.

1. 교회가 모일 때 단 몇 사람만 활약하고 나머지는 수동적인 구경꾼에 불과하다. 주목할 것은 영적인 어린 아이들의 특징 중 하나는 그들이 항상 이유식이 있어야 한다는 것이다. 그들은 언제나 받기만 하고 전혀 주지는 못한다.

2. 모임에서 나누는 것에 사실상 영적 깊이라고는 전혀 없다. 지체들은 인격이신 그리스도를 아는 것과 동떨어진 '어떤 것들'에 관해 이야기한다. 그러나 주님을 아는 생생하고 경험적인 지식을 반영하는 것에 관한 얘기는 거의 없다. 얄팍하고, 표면적이고, 겉핥기식의 내용만이 나누어진다. 그것이 지적으로나 신학적으로는 자극을 줄지 모르지만, 영적으로는 공허하고 무의미하다. 달리 표현하자면, 교회가 젖밖에는 먹지 못한다. 영적으로 단단한 음식이 빠져 있다.

3. 지체들이 정해진 모임 외에는 전혀 주님에 관해 얘기하지 않는다. 주중에는 그리스도에 대해 논하지 않는다. 주님이 등장할 기회는 오로지 교회가 함께 모였을 때뿐이다. 그리고 그때조차도 아주 제한적으로 기회를 준다.

4. 이 질병의 근본원인은 영양실조이다. 선지자 아모스의 말을 바꾸어 말하면, "교회 안에 기근이 있다. 양식이나 물이 없어서가 아니라, 주님의 말씀을 듣지 못한 기갈이다" 암8:11

이 질병의 예방과 치료는 영적으로 단단한 음식을 지속적으로 먹는 것이다. 교회를 영적 음식그리스도의 깊은 것들으로 먹일 수 있는 사역으로 인도해서 스스로 음식을 먹을 수 있도록 하는 것이 필수이다.

또 하나의 유익한 처방은 다른 유기적 교회성숙하고 건강한 교회를 초청해서 두 교회가 주말에 영적 수련회를 함께 갖는 것이다.

성령 과다증Hyperpneumia

*Pneuma*는 그리스어로 '영'spirit이라는 뜻이다. Hyper는 '너무 많다'는 의미이다. 성령 과다증은 병적으로 성령의 기적에 초점을 맞추는 것을 가리킨다. 초자연적인 현상과 기적의 나타남에 병적으로 사로잡힌 교회들이 이 질병에 시달리고 있다. 아래에 네 가지 증상을 소개한다.

1. 지체들이 표적과 기사에 목말라 열심히 찾고 있다.

2. 모일 때마다 각 사람이 성령의 초자연적인 역사로 자신의 개인적인 필요를 채우려 한다. 그들은 채워지기를 바라는 빈 양동이처럼 모임에 나타난다. 감정, 표적, 기사, 기적, 개인적인 예언의 말씀 등을 기대하고 온다.

3. 교회가 각 사람이 기도하고 이 사람 저 사람에게 예언하는 모임에 절대적으로 의존한다. 이것이 일어나지 않는다면, 모임은 실패했다고 여겨지고, 지체들은 성령이 임재하지 않았다는 결론을 맺는다.

4. 흥분이 가시고 현상적인 경험이 줄어들면, 지체들이 뭔가 잘못되었다

고 느끼게 된다. 그들의 믿음은 곤두박질 치고, 모임을 따분하게 여기게 된다. 그들은 인간의 감정의 힘으로 성령의 은사들을 부풀리려 하거나, 아니면 하나님이 교회를 포기하셨다고 결론짓는다. 그리고 보따리를 싸서 '성령이 강하게 역사하는' 곳을 찾아 떠나는 사람들이 생긴다. 이것은 어떤 그리스도인들의 삶에서는 끝없이 돌고 돈다.

성령 과다증의 예방과 치료는 내적인 크리스천의 삶을 발견하고 탐구하는 것이다. 치유는 내주하시는 주님과 성령의 외형적인 역사의 차이를 이해하는 데서부터 일어난다. 하나님의 임재를 느끼는 것과 하나님의 임재를 인식하는 것의 차이를 터득해야 한다.

이 질병이 치명적일 경우엔, 모든 것을 포기하고, 다 내버리고, 처음부터 다시 시작하는 방법밖에는 없다. 오직 이렇게 한 다음, 교회의 모든 지체가 시간을 길게 잡고 종교적이지 않게 되는 방법을 배워야 한다.제3부를 참조 영적 은사에 관한 각 사람의 개념은 그리스도의 십자가 밑에 내려 놓여야 한다. 그리고 교회 전체가 영적 은사의 사용을 중지하고 갓 태어난 아기들처럼 예수 그리스도를 배워야 한다. 이것이 세균을 죽이는 한 가지 확실한 방법이다.

예방책

질병에 걸리고 나서 치료하는 것보다 미리 예방하는 것이 훨씬 더 현명할 것이다. 그래서, 아래에 건강한 면역체계를 확립하는 세 가지 요소들을 소개한다. 모두 다 건강을 튼튼히 유지하기 위한 장기 예방책이다.

적절한 음식 취하기. 교회는 오직 예수 그리스도로부터 그 생명과 에너지를 받는 방법을 배워야 한다.요6:57 유기적 교회가 이것을 하는 방법을 알지 못한다면, 계속 모임을 할지라도 영적으로 살아남지 못하게 될 것이다. 교회는 보이지 않고 만질 수 없는 그것들에서 스스로 영양섭취 하는 방법을 터득해야 한다. 또한, 균형 잡힌 식사를 해야 한다. 그리스도의 충만은 그 범위가 무한대이다. 교회가 단지 주님의 한두 가지 면만 취한다면, 영양부족에 시달리게 되고 불구가 된다. 구약의 이스라엘은 끝도 없이 마냥 만나에 의존할 수 없었다. 그들은 가나안 땅에서 모든 충만함을 받아 살아야 했다.

정기적인 운동. 영적인 음식으로 영양을 공급받는 것으론 충분치 않다. 교회는 영적인 음식을 지체들과 나누어야 한다. 말하자면, 지체들이 모임에서 기능을 발휘해야 한다. 그들은 개인적으로나 집합적으로 그리스도를 취하고 모임에서 그분의 생명을 다른 지체들에게 나눠줘야 한다. 그렇게 영적으로 기능을 발휘하는 것이 유기적 교회의 생명선이다.

건강 관리사 두기. 1세기에는, 주님의 사람들에게 그리스도로부터 영적인 공급을 받는 방법을 보여주기 위한 순회 사역자들을 하나님께서 교회에 보내셨다. 순회 사역자들은 또한 교회의 지체들이 눈이 멀어 보지 못하는 영적인 질병을 발견할 수 있도록 도와주었다. 그들은 교회가 질병에 시달렸을 때 그것을 치료해주었다.

바울의 편지들은 모두 다 교회의 문제들 때문에 기록되었다. 실력 있는 외과의사처럼, 바울의 편지들은 하나님께서 치료하시는 신성한 도구로 쓰임 받았다. 그러므로 크리스천 사역자들은 그리스도의 몸을 위해 섬기는 사람들이다. 그들은 영적인 간호사, 의사, 영양사, 그리고 때로는 외과의사로서 건강을 지키는 관리사의 역할을 감당한다.

교회의 병리학을 이해하는 것은 유기적 교회의 건강을 유지하는 데 있어 필수적이다. 하지만, 지나치게 건강을 걱정하는 영적 건강 염려증spiritual hypochondriac에 걸릴 위험성도 있다. 끊임없는 자기반성은 그 자체로 질병의 징후이다. 그것은 실천을 못 하게 한다. 고로, 당신의 영적인 맥박을 점검하는 것을 의식하지 마라. 자기분석을 일삼는 병도 교회를 죽음으로 내몰 수 있다.

당신이 유기적 교회에 속했다면, 나는 지체들이 일 년에 한 번은 영적 체온을 재고, 영적 맥박을 점검하고, 영적인 몸 상태를 측정할 것을 권한다. 이렇게 한다면, 이 단원은 생명 없는 이론에서 실제적인 도움으로 바뀌게 될 것이다. 당신이 속한 공동체의 생명을 가까스로 구하는 데 도움이 될 수도 있다.

Chapter 23

사도적 일꾼은 교회를 어떻게 돌보는가?

HOW AN APOSTOLIC WORKER CARES FOR A CHURCH

> 자신의 사명에 대해 꺼지지 않는 신념으로 불타서 결심이 선 영혼들의 적은 무리가 역사의 방향을 바꿀 수 있다.
>
> — 간디

바울을 크리스천 사역자의 모델로 삼고 편지들과 사도행전에서 자료를 뽑으면, 사역자가 어떻게 그가 돌보는 교회를 양육할 수 있는지를 아래와 같이 정리할 수 있다.1

✽ 사역자는 교회의 기초를 세우는 데 필요한 만큼의 시간을 내서 돌본다. 고전3:10 **주목할 것**: 바울은 처음 방문할 때 보통 3개월에서 6개월을 교회와 함께 있었다. 이것은 주로 그가 핍박을 받고 그 도시에서 쫓겨났기 때문이었다. **예외**: 고린도에서는 교회를 개척하기 위해 18개월을, 에베

소에서는 3년을 보냈다.

* 사역자는 방문함으로써 교회를 돌본다. 살전2:18; 3:10; 고전4:19; 16:6; 고후 1:15; 롬1:10~13; 15:22~24; 빌2:24 **주목할 것**: 사역자의 방문은 언제나 교회에 은혜를 끼치기 위함이다. 고후1:15,24; 롬1:11~12; 15:29; 빌1:25~26

* 사역자는 편지들을 써 보냄으로써 교회를 돌본다. 주목할 것: 바울의 편지 중 아홉 개가 교회에 보낸 것들이고, 베드로의 편지 두 개, 요한의 편지 적어도 두 개, 그리고 야고보와 유다의 편지도 다 교회들에 보낸 것들이다. 여기에 고린도전서 5:11, 고린도후서 7:8, 골로새서 4:16에 언급된 편지들도 추가되어야 할 것이다.

* 사역자는 그리스도의 영광을 드러냄으로써 교회를 돌본다. 엡1~3장; 골 1~2장

* 사역자는 주 안에서 권면하고 격려함으로써 교회를 돌본다. 행14:22; 살전 2:11; 4:1; 고전1:10; 4:16

* 사역자는 가르침에 의해 교회를 돌본다. 고전4:17; 골1:28

* 사역자는 권고하고 경고함으로써 교회를 돌본다. 살전2:11; 고전4:14; 골1:28

* 사역자는 지켜야 할 중요한 것들을 상기시켜줌으로써 교회를 돌본다. 고전11:2; 23; 딛3:1

* 사역자는 특정한 행동과 태도에 대해 강조함으로써 교회를 돌본다. 살전 5:14; 고후2:8; 6:1; 롬12:1; 15:30; 16:17; 골2:16,18; 빌2:18

* 사역자는 구체적인 명령에 의해 교회를 돌본다. 살전4:11; 5:27; 살후 3:4~6,10~12 **주목할것**: 바울은 이것을 행할 수 있는 영적 권위를 갖고 있었지만, 드물게 사용했다. 몬8~9

* 사역자는 교회 안의 개인에게 해로운 교리를 가르치지 말라고 명령함으로써 교회를 돌본다. 딤전1:3

* 사역자는 죄에서 돌이키기를 거부하는 사람들을 책망함으로써 교회를 돌본다. 딤전5:20

* 사역자는 교회를 위해 수고하는 사람들을 존중하라고 부탁함으로써 교회를 돌본다. 살전5:12~13; 고전16:15~16; 빌2:29

* 사역자는 가족적인 사랑으로 지체들을 따뜻하게 문안하라고 권면함으로써 교회를 돌본다. 살전5:26; 고전16:20; 고후13:12; 롬16:16

* 사역자는 거짓 교훈을 가르치는 자들을 바로잡고 책망함으로써 교회를 돌본다. 딤전1:3; 딛1:9

* 사역자는 교회의 모임이 덕이 되게 하기 위해 실제적인 조언을 해줌으로써 교회를 돌본다. 고전11:33~34; 14:26~40

* 사역자는 구체적인 방향을 제시해줌으로써 교회를 돌본다. 고전16:1~3

* 사역자는 교회의 영적인 진보와 사정을 알아봄으로써 교회를 돌본다. 살전3:5; 빌2:19

* 사역자는 심각한 죄에서 돌이키기를 거부하는 자들을 내쫓으라고 명함으로써 교회를 돌본다. 살후3:14~15; 고전5:1~7,13

* 사역자는 다른 교회들로 하여금 위기에 처한 교회를 도와주라고 호소함으로써 교회를 돌본다. 롬15:25~27; 고전16:1 이하; 고후8~9장

* 사역자는 다른 지체들에 대해 험담이나 부정적인 말을 삼갈 것을 부탁함으로써 교회를 돌본다. 엡4:29,31; 골4:6

* 사역자는 주 안에서 다른 형제 자매들을 받아주라고 부탁함으로써 교회를 돌본다. 롬16:1~2; 골4:10

* 사역자는 자신이 방문할 수 없을 때 동역자들을 보냄으로써 교회를 돌본다.

구체적인 예

* 바울은 환란 중에 있는 데살로니가교회를 굳건하게 하고 위로하기 위해 디모데를 보냈다. 살전3:2

* 바울은 디모데를 고린도에 보냈다. 고전16;10
* 바울은 빌립보교회의 영적 상태를 알아보기 위해 디모데를 보내려고 했다. 빌2:19
* 바울은 아볼로에게 고린도교회를 방문하라고 했지만 그가 거절했다. 고전16:12
* 바울은 디도를 고린도에 보냈다. 고후8:6, 16~17
* 바울은 디도와 다른 형제 한 명을 고린도에 보냈다. 고후12:18
* 바울은 에바브로디도를 빌립보에 돌려보냈다. 빌2:25
* 바울은 디도를 그레데에 남겨두고 거기서 교회들을 굳건하게 할 지침을 그에게 주었다. 딛1:5
* 바울은 디도를 대신할 아데마 또는 두기고를 그레데로 보내려 했다. 딛3:12
* 바울은 디도를 니고볼리로 보냈다. 딛3:12
* 바울은 두기고를 소아시아의 교회들에 보내서 자신의 사정을 알려주고 그들의 마음을 위로했다. 골4:7~8; 엡6:21~22
* 바울은 또다시 두기고를 에베소로 보냈다. 딤후4:12

Chapter 24

남아 있는 여정

THE JOURNEY AHEAD

이 시대의 몸의 지체 중 더 깊게, 그리고 더 감춰진 상태로 흐르는 다른 물결이 있는가? 그 물결은 여기저기 흩어져 있는, 성령이 과격할 정도로 그들을 다루고, 비우고, 십자가에 못박은, 그리스도의 계시와 경험의 깊이에 사로잡힌 사람들이다 … 몸의 나머지 지체들이 따라갈 길을 여는 데 있어 주님이 필요로 하실 선구자의 무리이다. 어쩌면 몇몇 "제 십일 시에 온 품꾼들"을 주님께서 지금 키우고 계실지도 모른다.

– 조지 모어셰드

하나님께서 정하신, 외부에서 도와주는 순회 사역자의 원리는 1세기 이야기에서 잊힌 부분이다. 그것은 신약 성경 이야기에서 간과된 방식이고, 그리스도의 몸이 등한시해온 사역이다.

우리가 그리스도의 몸이 더 풍성하고 고귀하게 표현되는 것을 보기를 원한다면, 처음 원리들로 돌아가야 할 책임이 우리에게 있다. 우리가 그렇게 하지 않는다면, 계속해서 하나님의 영원한 목적에 막대한 피해를 주게 될 것이다. 의심의 여지 없이, 우리는 유기적으로 모이기를 추구하는 수많은 적은 무리의 크리스천을 계속해서 보게 될 것이다. 하지만, 그 중 대부분이 아니라면 많은 그룹이 피상적이거나 지속하지 않게 될 것이다.

내가 믿기는, 지금 당면과제가 하나님의 부르심을 받은 그리스도인들이 살아 숨 쉬는 교회를 세우는 것이다. 부서지고 검증된 그리스도인들. 감히 교회를 개척하겠다고 나서기 전에, 손쉬운 지름길을 거부하고 형제자매로 유기적인 몸의 생활을 먼저 살아본 그리스도인들. 예수 그리스도와의 깊고 살아 있는 관계성을 경험하는 그리스도인들. 십자가와 하나님의 깨뜨리시는 역사로 삶이 철저하게 파괴된 그리스도인들. 하나님의 비밀을 아는데 비교할 수 없는 통찰력을 소유한 그리스도인들. 열정적으로 추구하는 단 하나가 오직 주님과 그분의 집뿐인 그리스도인들. 가슴 속에 불타는 그리스도의 계시를 소유한 그리스도인들. 하나님의 얼굴의 광채에 매료된 그리스도인들. 그리고 심오한 말씀으로 그리스도를 전해서 하나님의 사람들을 압도하는 능력을 소유한 그리스도인들.

지금 필요한 것은 하나님께서 그런 사람들을 적절하게 준비시키시고 보내실 때까지 기다리는 것이다. 그리고 보내심을 받게 되면, 그들이 1세기 모든 사역자가 훈련한 다음 교회를 성령께 맡기고 그대로 둔 채 떠나는 것과 같은 방식으로 교회를 개척하게 될 것이다: .

동등하게 필요한 또 하나는 그리스도의 몸이 그런 사람들의 역할을 인식하는 것이다.

지금이 수리하고 고칠 때이다. 그리고 하나님 사람들의 집합적인 증거를 고치는 것은 절대로 작은 일이 아니다. 서구사회에 그리스도인들이 넘쳐나지만, 공동으로 증언하는 경험은 많이 모자란다. 하나님의 원대한 계획은 모든 지역에서 교회의 기초로 함께 세워질 사람들을 확보하시는 일이다. 그 지역에서 보이고, 실제로 살아 있고, 활동하는, 하나님의 아들을 집합적으로 표현할 수 있는 사람들 말이다.

제도권 교회를 떠난 그리스도인들은, 아무리 구원받은 지 오래되었다 할지라도, 성직자 없이 얼굴과 얼굴을 마주 대하는 공동체 안에서 다른 그리스도인들과 함께하며 엄청나게 힘든 시간을 보내게 될 것이다. 따라서 그리스도의 머리 되심을 아는 사역자들영광을 목격하고 피땀을 흘려가며 진정한 몸의 생활을 경험한 사람들, 그리고 하나님의 섭리에 의해 부서지고 깨어진 사람들은 하나님의 사람들이 그리스도의 직접적인 머리 되심 아래 모임을 하는 방법을 발견하도록 돕는 데 있어 없어서는 안 될 자원이다.

당신의 선택을 위한 탐구

유기적인 교회 생활은 비교적 발견하기가 쉽다. 지구 어디서나 벌어지고 있기 때문이다. 그리스도인들이 딱딱한 종교의식 없이 살아계신 그리스도를 함께 경험하기 위해 형식 없이 모일 때, 몸의 생활은 시작된다. 그러나 그리 오래가지는 못한다. 적당한 요소들이 거기에 있다면 유기적인 교회 생활은 어렵지 않다. 하지만, 계속 왕성하게 존재하면서 순수함을 지키는 것은 보통 어려운 일이 아니다.

그래서, 순회 사역자의 도움이 유기적인 교회 생활의 전체 활동에 필수적임을 성경과 경험이 둘 다 증거로 제시하고 있다. 비판하는 사람들은 이렇게 있는 그대로 관찰한 것을 현대의 사도 직분을 보장하기 위한, 그들의 생계수단의 안정을 위한 방편으로 오해할지도 모른다. 내가 아는 사역자들은 그들의 수고에 대한 사례비를 청구하지 않는다. 오늘날의 대부분 사역자와는 달리, 그들은 무보수로 사역한다. 순회 사역자의 도움은 꾸밈없는 사실이다. 그리고 내 생각엔, 그것이 오늘날 하나님의 나라에 요구되는 절박한 필요를 대변해주고 있다. 이것에 관련해서, 아래의 사람들을 향해 내가 제안하고 싶은 것이 있다.

교회 개척을 위해 부르심을 받은 사람들에게

내가 아는 한 당신에게는 두 가지 주요 선택이 있다. 즉, 당신이 성경에서 말하는 바탕에 근거하기를 바란다면,

첫째, 당신의 야망과 자만심을 포기하라. 지위에 대한 당신의 욕망을 포기하고, 자신을 겸손하게 내려놓고, 진정한 유기적 교회를 추구하는 곳으로 이사하라. 그리고 그 교회에서 여러 해 동안 지도자가 아닌 존재로 살라.

몸의 생활을 하는 토양에서 예수 그리스도를 처음부터 다시 배우라. 더 좋은 것은, 이 땅에서 아주 보기 드문 것이긴 하지만 당신이 찾을 수만 있다면, 경험이 풍부하고, 솔직하고, 율법적이지 않고, 엘리트주의적이지 않고, 분파주의적이지 않은 교회 개척자가 활발하게 교회를 세우는 현장으로 이사하는 것이다. 폭발적인 영적 열정으로 살아계신 하나님의 집을 세우는 그를 지켜보며, 그로부터 배울 수 있는 것을 모두 다 배우라.

당신이 진정 하나님의 집을 세우라고 부르심을 받았다면, 이것이 당신이 밟아야 할 길이다. 신약 성경의 모든 교회 개척자가 이 길을 걸었다.

둘째, 만일 이사하는 것이 당신에게 불가능하다면, 다른 선택은 교회 개척자를 초청해서 교회를 세우는 것이다. 물론 당신은 그 교회에서 아무런 지위 없이 그냥 형제 또는 자매로 있어야 한다. 우리가 제1부에서 살펴본 바와 같이, 이것이 크리스쳔 사역자를 세우시는 하나님의 방식이다.

하나님의 부르심을 감지하는 젊은 사람들에게

내 개인적인 판단으로는, 주님의 부르심을 받은 사람들은 30세 전에는 사역을 시작하지 말아야 한다. 이 원리는 성경 전체에 한결같이 나와있다. 제사장들은 20대에 섬김을 위한 훈련을 받고, 30세 때부터 섬기기 시작했다. 민4:3 이하 모든 교회 개척자의 모델인 예수 그리스도도 30세가 되기 전에는 사역을 시작하시지 않았다. 눅3:23

이것에는 실질적인 이유가 있다. 20대는 교회 생활 가운데 발생할 상상을 초월할 정도로 많은 문제를 다루는 데 필요한 지혜를 얻기에 아직 충분한 세월을 살아보지 못했다. 그들은 십자가의 깊이나 예수 그리스도의 깊이를 아직 터득하지 못했다.

덧붙여 말하자면, 젊은 사람의 의욕은 주님과 주님의 능력에 대한 진정한 충성심의 모조품일 가능성이 아주 크다. 그리고 그것은 일반적으로 종교 단체들에 의해 이용당한다. 젊은 사람들은 흥분이 지나쳐서 말을 타려고 뛰어올랐다가 말을 훌쩍 넘어가 버린다. 그리고 30세쯤 되면 기력이 쇠하여 지쳐버린다.

나는 크리스천 단체에서 젊음을 불태웠던 20대 후반에서 30대 초반의 그리스도인들을 많이 만나봤다. 유감스럽게도, 하나님을 향한 그들의 열정은 다 식어버렸다. 마음은 갈기갈기 찢겨 죽을 지경이 되었고, 그리스도인으로서 그들의 삶은 메말라 버렸다.

젊을 때의 의욕은 언젠가는 식어버리고 다 없어지는 날이 온다. 처음엔 그것이 하나님의 능력처럼 보이지만, 인간적인 열심의 발로이다. 그래서, 20대에 그리스도를 위해 죽을 각오가 되어 있었던 많은 젊은이가 30세쯤 되어 나가떨어지곤 한다.

게일 쉬히는 희대의 명작으로 꼽히는 그녀의 고전 *Passages*에서, 사람들이 18세부터 22세까지에는 영웅hero, 따르고 싶은 멘토을 찾는다고 지적했다. 그들은 또한 자신의 인생을 던질, 자신보다 더 위대한 목표를 갈망한다. 많은 사람이 18세에서 22세 사이에 그리스도인이 되는 것이 바로 이런 이유 때문이다. 그들이 그 당시에는 그것을 인식하지 못하지만, 인생을 위한 그들의 선택을 찾는 것이다.

그렇지만, 사람들이 28세에서 32세 되는 나이에 이르게 되면, 그들이 20대에 헌신하기로 했던 모든 것에 의문을 품고 재검토하기 시작한다. 그것들은 포기되기도 하고 더 깊어지기도 한다. 많은 사람이 30세가 될 때 20대에 이룩해놓은 인생을 헐어버리는 이유가 바로 이것 때문이다. 이것엔 자신을 멘토로부터 멀리 하는 것도 포함된다. 어떤 경우엔, 멘토에게 등을 돌리기도 한다. 쉬히는 이것을 30대가 처한 진퇴양란의 위기상황이라고 부른다. 망상이 뿌리째 흔들리고, 헌신했던 것을 다 내려놓거나 더 강화시키는 시기이다. 단념하거나 더 깊이 파거나 둘 중 하나.

20대 때 주님을 열정적으로 사랑하고 주님을 위해서라면 못할 것이 없어 보였던 사람들을 셀 수 없이 많이 보았는데, 그 중 30세가 되자 하나님께 등을 돌리고 더는 그리스도인으로 살지 않기를 택한 경우가 많았다. 타다 남은 젊은 날의 열심도 다 없어지고, 영적인 삶을 지탱했던 힘도 다 빠져나갔다. 그리고 아무것도 남아있지 않았다.

그래서, 하나님의 사역을 위해 부르심을 받은 사람들은 20대를 그리스도와 교회 생활을 경험하면서 보내야 한다. 그들은 십자가의 역할과 하나님의 생명에 의해 사는 삶에 관한 기초적인 교훈을 발견해야 한다. 사역할 때를 기다리면서 서두르지 말아야 한다.

그래서, 나는 이렇게 질문하고 싶다. 젊은이여, 당신은 사역할 때를 기다릴 수 있는가? 시계를 내버리고, 일정을 잊어버리고, 하나님을 섬기겠다는 욕망을 포기할 수 있는가? 그리고 그 대신, 크리스천 공동체의 토양에서 먼저 주님을 아주 깊이 아는데 힘쓸 수 있겠는가?

오직 그렇게 할 때만 당신이 하나님의 영원한 목적을 성취하는 데 도움이 되도록 쓰임 받게 될 것이다. 당신이 진정한 유기적 공동체 안에서 십자가와 예수 그리스도를 아는 경험을 하지 않고는, 살아계신 하나님의 집을 세우기 위한 적절한 준비를 할 수 없을 것이다.

바꾸기를 원하는 목회자들에게

내가 다른 곳에서도 피력했지만, 제도권 교회를 유기적 교회로 바꾸는 것은 성형수술이 아니다. 그것은 완전히 뜯어고치는 작업이다. 나는 이 책에서 어떻게 바꿀 것인지에 대한 방법은 제시할 수 없다. 왜냐하면, 각각의 제도권 교회가 각기 다른 다양한 요소를 지니고 있기 때문이다. 예를 들면, 교회당 건물을 소유한 교회도 있고 그렇지 않은 교회도 있다. 성직자가 있는 교회도 있고 없는 교회도 있다. 교인 수가 많은 교회도 있고 아주 적은 교회도 있다. 하지만 나는 당신이 시작하는 것에 도움이 될만한 일반적인 제안은 할 수 있다.

첫째, 주일 예배와 수요일 저녁 '예배'를 없애라. 그 대신, 수요일 저녁 '사역 모임'을 가지라. 이 모임을 당신이 늘 하던 방식인, 노래를 통한 예배와 찬양으로 시작하라.

이 모임에서 당신이 늘 하던 식의 설교는 하지 않게 될 것이다. 이 모임의 목적은 교인들 속에 고착된 패러다임을 바꾸려는 것이다. 당신의 단기 목표는 그들에게 하나님의 영원한 목적에 관한 비전을 제시하고, 그 목적 안에서 그들이 어떤 위치를 차지하는지 알게 하는 것이다.

많은 목회자가 가르치는 은사를 갖고 있다. 그러므로 나는 당신이 하나님의 목적과 계획에 대해 가르치기 시작할 것을 권하고 싶다. 이 '사역 모임'에서 당신이 하게 될 다른 것은 아래의 것과 관련이 있다.

둘째, 일요일에는 교인들이 집에서 모임을 하게 될 것이다. 교인들을 나누어 12명에서 20명 정도를 한 그룹으로 해서 가정집으로 흩어지게 한다. 그들을 나눌 때, 사는 지역에 따라 나눈다. 이 가정집들에서 모이는 모임예배가 아님에서, 각 그룹은 이 책의 제3부에 나와있는 과제들을 하나씩 풀어 나간다.

중요한 것은 이 가정집 모임에는 지정된 지도자나 인도자가 있어서는 안 된다. 이 과제를 풀어가는 방법을 교인들에게 훈련하는 것이 당신의 몫이다. 그리고 어떻게 되어 가고 있는지 매주 정기적으로 보고받는 것도 당신의 몫이다. 당신은 수요일 저녁에 '사역 모임'을 할 때 이 '보고'를 들을 시간을 할애할 수 있다.

다시 정리하자면, 일주일에 두 번의 모임을 한다. 하나는 당신이 하나님의 목적과 계획을 가르치는 '사역 모임'이고, 다른 하나는 교인들이 이 책의 제3부에 있는 과제들을 풀어나가는 가정집 모임이다.

셋째, 각 그룹이 제3부의 과제들을 다 마치게 되면 경험 있는 교회 개척자를 교회에 초청해서 교인들을 위해 주말 세미나를 개최하라. 교회 개척자는 다음 단계가 무엇인지를 알려주고 여러 제안을 해줄 것이다. 위의 세 가지 제안이 교회를 바꾸는 과정의 시작에 불과하다는 사실을 알아야 한다.

우리가 마주쳐야 할 도전

나는 교회 개척에 가담하는 모든 사람이 막중한 임무와 마주치기를 진심으로 바란다. 너무나도 많은 사람이 준비하는 데 있어 쉬운 지름길을 택한다. 그들은 유기적인 교회 생활을 전혀 경험한 적이 없거나 크리스천 공동체 안에서 다른 사람들이 그들을 깊이 알 수 있도록 허용한 적이 전혀 없다. 너무나도 많은 사람이 그냥 피를 충분하게 흘리지 않는다. 이것이 오늘날의 크리스천 사역자의 가장 큰 비극이다.

어쩌면 이 책이, 예수 그리스도의 교회가 별것 아니고 세우기도 쉬운 것이라고 잘못 생각하는 그들의 망상에서 그들을 깨어나게 할지도 모른다.

우리가 만들어낸 교회 생활의 방식 대부분이 그리스도의 신부나 하나님의 집의 이름에 전혀 걸맞지 않다는 게 나의 솔직한 평가이다. 오늘날 많은 사람이 교회에 대해 형편없는 시각을 갖고 있다. 그들은 교회가 구원받은 사람들이 스스로 가입하는 단체라고 생각한다. 아니면 인간의 관계와 다름없는 관계, 성경 공부, 또는 복음전도센터쯤으로 생각한다.

그러나 교회는 그것보다 훨씬 더 고귀한 존재이다. 그러므로 나는 당신의 수준을 하나님의 심장과 마음에서 나온 교회의 수준으로 높이기를 바란다. 내가 『영원에서 지상으로』에서 밝혔듯이, 교회는 둘 다. 신성과 인간, 하늘과 땅, 영적인 것과 자연적인 것. 교회는 사람들의 끈끈한 공동체로 나타나는 예수 그리스도의 집합적인 표현이다.

이것에 대한 결론을 내린다면, 나는 우리가 잘못된 것에서 출발했다고 생각한다. 그리고 우리가 우리의 방향을 수정하기 위해 힘쓰고 유기체의 원리로 돌아가야 할 시기가 무르익었다고 생각한다. 예수 그리스도의 교회는 살아 숨 쉬는 유기체이다. 그러므로 그녀는 실험실에서 조립되거나 공장에서 맞춰지는 것이 아닌, 구유에서 태어날 권리를 갖고 있다. 우리가 하나님의 비전을 성취하는 교회 생활을 보기 원한다면, 교회 개척과 양육을 위한 성경에서 말하는 방식으로 돌아가야만 한다.

그래서, 이 땅은 하나님께서 부르신, 자신보다 앞서간 사람들로부터 배울 수 있는 겸손한 자세를 가진 사람들을 기다리고 있다. 이 땅은 마음에 살아계신 하나님의 집을 품은 사도의 재목을 기다리고 있다. 또 영적인 준비를 하는 데 있어 주님의 방식에 기꺼이 동조하고, 지름길로 가기를 거부하는 사람들을 기다리고 있다. 그리고 그런 사람들이 하나님의 영원한 목적을 위해 활활 타오르고, 그 목적을 성취하기 위해 비싼 대가를 치를 날을 기다리고 있다.

하나님께서 이 땅에 그날을 보내주시기를!

사도의 탄생

하나님나라에는 새로운 부류의 크리스천 사역자가 절실하게 필요하다. 정직하고, 율법적이지 않고, 엘리트주의자가 아니고, 분파주의자가 아니고, 종교적이지 않고, 종교 놀이를 거부하는 사역자. 모욕, 조롱, 비난, 헛소문, 인격모독, 모함, 중상의 압력에도 움츠러들지 않고 불 속에서도 살아남을 수 있는 사역자. 돈과 흥미와 명예를 위해 사역하지 않고 하나님나라를 위해 있는 것을 다 털어놓고, 주고, 죽고자 하는, 주님을 밤낮으로 섬기는 사역자.

오늘날 그리스도의 몸 안에서 혁명이 일어나려는 조짐이 있다. 그리고 지금 꼭 필요한 것은 혁명의 선봉에 설 사역자들을 하나님께서 유기적인 교회 생활의 토양으로부터 일으키시는 일이다. 어쩌면 바로 앞의 문장을 읽은 사람들이 이것을 알기를 원할지도 모른다. "혁명의 선봉에 서려면 내가 갖춰야 할 것은 무엇인가?"

그 대답은 간단하다. 비전, 통찰력, 용기, 그리고 영적 깊이가 있어야 한다. 겸손, 성숙, 고통, 희생, 많은 거절이 있어야 한다. 당신이 상상할 수 있는 하나님께서 당신에게 쏟으실 것보다 열 배나 더 많은 문제와 마음의 고통이 있어야 한다. 주 예수 그리스도의 깊이와 부수고 파괴하는 십자가의 힘을 알려면 보이지 않는 것을 볼 수 있는 능력이 필요로 하고, 숨 막히는 그리스도의 계시로 하나님의 사람들을 사로잡는 능력이 있어야 한다.

이것이 다 갖춰져야 한다. 나는 이 책을 읽는 사람 중 하나님 방식의 깊이에 사로잡히게 될 사람들이 나타나서 자신을 온전히 그 방식에 헌신하기를 바라고 기도한다. 그렇게 된다면, 주님의 영원한 목적이 이 지구 전체에 눈에 보이게 드러날 것이다.

당신은 이 도전을 받아들이고 그 부르심에 응하는 한 사람이 될 것인가?

| 감사의 말 |

  나는 플로리다 주에 있는 네 개의 교회에 큰 빚을 졌다. 주님께서 그 교회들을 사용하셔서 이 책에 있는 내용을 나에게 가르쳐주셨기 때문이다. 나는 또한 아래의 선구자들의 통찰력에도 빚을 졌다. 재침례교인들, 왈도파 그리스도인들, 초기 플리머쓰 형제들, 리틀 플락, 롤란드 알렌, 멜빈 핫지, 워치만 니, 그리고 T. 오스틴 스팍스.

  끝으로, 나는 이 보기 드문 여정에 도움을 준 아래의 내 친구들에게 감사의 마음을 전하고 싶다. 로버트 뱅크스, 핼 밀러, 스티븐 캉, 디번 프롬키, 존 젠즈, 밀트 로드리게즈, 알란 레바인, 토니 데일, 펠리시티 데일, 그리고 진 에드워즈.

후주

머리말

1) 내가 이 책 전체에서 교회라는 말을 사용할 때 그것이 신약 성경에서 사용된 의미라는 것을 염두에 두어야 한다. '교회'는 건물이나 교단이나 종교 센터가 아니다. 그런 것이 아니라, '교회'는 그리스어의 *ekklesia*에서 번역된 말로 두 가지 개념 공동체(community)와 모임(assembly)을 구체화한다. 신약 성경은 교회를 지체들이 하나님의 생명을 공유하고 정기적으로 함께 모이는 끈끈한 공동체로 그리고 있다.
2) See Eldon Jay Epp, *Junia: The First Woman Aplstle*(Minneapolis, MN: Fortress, 2005). See also chapter 11 of this book and Acts 18:2-3, 18-19; 24ff.; Rom. 16:1-4, 7; 1 Cor. 16:19.
3) 사고의 틀(paradigm)은 지식층에 의해 받아들여지는 전반적인 이해와 모델을 말한다. 사고 틀의 변화(paradigm shift)는 그 이해와 모델에 대대적인 변화가 일어나는 것을 가리킨다.
4) Roland Allen, *Missionary Methods: St. Paul's or Ours?* (Grand Raids, MI: Eerdmans, 1962), 5.
5) Roland Allen, *Missionary Methods: St. Paul's or Ours?* (Grand Raids, MI: Eerdmans, 1962), 147.

서론

1) Charles Brock, *The Principles and Practice of Indigenous Church Planting* (Nashville, TN: Broadman, 1981), 12-13.
2) 여기 사용된 헬라어 단어는 문자적으로 "경작할 밭"이라는 뜻이다. 흥미롭게도, 신약 성경은 초지일관 밀을 그리스도와 그분의 사람들을 상징하는 것으로 그리고 있다(요 12:24; 4:35; 막 4:29; 눅 10:2).
3) T.Austin-Spaks, *Words of Wisdom and Revelation* (St, Charles, MO: Three Brothers, 1971), 62.

1과. 교회를 세우는 하나님의 방식

1) Watchman Nee, *Church Affairs* (Richmond, VA: Christian Fellowship Publishers, 1982),

7.
2) 씨를 뿌리고 이식하는 것은 유기적 농사법의 이미지임을 주목하라. 이것은 교회가 유기적이고 생물학적인 생명체이기 때문이다(고전 3:6-8; 12:1 이하).
3) All chronological dating used in this book is based on the research in my book *The Untold Story of the New Testament Church*.
4) 열두 사도들이 여러 해 동안 예루살렘을 떠나지 않았고 예루살렘 교회는 아주 크게 성장했음을 기억하라. 교인 수가 수 천명 이상이나 되었다. 결과적으로, 이 새로운 교회의 기초를 놓는 데는 열 명 이상의 사도들을 필요로 했다. 이 모든 요소가 이 땅의 첫 번째 교회인 예루살렘 교회라는 독특한 교회를 만들어냈다.
5) 어떤 사람들은 이 방식을 "촉매에 의한 교회 개척(catalytic church planting)"이라고 부른다. 또 다른 사람들은 교회 개척의 "안디옥 계열(Antioch line)"이라 부른다.
6) 선교 여행(missionary journey)이라는 말은 바울에 관한 19세기 독일 주석 책에 그 기원을 두고 있다. 그것은 아마 18세기와 19세기에 유럽인들에 의해 자행된 인도, 아프리카, 동양 등지에서의 경제적 착취와 함께 왕성하게 일어난 세계선교의 영향을 받아 생겨났을 것으로 추측된다.(A. Schlatter의 주석이 이것을 확인해주고 있다.) 내가 아는 한, 선교 여행(missionary journey)이라는 말을 최초로 언급한 영어책은 1870년에 출간된 David Thomas의 *A Homiletic Commentary on the Acts of the Apostles* 이다. 선교(mission) 라는 말은 16세기까지는 사람에 의한 활동을 지칭하는 말이 아니었다. 그전까지 이 말은 하나님 아버지에 의해 예수님이 보내심을 받은 것과 아버지와 아들에 의해 성령이 보내심을 받은 것을 뜻하는 말로 사용되었다 (요 17:18). 기독교 신앙의 전파를 지칭하는 것으로 mission 이라는 용어를 최초로 사용한 사람들은 가톨릭의 예수회이다. 얼마 지나지 않아, mission 이라는 말은 기독교 신앙을 전파하기 위해 미개척지에 사람들을 파송해서 이교도들을 회심케 하고, 교회를 개척하고, 사회를 개선하는 것을 통칭하는 용어가 되었다.
7) 참조할 성경구절: 행 2:22-36; 8:5, 12, 35; 9:17-20; 10:38-43; 11:19-20; 17:2-3; 롬 16:25; 갈 3:1; 고전 2:2; 고후 4:5
8) 바울 편지의 대부분은 같은 패턴을 따르고 있다. 먼저 영적 사실을 다루고(엡 1-3장; 골 1-2장; 롬 1-11장), 그리고 나서 교회 생활의 실제적 문제들을 다룬다(엡 4-6장; 골 3-4장; 롬 12-16장).
9) 나의 책 『다시 그려보는 교회』를 보라.
10) Roland Allen, *Missionary Methods: St. Paul's or Ours?* (Grand Rapids, MI: Eerdmans, 1962), 84-85.
11) F. F. 브루스에 의하면, 이 구절은 마지막 날에 있을 불의 심판뿐만 아니라, 이 땅에 사는 동안 사역을 테스트하는 불과 같은 핍박을 염두에 둔 것이다. 동일한 개념이 마태복음 7:24-27에도 나와 있다.
12) T. Austin-Sparks, *Explanation of the Nature and History of "This Ministry"* (Tulsa, OK: Emmanuel Church, 2004), 18.
13) 만일 교회가 마이크로소프트나 제네럴 모터스 같은 회사처럼 발전한다면, 그것은 성경적 상식으로는 교회라고 할 수 없다.
14) Roland Allen, *Missionary Methods: St. Paul's or Ours?* (Grand Rapids, MI: Eerdmans, 1962), 7.
15) Watchman Nee, *Church Affairs* (Richmond, VA: Christian Fellowship Publishers, 1982),

6-7.
16) 서방사본(the western text)에는, 사도행전 19:9에 바울이 "다섯 시에서 열 시까지" (오전 11시부터 오후 4시까지) 두란노 서원을 사용했다고 되어 있다. F. F. 브루스는 이 사본의 내용이 꽤 일리가 있다고 지적했다.
17) 에바브라와 에바브로디도는 동일한 인물로 여겨진다. 에바브로디도(빌 2:25; 4:18)와 에바브라(몬 23; 골 1:7) 둘 다 바울의 동역자였고, 둘 다 바울이 로마 감옥에 있을 때 함께 있었다. 에바브라는 교회를 개척했고, 바울은 에바브로디도를 사도라고 불렀다(빌 2:25). 이 모든 것이 이 두 사람을 동일 인물로 추측 가능케 한다. 더 나아가서, 그 이름은 그리스와 라틴의 비문들에 꽤 자주 등장하는데, 에바브로디도라는 원래 이름이나 에바브라라는 축약형 이름이 둘 다 쓰어졌다(J. B Lightfoot, *Saint Paul's Epistle to the Philippians* [Bellingham. WA: Logos, 1913], 123).
18) Donald Guthrie, *The Apostles* (Grand Rapids, MI: Zondervan, 1975), 176.
19) F. F. Bruce, *Paul, Apostle of the Heart Set Free* (Grand Rapids, MI: Eerdmans, 2000), 288.
20) 다음 성경 구절들은 바울이 에베소에 머무를 때 여덟 명도 그곳에 있었음을 나타내주고 있다: 행 19:22; 20:4; 21:29; 고전 4:17; 16:10, 20(바울은 에베소에서 고린도 전서를 썼다). 누가가 사도행전에서 디도를 한 번도 언급한 적이 없지만, 우리는 그가 바울의 편지들 곳곳에 등장하는 것을 알고 있으므로 디도도 함께 있었음을 추정할 수 있다. 고린도후서 8장을 통해 우리는 디도가 예루살렘 구제 헌금을 위해 고린도교회를 맡았음을 알 수 있다. 그리고 디도에게 보낸 바울의 편지를 보면 바울이 그를 훈련했음이 명백하다.
21) David Shenk and Ervin Stuzman, *Creating Communities of the Kingdom* (Scottdale, PA: Herald, 1988), 154.
22) F. F. Bruce, *The Book of the Acts (Revised): New International Commentary on the New Tastament* (Grand Rapids, MI: Eerdmans, 1988), 366.
23) William Sanday and Arthur Headlam, *A Critical and Exegetical Commentary on the Epistle to the Romans* (New York: Charles Scribner's Sons, 1905), xxvii.
24) 그는 또한 예루살렘에 있는 그의 유대인 친척 몇 사람에게도 로마로 이주하라고 부탁했다(롬 16:7).
25) 피터 램프 같은 학자는 브리스길라와 아굴라가 로마로 돌아간 것이 거기서 교회를 시작하고 바울의 방문을 준비하기 위해서였다고 했다.
26) 비극적인 것은, 로마의 신자들 다수(전부일지도 모름)가 65년에 네로가 그리스도인들을 학살할 때 순교했다는 사실이다.
27) 더글러스 무는 그의 로마서 주석에서 로마서 16장이 로마서의 일부가 아니라는 주장을 훌륭하게 반박했다.
28) 브리스길라와 아굴라는 글라우디오 황제의 칙령이 해제된 54년 봄 이후에 로마로 이주했다. 로마서는 57년 겨울에 기록되었다.
29) Douglas Moo says that the church in Rome was not planted or visited by any other apostle before Paul wrote his letter (*Epistle to the Romans*, 897). F.F. Bruce says that this text is not in direct reference to the Roman church (*Romans: Tyndale New Testament Commentaries* [Grand Rapids, MI: Eerdmans, 1985], 248). And Ben Witherington says, "Nothing we find in Romans suggests that the Christian community there has an apostolic foundation, much less a Peterine apostolic foundation" (*Paul's Letter to the Romans: A Socio Rhetori-

cal Commentary [Grand Rapids, MI: Eerdmans, 2004], 354).
30) See L. Ann Jervis's *The Purpose of Romans; and Harry Gamble's The Textual History of the Letter to the Roman.*
31) 행 9:32 이하; 살전 3:2, 5; 골 4:12-13; 딛 3:12; 딤후 4:20
32) 이것은 사역자들이 함께 여행할 때 그 중 한 명이 "인도하는 위치"에 있지 않다는 것을 뜻하는 것은 아니다. 예를 들면, 바울은 루스드라에서 바나바와 함께 사역할 때 "앞장 서서 말하는 자"였다(행 14:12).
33) 사도들이 불신자들에게 복음을 전할 때 사용한 정확한 전략을 논하는 것은 이 책의 범위를 벗어난 것이다. 그렇지만, 그것에 대해 두 가지 주요 원리가 있었다. 그 중 하나는 이방인들에게 복음이 전파된 저자 거리(장터)의 원리이고(행 17:17), 다른 하나는 유대인들에게 복음이 전파된 회당의 원리이다(행 17:1-3). 바울은 이방인들을 위해 부르심을 받은 사도였지만(갈 2:7-9), 먼저 유대인에게 복음을 전했다(롬 1:16). 이와 대조적으로, 베드로는 유대인을 위해 부르심을 받은 사도였지만(갈 2:7-9), 이방인에게도 복음을 전했다(행 10:1 이하). 그러므로 두 사람의 부르심에 겹치는 부분이 상당히 있음을 알 수 있다. 더 나아가서, 두 사람 다 유대, 안디옥, 고린도, 로마, 갈라디아, 그리고 소아시아에서 사역했다.
34) 예외가 있다면 더베(소도시)와 루가오니아 주변 지역 정도이다(행 14:6).
35) Roland Allen, *The Spontaneous Expansion of the Church* (Grand Rapids, MI: Eerdmans, 1962), 7.
36) F. F. Bruce, *Paul, Apostle of the Heart Set Free* (Grand Rapids, MI: Eerdmans, 2000), 315.
37) Donald Gurthrie, *The Apostles* (Grand Rapids, MI: Zondervan, 1975), 256.
38) God is One who sends workers (John 20:21; Acts 13:2; 1 Cor. 1:17). However, divine sending is typically manifested through a church, the representatives of a church, or by an older worker.
39) Watchman Nee, *The Normal Christian Church Life* (Anaheim, CA: Living Stream Ministry, 1980), 133.
40) Roland Allen, *Missionary Methods: St. Paul's or Ours?* (Grand Rapids, MI: Eerdmans, 1962), 2-4.

2과 부활시켜야 할 순회 사역자
1) William Steuart McBirnie, *The Search for the Twelve Apostles* (Carol Stream, IL: Tyndale, 1973), 27-28.
2) Robert Banks, *Paul's Idea of Community* (Peabody, MA: Hendrickson, 1994), 168-69.
3) Watchman Nee, *The Normal Christian Church Life* (Anaheim, CA: Living Stream Ministry, 1980), 100.
4) 다음 성경 구절들을 참조할 것. 행 14:7, 21; 16:9-10; 20:24; 롬 1:1, 9, 15-16; 2:16; 15:16, 19-20, 29; 16:25; 고전 4:15; 9:12, 16-18, 23; 15:1; 고후 2:12; 4:3-4; 10:14, 16; 11:7; 갈 1:11; 2:2, 5, 7, 14; 4:13; 엡 1:13; 3:6; 6:19; 빌 1:5, 7, 12, 17, 27; 골 1:5, 23; 살전 1:5; 2:2, 4, 8-9; 3:2; 살후 2:14; 딤전 1:11; 딤후 1:8.
5) 그들이 때때로 여러 지역에 일시적으로 머물렀지만, 시종일관 여행을 했고 늘 움직이고 있었다.
6) 하나님의 영원한 목적의 비밀에 관해서 더 자세히 알고자 하면 필자의 책 『영원에서 지

상으로』를 읽어보라.
7) R. Paul Stevens, *Liberating the Laity* (Vancouver, Canada: Regent, 2002), 25.
8) Melvin L. Hodges, *A Guide to Church Planting* (Chicago: Moody, 1973), 30-31.
9) 베드로는 주님의 계획을 방해한 적이 여러 번 있었고, 예수님을 세 번씩이나 부인했었고, 진리냐 아니냐의 중대한 기로에서 인간적 압력에 굴복했다(요 18:10; 눅 22:51; 마 16:22; 26:69 이하; 갈 2:11 이하). 하지만, 신약 성경은 끊임없이 그를 위대한 사도로 여기고 있다(막 16:7; 요 21:15 이하; 행 1-12장; 고전 15:5).
10) 그런 사람은 사역으로 보내심을 받기 전에 유기적 교회에서 장로가 되도록 하나님께 서 키우셨을 수도 있다. 하지만, 이것은 하루아침에 되는 일이 아니다. 바울과 바나바는 사도의 사역을 위해 보내심을 받기 전에 안디옥교회에서 선지자와 교사였다(행 13:1-2).
11) Watchman Nee, *The Normal Christian Church Life* (Anaheim, CA: Living Stream Ministry, 1980), 36.
12) 바울이 "사역자들(일꾼들)", "동역자들(coworkers)", 그리고 "함께 수고하는 자들(fellow workers)"로 여겼던 사람들이 있었다. 이들은 바울이 에베소에서 훈련시켰던 사람들 이외의 사람들이었다. 그들 중 몇을 꼽으라면 아볼로, 바나바, 실라, 데마, 유스도라 하는 예수, 드루배나, 드루보사, 버시, 아데마, 글레멘드, 유오디아, 순두게, 안드로니고, 유니아.
13) 열두 사도는 가룟 유다를 대신한 맛디아를 포함한다(행 1:26).
14) 바울이 개척한 모든 교회에 장로들이 있었던 것은 아니다. 하지만, 장로들이 있었던 교회들에도 장로들은 언제나 한참 후에 가서 등장했다. 그리고 그들은 유기적으로 생겨 났다. 그들은 결코 시작 때부터 존재한 적이 없다.

3과 교회 개척의 마스타플랜
1) I owe many of the insights in this chapter to Robert Coleman's *The Master Plan of Evangelism*; A. B. Bruce's *The Training of the Twelve*; Stanley Grenz's *Theology for the Community of God*; Watchman Nee's *The Normal Christian Church Life*, Gene Edwards' *Overlooked Christinity*; and David Shenk and Ervin Stutzman's *Creating Communities of the Kingdom*.
2) Watchman Nee, *The Normal Christian Church Life* (Anaheim, CA: Living Stream Ministry, 1980), xvii.
3) "Men" here includes women also. I'm using it to refer to "mankind" or "humankind."
4) Stanley Grenz, *Theology for the Community of God* (Grand Rapids, MI: Eerdmans, 1994), 179.
5) Stuart Murray, *Church Planting: Laying Foundations* (Scottdale, PA: Herald, 2001), 170.
6) R. Paul Stevens, *The Abolition of the Laity* (Carlisle, PA: Paternoster, 1999), 141, 143.
7) Incidentally, the way most modern believers are taught to live the Christian life is a poor fit to the way Christ demonstrated how to live it. Jesus did not try to be good; He lived by the indwelling life of His Father.
8) 우리 주님은 지상에서의 사역을 마치시고 나서 갈보리에서 가장 위대한 과업을 이루셨다. 하지만, 이 단원은 주님의 지상에서의 삶과 사역에 초점을 맞췄기 때문에 여기서는 그분의 구속의 역사(예수님께만 독특한)에 대해서는 다루지 않겠다.

9) Watchman Nee, *The Normal Christian Life* (Anaheim, CA: Living Stream Ministry, 1980), 21-22.
10) 열두 제자와 함께 주님을 따르던 여자의 무리도 있었다(눅 8:2-3). 따라서 여자들도 갈릴리에서 있었던 경험 일부임을 기억해야 한다.
11) A. B. Bruce, *The Training of the Twelve* (Grand Rapids, MI: Kregel, 2000), 41.
12) Robert Coleman, *The Master Plan of Evangelism* (Grand Rapids, MI: Revell, 1993), 41, 45-46.
13) Clark Pinnock, *Flame of Love: A Theology of the Holy Spirit* (Downers Grove, IL: InterVarsity, 1996), 117.
14) R. Paul Stevens, *The Abolition of the Laity* (Carlisle, PA: Paternoster, 1999), 62.
15) 안디옥에서, 바울은 바나바와 함께 선지자/교사로 급성장했다(행 13:1). 그러므로 사도들은 먼저는 형제들이고, 그다음 성숙하여가면서 선지자나 교사나 복음 전하는 자 같은 은사가 그들에게 나타난다. 그리고 나서, 그들은 보내심을 받고 교회 개척을 위해 그들의 은사들을 사용하게 된다. 선지자나 교사나 복음 전하는 자가 다 사도("보내심을 받은 자")가 되는 것은 아니다. 그러나 사도들은 보내심을 받기 전에 종종 선지자나 교사 또는 복음 전하는 자로 활동한다.
16) 이것은 경험이 더 많은 바나바가 다소에 가서 바울을 찾아 안디옥에 데리고 와서 함께 사역했던 사실로 볼 때 확실하다(행 11:25 이하). 또한, 이것은 바보에 도착하기 전까지는 주로 바나바가 바울을 이끌며 주도했다는 뉘앙스를 풍기는 누가의 표현에서도 알 수 있다.(행 13:13, 42-43 등) 이 시점 전까지 누가는 언제나 바나바의 이름을 바울 앞에 언급한다. 그 후에는, 언제나 "바울과 바나바"라고 표현한다.
17) David Shenk and Ervin Stutzman, *Creating Communities of the Kingdom* (Scottdale, PA: Herald, 1988), 157-58.
18) David Shenk and Ervin Stutzman, *Creating Communities of the Kingdom* (Scottdale, PA: Herald, 1988), 152.

4과 사도적 군림 대 사도적 도움
1) 이것에 관한 것은 나의 책 『영원에서 지상으로』에 자세히 설명되어 있다.
2) 덧붙여 말하자면, 고린도전서 4:21에 나오는 바울의 "매"는 복종을 강요하거나 일방적인 권위의 상징이라기보다는 책망의 말을 가리킨다.

5과 현대 가정교회 운동
1) 유기적 교회의 개척 초기에는 함께 식사하는 것을 추천하고 싶다. 하지만, 교회는 궁극적으로 매주 벌어지는 먹는 잔치 그 이상이어야 한다.
2) For details see "The Current Move of God: Eight Characteristics" at www.ptmin.org / currentmove.pdf.

6과 회복인가, 혁명인가?
1) 회복운동이 19세기 때 다른 곳에서 일어난 전례가 있지만, 그것은 1940년대에 캐나다에서 일어난 "늦은 비 운동(Latter Rain Movement)"의 흐름을 탔다.

2) 역사적으로, 부흥은 죽어가는 교회를 원래 상태로 부활시킨다. 그리고 교회가 부활하고 부흥이 끝이 나면, 그 교회는 가라앉아 죽기 전에 행했던 비성경적인 관습을 계속 되풀이한다. 그러므로 부흥은 단지 장기적인 문제에 대한 임시적인 해결책에 불과하다.
3) 사도는 그가 사역하는 교회들로부터 필요한 만큼 재정적 지원을 받을 권리가 있다.(월급이 아니라 재정적 도움이다) 그렇지만, 바울은 이 권리를 사용하지 않았다(살후 3:8-9; 고전 9:3-12; 고후 11:8-9; 12:14).
4) 그 이유는 사도라는 말이 오염되었고, 남용되었고, 스스로 우쭐거리게 하는 비성경적 의미를 주기 때문이다.

7과 오늘날에도 신약성경의 모델이 적용될 수 있을까?
1) 이것에 관해서 자세히 알기를 원하면 나의 책 『영원에서 지상으로』를 참조하라.
2) Stuart Murray, *Church Planting: Laying Foundations* (Scottdale, PA: Herald, 2001), 71.
3) Quoted in Clarence Glad, *Paul and Philodemus* (Leiden, Netherlands: E. J. Brill. 1995), 6.
4) Roland Allen, *Missionary Methods: St. Paul's or Ours?* (Grand Rapids, MI: Eerdmans, 1962), 81.

8과 바울은 예외였는가?
1) 신약 성경에 의하면, 다음과 같은 도시들에 교회가 각각 세워졌다: 예루살렘, 다메섹, 룻다, 욥바, 가이사랴, 수리아의 안디옥, 살라미, 신 바보, 비시디아의 안디옥, 이고니온, 루스드라, 더베, 드로아, 빌립보, 데살로니가, 베레아, 고린도, 겐그레아, 에베소, 라오디게아, 골로새, 히에라볼리, 서머나, 두아디라, 사데, 빌라델비아, 버가모, 두로, 돌레마이, 로마, 니고볼리. 특정한 지역들에 언급된 교회들도 포함한다면, 그 수는 더 늘어날 것이다. 다시 말해서, 이 교회들은 사실상 전부 다 순회 사역자에 의해 직접적으로 세워지거나 도움을 받은 교회들이다.

9과 교회 개척이 엘리트들의 몫일까?
1) "Church Order and Government" in *Dictionary of Paul and His Letter* (Downers Grove, IL: InterVarsity, 1993), 136.

10과 누구든지 유기적교회를 시작할 수 있지 않은가?
1) 시작한 사람 없이 유기적 교회가 자연스럽게 생겨난 것을 내가 목격해왔음을 주목하라. 그렇지만, 사실상 모든 경우에 이런 좋은 경험은 비교적 빨리 사라져버린다. 보통 6개월에서 2년 사이에. 물론 예외도 있다. 만일 교회가 적절한 사도적 도움을 받는다면, 살아남을 확률이 훨씬 더 높다.

11과 바울이 마지막 사도가 아니었는가?
1) Howard Snyder, *The Community of the King* (Downers Grove, IL: InterVarsity, 1977), 87.
2) 12 사도는 그들에 이어 사도가 된 다른 사람들이 범접할 수 없는 위치를 차지했다(마 19:28; 계 21:14).

3) 모든 증거가 유니아가 여자 사도임을 가리키고 있다. 초기 교회 교부들은 이 구절을 그렇게 해석했다. 사실, 12세기 전까지는 이 이름이 남성적이라고 생각한 주석가는 없었다. F. F. 브루스는 안드로니고와 유니아에 대해 다음과 같이 말했다. "바울보다 먼저 그리스도 안에 있던 유대인 신자들이었다. 바울은 그들을 가리켜 '사도 중에 주목할만한 사람들이다' 라고 했는데(롬 16:7), 이것은 그들이 사도들에게 알려졌을 뿐만 아니라 그들 자신이 뛰어난 사도였다는 뜻이다.

12과 사도들은 표적과 기사를 행하여야 하는가?
1) Watchman Nee, T*he Normal Christian Church Life* (Anaheim, CA: Living Stream Ministry, 1980), 17.
2) See also Paul's catalog of sufferings that he endured in 2 Cor. 11:23ff.
3) 바나바는 바울과 더불어 기적을 행했다고 기록되어 있다(행 14:3; 15:12). 사도가 아닌 사람 중 표적과 기사를 행했다고 기록된 사람은 단 두 명이다: 스데반(행 6:8)과 빌립(행 8:6). 사도행전 2:43과 5:12은 "사도들"(복수형)이 표적과 기사를 행했다고 기록된 유일한 곳이다. 로마서 15:18-19에서, 바울은 그가 예루살렘에서부터 일루리곤까지 여행하면서 표적과 기사를 행했다는 전반적인 증거를 말하고 있다. 하지만, 그는 그가 방문했던 모든 곳에서 그것들을 행했다고 말하거나 암시하지는 않았다.
4) 행 13:6-12; 14:3, 8-10; 16:18; 19:11-12; 20:9-12; 28:3-9; 고후 12:12
5) Roland Allen, *Missionary Methods: St. Paul's or Ours?* (Grand Rapids, MI: Eerdmans, 1962), 42, 47.

13과 유기적교회의 발견
1) 내 경험에 비추어볼 때, 그리스도 안에서의 공통된 삶을 지향하는 헌신한 여덟 명의 성인이 오래 버틸 수 있는 유기적 교회를 시작하는 데 필요한 최소한의 인원이다. 예수님께서 마태복음 18장에서 말씀하신 "두세 사람이 내 이름으로 모인 곳에는 나도 그들 중에 있느니라"라는 말씀이 종종 문맥과 상관없이 사용되곤 한다. 하지만, 여기서 주님은 지역교회 안에서 회개하지 않은 지체를 회복시키려 할 때 두세 명의 지체들이 주님의 마음을 대변하는, 교회의 치리에 대해 말씀하시는 것이다. 그러므로 마태복음 18장은 두세 사람이 지역 에클레시아를 구성한다는 개념으로 사용될 수 없다.

14과 부동의 원리 다섯 가지
1) 내가 "제도권 교회의 보따리"라고 할 때, 그것은 우리가 이전에 제도권 교회에 있을 때 부지중에 몸에 밴 건전치 못하고 성경에 따르지 않는 관습과 개념을 가리킨다. (제도권 교회가 행하는 모든 것이 건전치 못하고 비성경적인 것이 아니라는 사실을 염두에 두라. 나는 제도권 교회에 나의 구원과 침(세)례를 빚졌다.)
2) 이 원리에서 예외가 있다면, 당신의 그룹을 훈련하는 교회 개척자가 있는 경우이다. 이런 경우라면, 그는 떠날 것을 전제로 사역해야 한다. 그는 그룹이 모일 때 항상 참여하지 말아야 하고, 기초를 놓고 나서 그 그룹을 그대로 놔두고 떠날 실제적인 계획을 세워야 한다.

15과 모임을 하는 방법 배우기
1) 교회 예배에 정장 차림으로 가는 것은 비교적 최근에 고안된 것이다.
2) 이 책의 우선적인 독자는 제도권 교회에서 시간을 보냈던 그리스도인들임을 상기하라. 내 친구 중에는 주로 불신자들과 초신자들 위주의 비전통적인 교회들을 개척한 사람들이 있다. 그런 그룹들은 역학적으로 많이 다르므로 내가 제안한 것 중 그 그룹들에 적용될 수 없는 것들도 있을 수 있다.

16과 공동체로 노래하기
1) See "Songwriting Fundamentals" by Dave Byers at www.writingsongs.com/davebyers/tips/songwriting_basics.htm.
2) 이 모든 제안은 저작권을 전제로 한다. 어떤 노래들은 저작권법 보호를 받고 있다. 나는 그런 법을 어기면서 하라는 것이 아니다. 이것에 관한 정보는 www.ccli.com에서 구할 수 있다. (역주: 이 웹사이트는 영어로 된 노래들에 국한됨.)

18과 열두 가지 필수 요소
1) See chapter 4 of the ebook. You may freely download it at www.ptmin.org/ rethinkingthewill.pdf.

19과 유기적 교회의 성장 단계
1) For details, see the free ebook *Bethany*: www.ptmin.org/bethany.pdf.

21과 유기적교회의 질병 1
1) I owe some of the language in this section to John Butler and Peter Wagner.

23과 사도적 일꾼들은 교회를 어떻게 돌보는가?
1) The following references are based on the NASB.

24과 남아 있는 여정
1) *Ultimate Intention, From Eternity to Here*, and *The Stewardship of the Mystery have been the most popular for this exercise. From Eternity* has a free discussion guide at www.FromEternityToHere.org.

지은이 요한 크리스토프 블룸하르트
JOHANN CHRISTOPH BLUMHARDT 1805-1880

1805년에 독일 슈투트가르트에서 태어난 블룸하르트는 나폴레옹 침공과 대기근 등 여러 국가적 고난을 겪으면서도 뷔르템베르크를 중심으로 퍼져 나간 경건주의의 영향 아래 12살에 이미 성서를 두 번이나 통독했을 정도로 신앙심이 깊었다. 1824년, 튀빙겐 대학에서 수학하고 5년 뒤 목사시험에 합격한 그는 6년간 스위스 바젤 선교회에서 학생들을 가르쳤다(뫼틀링엔 교회의 전임 목사였던 크리스티안 바르트Christian Gottlob Barth와 아내 도리스 퀼네르Doris Köllner도 이곳에서 만났다).

1837년에 고향 부근의 작은 마을 입팅겐에서 부목사로 임명되며 첫 목회를 시작하였고, 1년 뒤 뫼틀링엔 교구를 맡게 되었다. 그리고 1841년 가을, 그곳에서 그는 고트리빈 디투스라는 여성에게서 나타난 악령들을 상대로 영적 투쟁을 벌이게 된다.

이 사건을 계기로 블룸하르트는 뫼틀링엔에서 오로지 기도와 성경 말씀만을 붙들 것을 강조하며 죄의 고백과 회개를 통한 각성 운동을 활발히 벌이게 된다. 그러나 뷔르템베르크 종교국은 이를 완강히 거부하며 사방으로 압박했고, 결국 그는 1852년에 바트 볼로 떠나게 되었다. 이후 작고하는 1880년까지 그곳에서 28년간 수많은 축사 사역을 행했다.

옮긴이 신준호

서울대 무역학과와 연세대 신학과를 졸업했다. 연세대 대학원 신학과를 거쳐 독일 하이델베르크대에서 신학박사 학위를 취득했다. 이후 연세대 연합신학대학원 연구교수와 하이델베르크대 초빙교수Wissenschaftlicher Assistent를 역임했다. 저서로는 『11차원 우주와 예수 그리스도의 부활』 외 다수가 있으며, 칼 바르트의 『개신교신학 입문』을 포함해 다수의 도서를 번역했다.